湘潭大学纪检监察
前沿研究系列

软法何以有效

《监察法》中的软性条款研究

廉 睿 ◎ 著

厦门大学出版社
XIAMEN UNIVERSITY PRESS

国 家 一 级 出 版 社
全国百佳图书出版单位

图书在版编目（CIP）数据

软法何以有效：《监察法》中的软性条款研究 / 廉睿著. -- 厦门：厦门大学出版社，2024.8. --（湘潭大学纪检监察前沿研究系列）. -- ISBN 978-7-5615-9520-6

Ⅰ. D922.114.4

中国国家版本馆 CIP 数据核字第 20248FH104 号

责任编辑	甘世恒
美术编辑	张雨秋
技术编辑	许克华

出版发行　厦门大学出版社

社　　址　厦门市软件园二期望海路 39 号
邮政编码　361008
总　　机　0592-2181111　0592-2181406（传真）
营销中心　0592-2184458　0592-2181365
网　　址　http://www.xmupress.com
邮　　箱　xmup@xmupress.com
印　　刷　厦门市金凯龙包装科技有限公司

开本　720 mm×1 020 mm　1/16
印张　14.25
插页　2
字数　230 千字
版次　2024 年 8 月第 1 版
印次　2024 年 8 月第 1 次印刷
定价　59.00 元

本书如有印装质量问题请直接寄承印厂调换

厦门大学出版社
微信二维码

厦门大学出版社
微博二维码

序

学生廉睿的著作即将交付出版了,付梓之前嘱托我代为作序。廉睿近年来一直深耕于"软法之治",今获得立言,我也倍感骄傲。值此国家迈向中国式现代化与治理迈向中国式法治现代化之际,中国法治是"走西化"或者是理性移植与中国本土化的法治资源互嵌融合的"中西之争"似乎也将盖棺定论。可见,在国家法域中,非权威机关依法确立的法治资源亦能参与中国式法治现代化建设。当此之时,廉睿将软法资源引入国家《监察法》体系,实谓应时代法之所需,社会发展之所要。

国家向前发展,社会问题也愈发多元,法治应时代之诉求亦将嬗变。传统上单轨运行的"硬法"也有不能完全涉及的领域,软法的嵌入却有效地弥合了缝隙。在公共治理领域中,"硬法""软法"既有共通之处,也有自然之别。其共通之处在于二者都兼具秩序社会的功能,而不同之处在于"硬法"以结果为导向,具有明确的违法成本和违反后果,"软法"则以过程为导向,引导社会主体之行为符合"公共善"准则,违反后,所承受的代价亦根据多元软法的价值衡量标准趋向于多元不一。在诸多的国家法中,"硬性条款"与"软性条款"并行不悖,约束社会主体的行动已成既定事实。廉睿从部门法中的"软性条款"着手,将法从"硬性条款"和"软性条款"两个维度分门别类,旨在说明"软性条款"在社会规范中与"硬性条款"的协同作用。重点研究《监察法》中"软性条款"法益,论述清晰,说理明了,提出软硬协同的模式,在法域中有理论突破,于公共治域中亦能提供思想借鉴与方法启迪。

监察法的作用在于引导、监督公职人员的行为符合规范。达成目的的方式既有自上而下或自下而上的外力监督,也可以源自组织内部文化或公职人员自身的内源性动力,即源自于"软性条款"的约束功能。新时代践行反腐倡廉工作,避免多因素引发的形格势禁,在方式方法上系统创新、联动集成、协同协调也是势之所需。古人言:观乎天文,以察时变,观乎人文,以化成天下。反腐倡廉实践中方法创新之一是将有益于《监察法》体系建设和完善的"软法"资源嵌入"硬性条款",实现双轨运行,申言之,以监察法中的硬法资源为基点,宏观统筹和整合社会中本身固有的软法资源,协同发挥硬法惩前毖后的规范作用以及软法防患于未然的预防功能,为"善治"政府和"公共善"社会提供理路支撑。最后,再次诚挚祝贺廉睿完成了此项精辟的研究,期待《软法何以有效:〈监察法〉中的软性条款研究》能够成为中国式法治现代化建设中"软硬协同共治"研究的集结号,吸引更多的学术耆宿、学界群贤花团齐芳、共襄盛举,铸就新时代中国法治现代化学术研究的新高地。

卫跃宁

2024 年 8 月 1 日

目 录

第一章　何谓"监察法学" …………………………………………… 1
　第一节　监察法学缘起 ………………………………………………… 1
　第二节　监察法学知识图谱 …………………………………………… 3

第二章　部门法"软法化"现象 ………………………………………… 20
　第一节　《中华人民共和国民族区域自治法》"软法化"现象 ……… 20
　第二节　《中华人民共和国高等教育法》"软法化"现象 …………… 30
　第三节　《中华人民共和国档案法》"软法化"现象 ………………… 36
　第四节　《中华人民共和国国家情报法》"软法化"现象 …………… 44
　第五节　《中华人民共和国体育法》"软法化"现象 ………………… 48
　第六节　《中华人民共和国环境保护法》"软法化"现象 …………… 55

第三章　《监察法》"软性条款"和"硬性条款"分析 ………………… 65
　第一节　《监察法》"软性条款"和"硬性条款"的分布构成 ……… 65
　第二节　《监察法》"硬性条款"的规范事项 ………………………… 95
　第三节　《监察法》"软性条款"的规范事项 ………………………… 101

第四章　《监察法》"软性条款"的成因考察 ………………………… 112
　第一节　《监察法》立法特色 ………………………………………… 112
　第二节　《监察法》出现"软性条款"的现实动因 ………………… 118
　第三节　"软性条款"存在于《监察法》的理论根基 ……………… 121

第五章 《监察法》"软性条款"的效能分析 ·········· 131
第一节 《监察法》"软性条款"是否有效？·········· 131
第二节 《监察法》"软性条款"的效力内容 ·········· 147
第三节 《监察法》"软性条款"的效力保障 ·········· 159

第六章 《监察法》"软性条款"的未来面向 ·········· 173
第一节 中国式法治现代化语境下的"软性条款" ·········· 173
第二节 "软硬共治"：促成"软性条款"与"硬性条款"的良性互动 ·········· 188
第三节 "韧性软法"：提升"软性条款"的公共认可 ·········· 202
第四节 "利益导向"：生成"软性条款"的激励机制 ·········· 215

第一章
何谓"监察法学"

第一节 监察法学缘起

自2018年公布以来,学界对《中华人民共和国监察法》(以下简称《监察法》)的研究方兴未艾。不论是术业新兵,抑或是学科耆宿,都不约而同地进入"监察法学"场域,由此奠定了"监察法学"的"显学"基调。当然,基于学术立场和研究取向的差异,在学术界,两种范式逐步生成,分别是作为社科法学的"监察法学"和作为法教义学的"监察法学"。前者将社科法学的思维理念和价值体系植入"监察法"研究中,在方法论上,他们声称,既往关于监察法学的研究,过分侧重条款解释,致使其走向法律形式主义的桎梏;在发展论上,他们认为,"自监察体制改革后,国家推动与执政党内在驱动,反腐职能发生变迁,监察法学需要以此更新换代和进行认知上的转型"[1]。较之前者,作为法教义学的"监察法学",则是将教义法学的概念体系和规范实践"移植"到监察法学研究中,在场域覆盖上,他们以《监察法》为本体,辅之"《监察法》的配套立法、《监察法》与相关法律的衔接以及合署办公与党规国法衔接等问题",由此形塑出"一体多面"的研究格局;在方法论上,他们强调,未来监察法学研究的重心应放在《监察法》中有关监督权的具体条款上,

---

[1] 曾哲、丁俊文:《从"条款解释"到"体系强制":国家监察体制改革的法学路向》,载《学习论坛》2020年第4期。

并对这些条款的内涵、监督方式和监督程序等问题进行着重分析。[1] 实际上,不论是作为社科法学的"监察法学",抑或是作为法教义学的"监察法学",都只是话语体系上的迥异,并不存在不可逾越的"鸿沟"。究其内涵,"监察法学"的社科法学进路,本质上是一种事实主义的研究范式,它关注的乃是法律关系、法律行为、法律主体等范畴的事实面向,在此维度上,它与以法律解释学和法律诠释学为表征的规范主义研究范式相分殊。与之不同,"监察法学"的法教义学取向,则坚守"合法律性"的一维结构,强调对社会事实进行法律上的评价。由此可知,二者在"监察法学"研究中均有各自的生命力,它们只是侧重点有所不同,而不是非此即彼的关系。例如,即便是在"立法论向解释论的研究方法转型乃是不可避免"的情景下,后者也承认,"法学研究的众多素材取自监察委员会的运行和《监察法》的实施,监察案例和事例的频出也为法学实证研究创造了土壤"[2]。当然,作为话语体系上的回应,前者也试图作出某种程度上的"妥协",他们解释道,从总体上看,前期数量颇丰的既有研究成果(笔者注:这些研究成果主要是教义法学的)不但为国家监察体制改革的持续深化提供了初步理论供给,也有利于演化出理论供给与监察实践中的良性互动关系。[3]

笔者认为,在"持续深化国家监察体制改革"和"规范正确行使国家监察权"的时代背景下,运用多元化的交叉研究路径在"监察法学"中进行理论争鸣,贡献有益的智识资源,乃是学人的使命。有鉴于此,本书虽聚焦于《监察法》文本中的条款设计,但以"实证分析"为切入方式,意图实现"社科法学"和"法教义学"的交叉结合。申言之,在研究范畴上,本书似乎是"法教义学"的,而在研究方法上,本书似乎又是"实证主义"的,此种"你中有我,我中有你"的情形,既是笔者的尝试,或许也代表了"监察法学"研究的一种未来取向或者可能性。

---

[1] 秦前红、刘怡达:《国家监察体制改革的法学关照:回顾与展望》,载《比较法研究》2019年第3期。

[2] 曾哲、丁俊文:《从"条款解释"到"体系强制":国家监察体制改革的法学路向》,载《学习论坛》2020年第4期。

[3] 秦前红、刘怡达:《国家监察体制改革的法学关照:回顾与展望》,载《比较法研究》2019年第3期。

第二节 监察法学知识图谱

自从2018年《监察法》出台以来,有关《监察法》的相关研究层出不穷,理论研讨呈现出欣欣向荣景象:或是从作为法学科学性的教义学视角出发,阐释《监察法》中各条文规范的具体内涵;或是从法律体系修订的动态过程出发,研究监察法的立法思路、立法重点、立法原则与立法目的等内容;或是从法法衔接的体系性出发,分析《监察法》与《刑事诉讼法》的程序衔接、制度衔接与规范衔接。总体而言,现有研究成果较为丰硕,研究方向涉猎广泛,顺应了国家监察体制改革与立法调整的发展方向,能够为实践应用提供较为充分的理论指导。不过,少有学者整合所有文献从宏观上把握监察法的研究态势,更多集中于个别领域的议题讨论,归纳细节性的知识材料,且内容也偏向于文献观点的二次转述,并非科学的计量分析。因此,为全面展示监察法法律条文的研究现状,呈现《监察法》中"软性条款"的研究背景,在此先使用文献计量法,定量分析监察法领域的研究现状与热点变化。

一、数据来源与研究方法

(一)数据来源

由于研究主题为《监察法》的"软性条款",因此研究侧重于《监察法》的法条分析,而非监察法学的基础理论等,故设置检索式为"篇名:监察法",而不选用"主题:监察法",以有效限定检索数据。在中国知网(CNKI)中使用高级检索功能,以上述检索式进行文献检索,将数据时间限制为1994—2023年,检索准确度为精准。经筛选剔除无关文献、非研究型文献后,截至2023年8月7日,共获得479篇与相关学术期刊发文。

(二)研究方法

通过运用数学与统计学的方法对相关文献的各种特征加以分析,文献计量法可以描述、评价和预测文献主题的研究现状与发展趋势,且是以量化形式高效输出信息内容。[①] 自从 2004 年华人学者陈超美开发 CiteSpace 软件以来,CiteSpace 以其强大和先进的知识图谱绘制与分析功能,成为文献计量法的主要工具之一。借助 CiteSpace 软件可以绘制知识领域演进的可视化图谱,以更高抽象程度的"二阶科学"范畴和更为生动直观的形象化图像,从整体上更加深刻地反映和逼近具体领域的科学发展规律。[②] 如陈超美博士最初特别强调的那样,这种认知方式将会"改变我们看待世界的方式"。运用 CiteSpace 软件的最小通量算法等对 479 篇监察法相关文献进行数据处理与分析,时间切片(Years per slice)设置为 1 年,阈值(TopN)设置为 50,共生成作者与科研机构共现图谱、关键词聚类图谱和时间线图谱等知识图谱,能够可视化地呈现出以《监察法》为研究中心的研究领域近年来的研究热点与研究现状。相较于传统的文献综述,信息可视化的知识图谱以科学的数据计量,更为直观地反映出研究热点与趋势变化,有助于把握研究整体态势,并预测未来研究方向,从而推动监察法研究科学化、系统化、精细化。

二、监察法学的研究概况

(一)作者发文分析

作者发文量是判断作者在相关领域的学术实力与学术影响力的重要因素之一,并且可反映出该领域内是否形成核心作者群。由监察法核心作者发文表可知(见表 1-1),发文量前 10 名的作者分别为武汉大学的秦前红

[①] 朱亮、孟宪学:《文献计量法与内容分析法比较研究》,载《图书馆工作与研究》2013年第 6 期。

[②] 陈悦、陈超美、刘则渊等:《CiteSpace 知识图谱的方法论功能》,载《科学学研究》2015 年第 2 期。

(6)、中国政法大学的刘艳红(5)、中国人民公安大学的张云霄(4)、北京大学的姜明安(4)、上海社会科学院法学研究所的魏昌东(4)、复旦大学的吴飞(3)、中国政法大学的马怀德(3)、致公党贵州省委员会的彭剑鸣(3)、湘潭大学的吴建雄(3),以及武汉大学的廖凯(3)。由此可知,前10名作者大多来自高校,或者社科研究所,仅有少数作者来自实务部门。并且,大多数学者来自国内顶尖高校,这与各高校纪检监察学科发展态势不无关联。从地域分布来看,发文量前10名的学者中有6位集中于北京地区与上海地区,其他4位则分散于各省,可见监察法研究呈现出某种程度的地域聚集效应。

"普赖斯定律"是科学计量法测算核心作者及核心作者群的重要标准,其内容为:核心作者作为对研究领域的知识发展作出较大贡献的科研人员,可通过研究人员的人数与期刊发文量加以测算。其中,核心作者标准为:入选核心作者所发表的论文数为最高产作者发表论文数的平方根的0.749倍,即$M=0.749 \cdot (N_{max})1/2$($N_{max}$为最高产作者发表论文数);核心作者群标准为:作者撰写的论文数达该领域总论文数的50%以上。由表1-1可知,当前监察法研究最高发文量(N_{max})为6篇,故可得出模型参数$M=0.749 \cdot (6)1/2=1.83$。表1-1所列出各位作者发文量均达到了3篇,大于$M$,故可被认定为是核心作者。但由于该主题领域的总发文量为479篇,核心作者的发文总量远低于总发文量的50%,因此,监察法研究领域内,部分学者虽然发文量较高、取得一定学术影响力,但是并未真正形成核心作者群,研究力量总体而言较为薄弱。

通过对CiteSpace软件作者分析模块进行共现分析,可以识别监察法领域的核心人物与领军人物,了解研究者之间的科研合作关系,从作者维度体现出本领域的交流合作情况。共现图谱中,节点大小与作者的发文频次正相关,节点连线的粗细程度与合作关系的强弱正相关。由监察法发文作者共现图谱可知(见图1-1),发文作者网络中节点数为223,连线为41,网络密度仅有0.0017,网络密度低于0.1的有效中介性。因此,研究者之间的合作总体上较为分散,缺少固定的、常态化的合作交流,且研究工作偏向于个体化的"单打独斗",少部分的学术合作大多存在于师生关系中。当然,这一分析结果也与法学学术期刊的独特要求有关,要求刊发文章仅限独作的核心期刊不在少数,致使研究合作缺乏外部环境的基础性支持。

表 1-1　监察法学研究的核心作者发文分析

姓　名	单　位	发文量/篇
秦前红	武汉大学	6
刘艳红	中国政法大学	5
张云霄	中国人民公安大学	4
姜明安	北京大学	4
魏昌东	上海社会科学院法学研究所	4
吴　飞	复旦大学	3
马怀德	中国政法大学	3
彭剑鸣	致公党贵州省委员会	3
吴建雄	湘潭大学	3
廖　凯	武汉大学	3

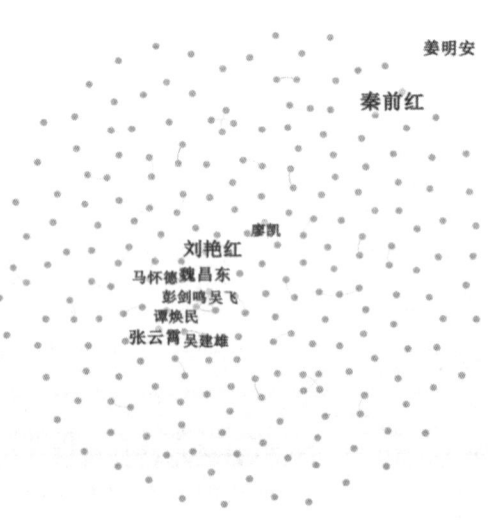

图 1-1　监察法学研究的核心作者发文分析

(二)科研机构共现分析

根据监察法研究机构发文分析表(见表1-2),发文量最多的前两名分别为中国政法大学(32)、西南政法大学(23),发文量遥遥领先于其他研究机构。排名前10的其他机构还有湘潭大学(10)、武汉大学(10)、东南大学(9)、中南财经政法大学(9)、中国人民大学(7)、郑州大学(6)、中共中央纪律检查委员会(6)和北京师范大学(6)。运用CiteSpace软件绘制研究机构共现图谱(见图1-2),机构共现图谱的生成节点172个,连线29条,网络密度0.002,网络密度较低(低于0.1的有效中介性)。图谱显示:第一,研究机构网络较为稀疏,机构之间合作程度较低,未形成跨机构、跨地域的合作交流机制。第二,研究机构地域分布较为合理,前10名研究机构分别位于6个省份,能够汇聚全国各地区力量展开研究。第三,结合监察法核心作者发文分析图可知,部分研究机构虽然代表作者数量较少,但是内部研究团队人数较多,力量充足。如西南政法大学的机构发文量达23篇,却没有学者发文量排名前10。

表1-2 监察法学研究机构发文分析

机构名称	发文量/篇
中国政法大学	32
西南政法大学	23
湘潭大学	10
武汉大学	10
东南大学	9
中南财经政法大学	9
中国人民大学	7
郑州大学	6
中共中央纪律检查委员会	6
北京师范大学	6

图 1-2 监察法学研究机构发文分析

（三）高影响力文献分析

高影响力文献是研究领域内具有较高学术性和创新性的文章，在一定程度上反映出某个时期的研究热点与研究方向。影响力的高低计量，需要综合被引频次与下载频次进行计算，其中被引频次是论文内容被其他论文所关注的数据体现，占据较大的影响力评估比重。表 1-3 统计了监察法研究综合影响力排名前 10 位的文献。从中可知，第一，影响力排名前 10 位的文章分别发表于不同的学术期刊，且全部为 CSSCI 核心期刊，论文与刊物的影响力都较高。以上文章所在的刊物主要是法学核心期刊，只有 2 篇发表于综合社科型期刊。这既表明法学类刊物、社科类刊物对于监察法研究都抱有较大兴趣，也说明监察法高影响力文章的主阵地仍然集中于法学刊物。第二，影响力前 10 位的文献中，排名前三的文献均为《监察法》立法问题的相关探讨，分别讨论了监察法的主体、体系、法律关系、法律性质等根本内容。这一现象与我国监察法的立法逻辑有关，我国先建成监察体制，后制定监察法，监察体制在前，监察法在后，于是理论研究预先地、有重点地集中在一些重要问题之上，为此后的监察立法与研究奠定基调。第三，从文献发表时间来看，影响力排名前 10 位的所有文献，全部发表于 2017 年后,与《监察法》的出台紧密关联。由此可知,监察法研究在近5年的迅速兴起,离不开立法的大力推进,相关问题的讨论基本建立在统一的法律基础之上。

表1-3 监察法学研究的高影响力文献

序号	篇名	期刊	年/期	下载频次	被引频次	主要作者
1	《国家监察法》的立法思路与立法重点	《环球法律评论》	2017年第2期	9551	375	马怀德
2	国家监察法立法的若干问题探讨	《法学杂志》	2017年第3期	6670	288	姜明安
3	《监察法》与其他规范衔接的基本问题研究	《法学论坛》	2019年第1期	4228	220	刘艳红
4	程序自然法作为规则自洽的必要条件——《监察法》留置权运作的法治化路径	《华东政法大学学报》	2018年第3期	3301	205	刘艳红
5	职务犯罪案件非法证据的审查与排除——以《监察法》与《刑事诉讼法》之衔接为背景	《法学评论》	2019年第1期	6028	184	刘艳红
6	关于《监察法(草案)》的八点修改意见	《比较法研究》	2017年第6期	3484	150	陈光中、姜丹
7	职务犯罪监察证据若干问题研究——以《监察法》第33条为中心	《中国人民大学学报》	2018年第4期	3497	130	陈卫东、聂友伦
8	刑事诉讼法与监察法的衔接难题与破解之道	《中国法学》	2019年第2期	6009	123	程雷

续表

序号	篇名	期刊	年/期	下载频次	被引频次	主要作者
9	国家监察法实施中的一个重大难点：人大代表能否成为监察对象	《武汉大学学报（哲学社会科学版）》	2018年第6期	4050	114	秦前红
10	监察证据在刑事诉讼中的使用——兼论《监察法》第33条的理解与适用	《中共中央党校学报》	2018年第5期	3203	111	谢登科

三、监察法学的研究热点与趋势变化

(一)关键词频次分析

关键词是文章主题的高度概括，可作为对研究内容分类的标准之一。关键词的频度越高，则该关键词代表的研究主题在该研究领域中受到的关注度就越高，即该研究主题是一定时期内的研究热点。经过对监察法的关键词词频进行统计，前20名的关键词分别有"监察法、《监察法》、刑事诉讼法、职务犯罪、国家监察、法法衔接、监察委员会、监察对象、监察体制改革、刑法"(见表1-4)。这些监察法研究的高频关键词中，"监察法""《监察法》""国家监察法"体现出以监察立法、监察入宪为核心的监察法治化，是我国法治现代化进程中的关键节点；"刑事诉讼法""刑法""法法衔接"是监察立法过程中的重难点命题，如何协调监察法与刑事诉讼法、刑法的关系与内容，决定了监察法的立法质量与立法效果，成为监察法研究的重点选题；"监察体制改革"是监察立法的历史背景，正是在监察体制的动态改革过程中，监察法治化被提上日程并得到落实，因而在监察法相关研究中，必须重视监察法治与监察体制改革的辩证关系，认识到监察体制改革与监察法治化之间将会相互促进、相互助益。"监察委员会""监察对象""职务犯罪"涉及监察体制的主体、权责、客体等核心内容，明确以上内容的法律内涵，是监察体制在法治轨道上运行的有力保证。

表 1-4 监察法学研究高频关键词

序号	关键词	词频
1	监察法	126
2	《监察法》	34
3	刑事诉讼法	33
4	职务犯罪	33
5	国家监察法	19
6	法法衔接	18
7	监察委员会	17
8	监察对象	17
9	监察体制改革	16
10	刑法	12

(二)关键词聚类分析

CiteSpace 软件运用对关键词进行聚类分析,能够划分出不同的关键词簇,生成监察法研究关键词聚类图谱,从而归纳出监察法研究的学术热点。绘制的关键词聚类图谱中,Modularity Q 的值为 0.5683、Weighted Mean Silhouette S 的值为 0.8525。按照聚类图谱的校验标准,Modularity Q＞0.3,说明模块聚类较好,Weighted Mean Silhouette S＞0.5,聚类效果具有高可信度。根据图谱聚类,监察法研究的关键词簇可分类为♯0 监察法、♯1 职务犯罪、♯2 监察委员会、♯3 国家监察法、♯4 党内法规、♯5 监察体制改革、♯6 刑事诉讼法、♯7 监察机关、♯8 衔接机制和♯9 监察措施等 10 个较大的聚类。为进一步系统梳理监察法研究的学术热点,在大量阅读监察法研究文献的基础上,综合监察法研究关键词聚类图谱与时间图(见图 1-4),笔者归纳监察法研究的研究热点为以下四个方面:监察法的教义学研究;监察法的法法衔接研究;监察法律体系研究;监察法的制度建设研究。

图 1-3　监察法学研究关键词聚类图谱

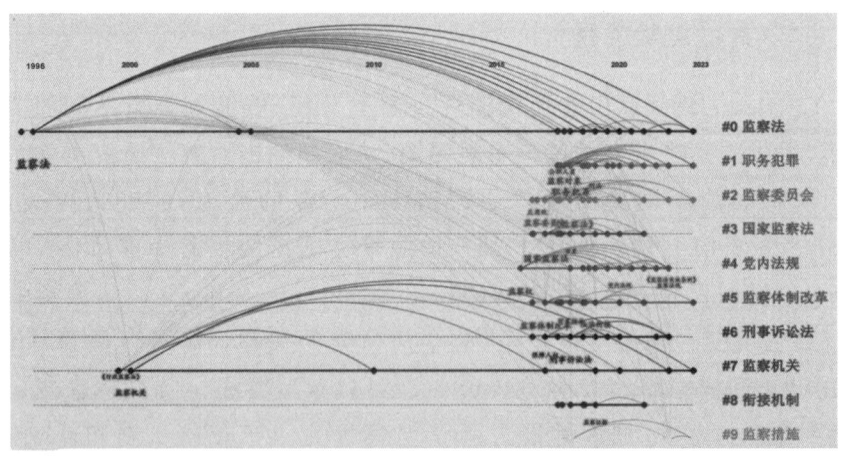

图 1-4　监察法学研究关键词聚类时间图

1.监察法的教义学研究

监察法的教义学研究,涵括法律概念、法律规范、法律原则等多方面的内涵阐释,取得了较为丰硕的研究成果。在法律原则方面,有学者重点分析比对了"互相配合,互相制约"的基本原则,认为这一原则虽然没有得到监察法立法的明示,却以国家权力平等性、监察监督公正性为正当性依据,应当体现在立法条文以及实践运作之中。① 在法律概念方面,现有学者集中讨论的各概念大多为监察法新生概念,既有其作为监察法特殊概念的价值意蕴,又要与其他法律中的已有概念相互关联、相互区别。如以监察法自身特性为解释依据的,为实现对公务单位和全民所有制企业"派驻全覆盖",监察管辖中的"所管辖的行政区域"应当被解释为"基层行政区"和"非行政区的区域"。② 换言之,与公职有关的犯罪单位、关联案件的非公职人员均应当属于监察管辖对象。③

受到关注最多的是监察法中的"监察人员""涉案人员""监察对象"主体概念。如李翔主张对《监察法》刑事追责条款加以当然解释,将监察人员解释为职权论下的司法工作人员,从而解决可能出现的刑事条款虚置问题。④ 对于监察对象这一概念的认定,有学者认为,关键在于判断该人是否行使公权力,而对"行使公权力"这一概念的解读,可借鉴与之有较大相似性的《国家赔偿法》中的"行使职权"。⑤ 还有学者总结实践经验,主张从行为与资金两个维度认定监察对象,并进一步细分为"人"的职务、职位,"钱"的出资、管制等四个要件,从而划分出监察对象的不同类型。在其看来,判定何者对象为监察对象,关键点是审查监管的必要性与正当性,"没有行为的不监管,凡有资金的必监管"。⑥ 与之相关的是"涉案人员"概念,有学者详细考察了《监察法》和《监察法实施条例》,归纳出监察法规范体系中"涉案人员"的类型特征为"与监察机关所管辖的职务违法

---

① 崔凯:《〈监察法〉"互相配合,互相制约"原则的明确及展开》,载《中南大学学报(社会科学版)》2021年第4期。
② 秦前红、石泽华:《〈监察法〉派驻条款之合理解释》,载《法学》2018年第12期。
③ 卫跃宁:《监察法与刑事诉讼法管辖衔接研究》,载《法学杂志》2022年第4期。
④ 李翔:《论〈监察法〉实施对刑事实体法的影响及完善》,载《东南大学学报(哲学社会科学版)》2019年第1期。
⑤ 秦涛、张旭东:《论〈监察法〉"行使公权力"的判定标准——基于国家赔偿理论中"行使职权"的探讨》,载《上海行政学院学报》2019年第2期。
⑥ 常保国、刘思涵:《〈监察法〉中监察对象范围的认定标准》,载《人民论坛·学术前沿》2019年第7期。

犯罪案件存在关联"。① 有学者进一步指出，基于监察全覆盖的立法原旨，涉案人员虽然在逻辑上区别于《监察法》第 15 条所规定的监察对象，但在事实上亦应归属于监察对象的范畴之中。② 还有学者扩大了概念考察视角，强调将监察法中的新生概念放在与刑法、行政法相统合的体系视角下观察，详细讨论了"有关人员"等不确定法律概念以及"国家工作人员""国家机关工作人员"等重要概念的逻辑关系。③

另外，对《监察法》的法律条款作注解式研究的也不在少数。比如有学者对《监察法》中的证据条款逐句解读，分别论述了第 33 条第 1 款中"可以作为证据使用"的准入标准，第 33 条第 2 款中关于证据的要求及取证程序以及第 33 条第 3 款中非法证据的排除范围、排除模式和主体来源。④ 由于监察程序与刑事程序衔接紧密，有关监察证据能否转化为刑事证据的问题也受到学者的关注。有学者指出，传统的监察证据既无法通过《刑事诉讼法》第 54 条第 2 款获得刑事证据资格，也无法通过证据转化规则获取刑事证据资格，所以立法者才专门设置《监察法》第 33 条第 1 款，为监察证据的证据资格确立合法依据。当然，能够作为刑事证据使用的监察证据，必须与刑事证据的证据形式相同或相对应。⑤

2.《监察法》的法法衔接研究

监察法立法是符合监察体制法治化需求的正确道路，但也带来监察法立法嵌入现有法律体系与调整现有法律体系以容纳监察法的问题，即"法法衔接"问题。由于监察活动主要涉及职务违法犯罪，与刑事司法活动联系紧密，再加上监察程序是与刑事诉讼程序并立的制度机制，《监察

---

① 秦前红、李世豪：《论〈监察法〉中的涉案人员及其权利保护》，载《吉首大学学报（社会科学版）》2023 年第 4 期。

② 秦前红、薛小涵：《论〈监察法〉中的涉案人员：规范意涵、角色定位及其制度建构》，载《学术界》2022 年第 4 期。

③ 谭波：《论〈监察法〉中的"有关人员"——基于党和国家监督体系的统合需求》，载《行政法学研究》2023 年第 5 期。

④ 姚莉：《〈监察法〉第 33 条之法教义学解释——以法法衔接为中心》，载《法学》2021 年第 1 期。

⑤ 邓联荣、高通：《赋予监察证据以刑事证据资格研究——以〈监察法〉第 33 条第 1 款为中心》，载《湘潭大学学报（哲学社会科学版）》2021 年第 1 期。

法》与《刑法》《刑事诉讼法》等法律的衔接自然就成为学界关注的热点。《监察法》《监察法实施条例》自立法之初,便移植了诸多《刑事诉讼法》规范,使得监察程序充分吸收了刑事诉讼程序的结构框架。① 如何以"体系化"思维协调监察法律与相关法律的关系,保证法律体系的和谐统一,是学术探索的未来方向。②

(1)关于监察法与刑法的衔接。监察机关办理职务犯罪的过程中,需要判断被调查人认罪认罚、自首、坦白和立功等实体层面的从宽量刑情节,这就有赖于刑法及司法解释的相关规定提供准确的规范支持。③ 首先要确认的前提是,监察法作为宪法性法律的定位并不等同于其在规范位阶上优位于刑法,监察委员会行使职务犯罪调查权时,仍须遵循刑法的基本原则与罪刑规范的限制。④ 监察法与刑法的衔接,核心在于相应犯罪主体及犯罪对象的认定,一旦出现错误,则可能使得反腐败法治失效,并滋生新的权力滥用风险。对于监察法的监察对象与刑法职务犯罪主体之间的衔接,有学者主张,从法律条文出发,应认定监察法中的监察对象比职务犯罪主体更为宽泛,这要求,一方面要思考是否能以监察法的监察对象补充解释刑法规制的职务犯罪主体,另一方面要反思是否有必要秉持刑法基本理念限定监察对象的范围,以避免恣意监察入罪。⑤ 另有学者较为直接地指出,应当统一监察对象与职务犯罪的指涉范围,监察对象与职务犯罪主体保持一致。⑥

(2)关于监察法与刑事诉讼法的衔接。监察法与刑事诉讼法的"两法"衔接问题,突出表现在案件管辖、立案程序、调查措施、强制措施、证据

---

① 程雷:《监察调查权的规制路径——兼评〈监察法实施条例〉》,载《当代法学》2022年第4期。
② 杨解君:《新时代监察法与既存法律体系和谐关系的确立》,载《江海学刊》2021年第2期。
③ 孙国祥:《监察法从宽处罚的规定与刑法衔接研究》,载《法学论坛》2020年第3期。
④ 陈伟:《监察法与刑法的关系梳理及其症结应对》,载《当代法学》2020年第1期。
⑤ 陈伟:《监察法与刑法的衔接协调与规范运行》,载《中外法学》2019年第2期。
⑥ 梁知博:《职务犯罪主体视阈下"监察对象"界定的缺陷与完善——基于〈监察法〉与〈刑法〉衔接的视角》,载《理论导刊》2019年第3期。

适用等方面。① 简言之,监察法与刑事诉讼法的衔接,可高度概括为"区别侦查、对接公诉、服务审判"的基本思路。② 由于监察法与刑事诉讼法负有不同的法律职能,使得职务犯罪案件的办理呈现出二元独立共存之格局,即"监察调查程序"和"刑事诉讼程序"。③ 两种程序受不同的法律调整,法法衔接的冲突也就引发了职务犯罪案件办理上法律协同不明确、支撑理论散现等问题。④ 有学者总结实践中的衔接难题有三:监察案件是否应当办理刑事立案手续;退回补充调查期间强制措施的衔接;监察证据是否适用非法证据排除规则。⑤ 即便最高人民法院于2021年出台《刑事诉讼法》司法解释,将监检衔接作为一项重要内容加以推进,但在实务中仍存在证据标准不一、程序衔接不明、外部监督缺失等问题。⑥ 反腐败法治的历史新阶段,为实现监察法与刑事诉讼法的有效衔接,应当确立以"优化制度资源配置"为主导的"六大思维",从"十个程序衔接机制"细化司法审查与职务违法犯罪的对接。⑦

在具体的制度衔接上,有学者着重研究了监察管辖与检察管辖的衔接问题,为避免"监察为主调查"异化为"主要由监察调查",防止监察机关与检察机关、公安机关产生管辖权异议,建议构建以监察为主协调的协作配合制度、管辖协商前置和管辖权异议制度。⑧ 此外,认罪认罚制度也是

---

① 王秀梅、黄玲林:《监察法与刑事诉讼法衔接若干问题研究》,载《法学论坛》2019年第2期。

② 张云霄:《〈监察法〉与〈刑事诉讼法〉衔接探析》,载《法学杂志》2019年第1期。

③ 洪浩:《以审查起诉为枢纽:监察法与刑事诉讼法衔接的制度路径》,载《河北大学学报(哲学社会科学版)》2023年第1期。

④ 曹胜军、常保国:《监察法与刑法、刑事诉讼法的衔接问题研究》,载《社会科学辑刊》2020年第4期。

⑤ 程雷:《刑事诉讼法与监察法的衔接难题与破解之道》,载《中国法学》2019年第2期。

⑥ 卢志军、杨宗辉:《我国〈监察法〉实施中的"法法衔接"问题及其应对》,载《中州学刊》2022年第3期。

⑦ 徐汉明、李少波:《〈监察法〉与〈刑事诉讼法〉实施衔接路径探究》,载《法学杂志》2019年第5期。

⑧ 孟松:《监察法与刑事诉讼法衔接中的监察管辖问题探讨》,载《理论探索》2021年第3期。

监察程序与刑事诉讼程序衔接的重点环节。监察法设置认罪认罚从宽制度，用以化解高效反腐和司法宽容之间的张力，但是存在双重审查流于形式、审查内容不明、审查方式封闭、从宽建议形式效力各异等诸多方面的问题有待解决。① 对此，有学者主张，应当以《刑事诉讼法》的相关规定为参照，明确《监察法》中"认罪认罚"的内涵，从审查主体、审查内容、审查方式等方面进行针对性完善。② 对于证据衔接方面，有学者建议应当在法律文本中明确监察证据在刑事诉讼中的使用资格，为其提供合法依据。③ 相应地，这就要求监察机关在收集、固定证据时，应当严格参照刑事诉讼法的相关规定，实质性规范监察调查和证据搜集程序，为监察证据与刑事证据有效衔接提供正当性。④ 总而言之，监察机关收集证据时，应当摆脱"调查中心主义"的思想，强调"以审判为中心"的实质化证据审查。⑤

3.监察法律体系研究

监察法依宪法形成，以监察属性为本质属性，显著区别于既有法律。⑥ 监察法律体系以宪法为核心，以《监察法》为纲领性和主干性法律，以全国人大常委会制定的有关监察工作的专门法律为基础，以国家监察委员会制定的监察法规和规范性文件为具体执行性规范，以涉及监察权运行的其他法律法规为补充。⑦ 应当承认，监察法律体系是一种拥有特定法律导向、特定法律功能、特定法律属性的"领域法"，其实体与程序特性不同于传统部门法。比如，作为第一部监察法规的《监察法实施条例》以高度政

---

① 胡之芳、刘敏：《监察调查中的认罪认罚从宽审查制度反思——从〈监察法〉第31条切入》，载《湘潭大学学报（哲学社会科学版）》2021年第3期。

② 林艺芳、张云霄：《监察法与刑事诉讼法衔接视角下认罪认罚从宽的制度整合》，载《甘肃社会科学》2020年第2期。

③ 陈卫东、聂友伦：《职务犯罪监察证据若干问题研究——以〈监察法〉第33条为中心》，载《中国人民大学学报》2018年第4期。

④ 冯俊伟：《〈监察法〉实施中的证据衔接问题》，载《行政法学研究》2019年第6期。

⑤ 刘艳红：《职务犯罪案件非法证据的审查与排除——以〈监察法〉与〈刑事诉讼法〉之衔接为背景》，载《法学评论》2019年第1期。

⑥ 邱需恩：《论监察法的监察属性与法律特定性》，载《新视野》2022年第3期。

⑦ 朱福惠、聂辛东：《论监察法体系及其宪制基础》，载《江苏行政学院学报》2020年第5期。

治性为内核,兼具党内法规属性与法律属性,成为一种新类型的"法律渊源"。[1] 如有学者所言,以《监察法》的出台为主要标志,国家监察体制改革"第一阶段"任务基本完成,基本做到"有法可依"。[2] 我国当下正处于全面深化的"第二阶段",必须认真处理好监察法律体系的内部关系,彻底清除国家体制改革的法治障碍。对此,有学者提出,要改变当前监察立法"分散化""粗放化"的现象,按照"总则—分则"的框架编纂监察法典,实现监察法法典化。[3] 还有的则主张以《监察法实施条例》等监察法规辅助监察法的贯彻落实,以保障监察法律体系的实效性。通过融合纪检监察规范性文件与刑事诉讼法律规范,《监察法实施条例》实现了对《监察法》逐字逐句进行解释,明确规定了监察措施、监察程序等方面的适用条件,消除了监察规范的不确定性。[4] 另外,还应加强监察法律体系与党内规章制度的科学衔接,在理念层面坚持党的领导地位,在制度层面围绕反腐败核心工作目标,推进系统化制度衔接改革。[5]

4.监察法的制度建设研究

除监察程序"模仿"刑事诉讼程序设计的相关制度外,《监察法》出于提升反腐败质效的初衷,还设立了一些监察领域的特色制度。有学者归纳为四种制度,分别是监督权限制度、监察建议制度、监察赔偿制度和特约监察员制度。[6] 其中,如监察赔偿就无法纳入传统的行政赔偿、刑事赔偿范畴,而提倡监察赔偿又有利于规制监察主体的非理性行为,因此或可

---

[1] 王建芹、陈思羽:《强政治性法律规范:监察法规性质问题再思考——以〈监察法实施条例〉为依据》,载《河南社会科学》2022年第5期。

[2] 刘艳红:《〈监察法〉与其他规范衔接的基本问题研究》,载《法学论坛》2019年第1期。

[3] 秦前红、张演锋:《论监察法的法典化》,载《江苏行政学院学报》2022年第4期。

[4] 贾志强:《整合与回应:〈监察法实施条例〉对监察法制困境的纾解》,载《中外法学》2023年第3期。

[5] 冀明武:《论党内监督法规与国家法律制度的衔接——以〈中国共产党党内监督条例〉与〈监察法〉为视点》,载《江汉学术》2020年第2期。

[6] 张云霄:《〈监察法〉实施中的若干问题与完善建议》,载《法学杂志》2020年第1期。

构建独立的监察赔偿制度。① 如监督权限制度中,监察机关既是人大监督体系中执法检查的监督对象,同时又对本级人大公职人员进行监察,如何合理解决监督交叉,使得监督落到实效,这也是有待解决的监督权限问题。② 另外,由于监察法的高度政治性,还需要科学调整监察机关与地方党委、政府和司法机关之间的关系,以高度发达的党政同责制度,为监察机关依法履行监察职责保驾护航。③

---

① 魏文松:《张力与弥合:监察法与国家赔偿制度的衔接问题》,载《河南社会科学》2019年第10期。
② 段鸿斌:《〈监察法〉执法检查的实施机制》,载《四川师范大学学报(社会科学版)》2019年第6期。
③ 张成立:《监察法视阈下党政同责制度完善探析》,载《理论学刊》2023年第6期。

第二章
部门法"软法化"现象

第一节 《中华人民共和国民族区域自治法》"软法化"现象

　　70年岁月峥嵘,70年历程辉煌;民族区域自治制度经过70余年的实施,已成为富有中国本土特色、凸显中国民族政策优势的制度架构。追溯民族区域自治制度的历史渊源,早在1949年《中国人民政治协商会议共同纲领》中,就明确规定:"各少数民族聚居的地区,应实行民族的区域自治,按照民族聚居的人口多少和区域大小,分别建立各种民族自治机关。"这一论述,是"中国共产党解决民族问题的探索活动和实践经验的总结,是新中国实行民族区域自治的政策依据,也是民族区域自治法诞生的法律源头"。1984年,随着第六届全国人民代表大会第二次会议通过《中华人民共和国民族区域自治法》(以下简称《民族区域自治法》),民族区域自治制度以"类法典化"的形式被进一步确定和巩固,这部法律的出台,也标志着我国的民族区域自治制度步入一个新的发展阶段。作为一部重要的政治性立法,《民族区域自治法》依宪法而制定,是保障宪法关于民族区域自治制度顺利实施的基本法律,因而具有"小宪法"的部门法属性。与此同时,由于《民族区域自治法》以"民族事务"为核心调整对象,也就具有"民族法"的领域法属性。正是这种集"部门法"与"领域法"为一体的独特属性,使得《民族区域自治法》展现出鲜明的"软法"特质。从表征来看,《民族区域自治法》使用的是标准的条款式表述,在文本结构上,它先以"条"为基本单位,再以"连接词"为核心组成一个语义贯通、主旨突出的法律语链。基于《民族区域自治法》的这一特征，可以依据"连接词"的差异，辅之文义分析，将《民族区域自治法》中的规范性条文进一步拆分为"硬性条款""软性条款""半软性条款"。

在结构布局上，《民族区域自治法》与《宪法》一脉相承，都将"序言"作为文本表达的首要环节，这在中国的现代法律体系中并不多见。除却《宪法》有序言外，在中央立法层面，也只有《民族区域自治法》《香港特别行政区法》《澳门特别行政区法》附序言部分。对于"序言"是否具有法律效力，学界一直存有争议。从比较法角度看，国外学者倾向于对"序言"效力作出肯定性解释，而随着欧盟法院近几年对法律文件中"序言"的直接援引和司法认可，更使得这种观点具有深厚的实践洞穿力。但是，对于"序言"具有何种法律效力，是拘束力，还是国家强制力，国外学者并未能给出明确答案。与国外学者的逻辑理路相一致，中国学者对《民族区域自治法》中"序言"的法律效力也多持肯定态度。有学者以"序言"第二段为例，认为"它规定了少数民族管理本民族内部事务的权利，具有法律原则和法律权利的双重属性。权利的主体是民族自治地方的聚居少数民族，客体是本民族内部事务，包含自由权和请求权两方面内容"。[1] 也有学者直接指出："《民族区域自治法》序言不仅具有法律效力，而且其法律效力可以进一步分解为规范性效力和执行性效力。其中，除少数语句仅具有规范性效力外，大部分语句兼具两种效力。"[2]笔者认为，《民族区域自治法》中的序言部分是有效力的，但主要表现为一种拘束效力，而非传统的国家强制力。换言之，《民族区域自治法》中的序言具有"软法"属性。对于这一观点，可以从以下两个方面进行证成：第一，在序言部分中，实际上对民族区域自治制度中的特定事项进行了"确认"，并在此基础上进行"宣示"，意在赋予特定事项规范效力，这和"软性条款"中的"宣示性条款"具有异曲同工之妙。第二，在司法实践中，立法者可以依据序言来对《民族区域自治法》中的争议性条款进行解释，这时，序言就具有解释性规范效力。无论是序言的确认性规范效力，抑或是序言的解释

---

[1] 陈蒙：《民族区域自治法序言中"少数民族管理本民族内部事务权利"的法理分析》，载《青海社会科学》2019年第1期。

[2] 郑毅：《〈民族区域自治法〉序言效力论》，载《法商研究》2017年第4期。

性效力,都并非建立在国家强制力基础之上,在序言部分的文字表述中,对于"惩罚性后果"也只字未提,因此,序言是具有拘束力的"软法",而非传统意义上的"硬法"。

《民族区域自治法》中,一个法律条文有可能同时使用多个"连接词",因此,在利用"连接词"技术对"软性条款"进行甄别时,必须同时配合语义分析,进而确定实质性"连接词"。现通过该技术手段,将"总则"篇中的11个法律条文阐释如下:第1条至第4条,系陈述性条款,使用的连接词主要为"根据"、"实行"和"行使",分别阐述了《民族区域自治法》的立法依据、我国实行区域自治的地域范围、民族自治机关的政治地位与活动原则和民族自治地方自治机关的职权。第5条,使用的连接词为"必须",借此来明确民族自治地方自治机关维护国家统一之职责,显然,这一表达具有命令性质和强制性质。但由于该条文缺乏具体的"罚则"规定,因此,仍无法通过国家强制力来保障实施。究其本质,这一条文是具有硬法外形的"软性条款",可将其视为"半软性条款"。第6条,系赋权性条款,使用的核心连接词为"有权",明确规定民族自治机关有权采取灵活措施和特殊政策,加速民族自治地方经济、文化发展。第7条,系倡导性条款,使用的核心连接词为"要把",倡导民族自治机关要把国家整体利益置于首位。第8条,系宣示性条款,使用的核心连接词为"保障",表达了上级国家机关保障民族自治机关行使自治权的态度。第9条,系"半软性条款",虽然使用了"禁止"这一否定性的连接词,但整个条文中并未出现"罚则"规定。第10条,系宣示性条款,使用的核心连接词为"保障",说明了每个民族都有使用本民族语言文字的自由。第11条,系"半软性条款",虽然使用了"不得"这一否定性的连接词,但整个法律条文中未出现"罚则"规定。由以上统计可知,《民族区域自治法》"总则"篇共出现8个"软性条款",3个"半软性条款",没有出现"硬性条款"。

第二章中共计7个条款,其中"软性条款"5个,"半软性条款"2个。具体分析如下:第12条,系赋权性条款,使用的核心连接词为"可以",授权少数民族聚居的地方根据实际情况建立民族自治地方;第13条,系"半软性条款",虽然对民族自治地方的命名方式作出了限定,但整个条文未出现"罚则"规定;第14条,系"半软性条款",虽然使用了"不得"这一否定性的连接词,但整个条文未出现"罚则"规定;第15条,系陈述性条款,使用的连接词为"是",阐述了民族自治地方的自治机关是自治区、自治州和自治县的人民代表大会和人民政府;第16条,系倡导性条款,使用的核心连接词为"应当",对民族自治地方人民代表大会中的民族代表构成作出了建议;第17条,系陈述性条款,使用的核心连接词为"由",对自治区主席、自治州州长、自治县县长的任职资格进行了阐述;第18条,系倡导性条款,使用的核心连接词为"应当",对民族自治地方自治机关的干部人员民族构成作出了建议。

第三章中共计27个条文,是《民族区域自治法》中条文最多的章节,"自治权"在《民族区域自治法》中的重要地位可见一斑。这27个条文中,有26个"软性条款",1个"半软性条款"。具体分析如下:第19条至第20条,系赋权性条款,使用的连接词为"有权""可以",授权民族自治地方的人大制定自治条例或单行条例之权利、授权自治机关变通和停止执行上级国家机关决议及命令的权利;第21条,系省略连接词的赋权性条款,该条款赋予自治机关在执行公务时使用当地语言文字的权利;第22条至第23条,系倡导性条款,使用的核心连接词为"应当"和"优先",倡导自治机关在录用工作人员时对少数民族人员予以适当照顾,倡导自治地方企事业单位在招收人员时优先考虑少数民族人员;第24条至第25条,系赋权性条款,使用的连接词为"可以"和"制定",授予自治机关组织公安部队的权利、授予自治机关自主安排经济建设的权利;第26条,系省略连接词的倡导性条款,提倡自治机关应合理调整经济结构,努力发展社会主义市场经济;第27条,系"半软性条款",使用了"禁止""严禁"等命令性连接词,但整个条文未出现"罚则"规定;第28条至第29条,系省略连接词的赋权性条款,授予自治机关管理和保护本地方自然资源的权利、自主安排地方基本建设项目的权利;第30条至第31条,系赋权性条款,使用的连接词为"自主管理"和"可以",授予自治机关自主管理本地方企事业的权利、授予自治机关开展对外经贸活动的权利;第32条,系省略连接词的陈述性条款,表明民族自治地方财政属于一级财政;第33条至第35条,系赋权性条款,使用的连接词均为"可以",分别授予自治机关制定开支标准等权利、自治机关在税收时的减税和免税权、自治机关设立地方商业银行等权利;第36条至第42条,系赋权性条款,使用的连接词主要是"自主的决定"(决定)和"自主的发展",分别授予自治机关在发展民族教育、民族文化艺术、科学技术、体育事业、交流协作等事务上的自主权;第43条至第44条,两者都属于赋权性条款,使用的连接词为"制定",授予自治机关制定管理流动人口办法、计划生育办法的权利;第45条,系省略连接词的倡导性条款,提倡自治机关应保护和改善生态环境,促进协调发展。

第四章中只有2个条文,即第46条和第47条,这两个条文都属于"软性条款",第46条系陈述性条款,论述了民族自治地方法检两院的工作体制;第47条系倡导性条款,使用的核心连接词为"应当",对法检两院的工作细节作出倡导式规定。

第五章中有6个条文,即第48条至第53条,除第51条是"半软性条款"外,其他5个条文都属于"软性条款"。具体分析如下:第48条,系陈述性条款,使用的连接词为"保障",说明了自治机关保障本地方民族平等权利的任务;第49条至第50条,系倡导性条款,使用的核心连接词为"鼓励"和"帮助",提倡自治机关开展各民族干部互相学习语言文字的活动、帮助聚居在本地方的其他少数民族建立自治地方或民族乡;第51条,系"半软性条款",虽然使用的连接词为"必须",但该条款同样缺乏"罚则"性规定;第52条,系陈述性条款,使用的连接词为"保障",说明自治机关保障各民族公民平等享有公民权利;第53条系倡导性条款,使用的核心连接词为"提倡",提倡自治机关对本地方内各族公民进行爱国主义等教育。

第六章19个条款中,共计出现18个"软性条款",仅有1个"半软性条款"。这19个条款的逻辑结构分别如下:第54条至第56条,系倡导性条款,采用的核心连接词分别为"应当""应当""优先",表明国家(上级国家机关)应当制定符合民族自治地方实际情况的决议命令、帮助民族自治地方经济发展战略的研究、优先在民族自治地方安排资源开发和基础设施建设项目;第57条至第61条,系宣示性条款,采用的核心连接词分别为"加大"、"促进"、"扶助"和"扶持",表明国家(上级国家机关)对于民族自治地方金融发展、企业进行技术创新、经济文化建设事业、商业供销和医药企业、对外经济贸易等方面的支持态度;第62条至第63条,系宣示性条款,采用的核心连接词分别为"加大"和"扶持",阐述国家(上级国家机关)对民族自治地方财政转移支付、改善农牧林业生产条件和交通能源等基础设施方面的支持立场;第64条至第67条,系倡导性条款,采用的核心连接词为"应当"和"优先"，表明国家（上级国家机关）应当支持经济发达地区与民族自治地方展开合作、应当在开发资源时照顾民族自治地方利益、应当把综合治理工程项目纳入国民经济和社会发展计划、应当在企事业单位招收人员时优先考虑当地少数民族人员；第68条，系"半软性条款"，使用的连接词虽为"不得"这一禁止性词语，但缺乏"罚则"规定；第69条和第72条，系倡导性条款，采用的连接词为"加大"和"应当"，表明国家（上级国家机关）应该加大对民族自治地方贫困地区的扶持力度、加强对各民族干部和群众的民族政策教育；第70条至第71条，系宣示性条款，采用的核心连接词都为"帮助"，表明国家会帮助民族自治地方从当地民族中培育各级干部和人才、会帮助民族自治地方普及九年义务教育和发展其他教育事业。

第七章中只有2个条文，且都为"软性条款"。其中，第73条为倡导性条款，使用的核心连接词为"应当"，表明国务院及其相关部门应该在职权范围内为实施本法制定行政法规、规章等；第74条，系陈述性条款，该条款也未出现明确的"连接词"，结合语义分析，所叙述的是"立法技术性内容中的生效时间问题"。

在《民族区域自治法》中，"软性条款"的占比高达89.2%，是何种原因造就了此种特殊情形呢？首先，这是由规范性效力所趋。对于法律的规范性效力和执行性效力之界分，已有学者作出了论证。所谓规范性效力，即"在相关立法领域所具有的规范价值，具体又可分为以下两类：依据性规范效力和解释性规范效力"[1]，而《民族区域自治法》中之所以出现诸多"软性条款"，与这部法律依据性规范效力的发挥存在密切关联。《民族区域自治法》之所以具有依据性规范效力，"一方面是指作为法规范依据所具备的针对基本政策、基本原则、基本制度、基本评价、基本属性等民族区域自治制度特定事项的'确认功能'，意在赋予特定事项规范属性并加以'宣示'；另一方面，也指该法与《宪法》以及其他法律规范形成体系化结构的规范基础而承载的'联结功能'，这同样可理解为对联结结果本身的'宣示'"[2]。应该看到，就

---

[1] 施鹏鹏、周靖：《刑事诉讼中的"软法"现象及解读》，载《社会科学研究》2013年第4期。

[2] 施鹏鹏、周靖：《刑事诉讼中的"软法"现象及解读》，载《社会科学研究》2013年第4期。

法律语言学而言,为了单纯实现法律文字的执行性规范效力,采用陈述性条款和宣示性条款就成为大势所趋,陈述性条款更易表达"确认"功能,宣示性条款更易抒发"宣示"功能,通过陈述性条款和宣示性条款的叠加使用,《民族区域自治法》的依据性规范效力方得以有效释放。除此之外,依据性规范性效力的发挥,也与"软法"的工具价值相呼应,即"软法工具的贯彻尊重人的尊严、促进人的发展的善治理念,兼具理性与非强制性"。[1]

其次,这是立法旨趣使然。《民族区域自治法》的立法目的即为确立民族区域自治制度的基本法律框架,而并不过分追求"微观"适用价值。在《民族区域自治法》的文本表达中,第73条也直接写明了这一基本立场:"国务院及其有关部门应当在职权范围内,为实施本法分别制定行政法规、规章、具体措施和办法。自治区和辖有自治州、自治县的省、直辖市的人民代表大会及其常务委员会结合当地实际情况,制定实施本法的具体办法。"一方面,在立法旨趣上,《民族区域自治法》无意规定细节和办法,而将这些"微观"事项统一交给下位法来解决;另一方面,对于这些"微观"事项的运转机制及其实施手段,《民族区域自治法》也无暇顾及,而只需在制度层面进行"宏观"把控。通过权力传导和权力移转的方式,《民族区域自治法》实现了高屋建瓴之立法初衷,也有效节省了中央立法资源,使得《民族区域自治法》成为名副其实的"宪法性法律"。为了实现权力传导和权力转移,使用大量的授权性条款和倡导性条款就是必须的,通过授权性条款的使用,能将包含立法权在内的部分"权能"转移给民族自治地方的权力机关,通过倡导性条款的使用,则能对这部分即将转移的"权能"进行"前期规训",监督权力的合理行使。

最后,这也有可能是立法者的"人为性缺陷"。如果说前两项原因都是对《民族区域自治法》"软法"特征的正向证成的话,显然,"人为性缺陷"是对这一特殊现象的负向解构。就外在特征而言,"软性条款"首先体现为一种法律结构缺失,即缺失了法律规则三要素中的法律后果。然而,法律结构之缺失,可以由原生性缺陷所致,也可以由人为性缺陷所引起。由于原生性缺陷主要是考虑法律规范功能的多样性,即"有些规则仅是为了情况说明、权

---

[1] 王瑞雪:《公共治理视野下的软法工具》,载《财经法学》2020年第4期。

利宣示或教育目的,无须设定强制性义务或否定性后果"①,因此,原生性缺陷所造就的"软性条款"是可以被接受的。与之不同,"人为性缺陷"是可以通过技术改造而进行规避的,因此,"人为性缺陷"所造就的"软性条款",更应该引起我们的关注,它是立法中"无心而为"的产物。实际上,立法技术的滞后不是《民族区域自治法》所独有的问题,乃是中国法学界的通病。早年间,以包万超为代表的行政法学者就对行政法治体系中的"软法"现象进行了解读,除却认为这与"当代实证行政法学面临逻辑上双重行为动机假设及由此导致的分析基础的不一致性"有关外②,他们也提出,这与当前低水平的立法技术存在关联性。宪法学者刘练军也认为:"从法律规则之逻辑结构看,《法官法》和《检察官法》中的条款规定更多属于不完全法条,其中尤以说明性法条居多,这种说明性法条往往以定义的体裁为之,只是单纯对系争法律用语给予定义性的说明,而不同时赋予法律效果。从而具有不完全性。"③以上观点虽然犀利,但也为我们重新考量《民族区域自治法》中的"软法"现象提供了镜鉴。《民族区域自治法》中诸多"软性条款"和"半软性条款"的形成,固然与规范性效力的释放、立法旨趣之所需存在密切关联,但也在一定程度上与立法者的"人为性缺陷"呈现出相关性。尤其是大量的"半软性条款"的出现,即一种立法者的疏漏,主要是由立法者的立法技术缺陷所致。从"半软性条款"的外在形式来看,它通常使用了具有否定、禁止意义的"连接词",因此,它本欲构建一种"命令—执行"模式,但恰恰由于立法者忽略了"惩处"要素或者立法者未能合理表达"惩处"要素,使得原有模式未能有效建立,从而使得这些条款陷入"外硬而内软"的奇怪逻辑。

德国法学家阿列克西指出:"当一条规范是由有权机关按照规定的方式所制定,并且不抵触上位阶的法律,简单说,就是由权威所制定的,则这条规

---

① 施鹏鹏、周靖:《刑事诉讼中的"软法"现象及解读》,载《社会科学研究》2013年第4期。
② 包万超:《实证行政法学与当代行政法学的基本难题》,载《南京大学法律评论》2000年第2期。
③ 刘练军:《新〈法官法〉和〈检察官法〉之规范属性刍议》,载《法学评论》2020年第3期。

范是法律上有效的。"[①]据此,《民族区域自治法》中的"软性条款"显然具有依据性规范效力。接下来的问题在于,作为"硬法中的软法",这些"软性条款"究竟具有何种程度的规范效力?是一种强效力,还是一种弱效力?对于这一问题,学界虽然有所讨论,并在整体上论述了这一规范效力的"非强力"特征,但是,"软法所排斥的究竟是强制力还是拘束力,理解上各有不同,盖认为两者在内涵上相似,故予以简单混用"。[②] 在此,我们需要指出,结合30余年《民族区域自治法》的运行实践来看,这些"软性条款"所排斥的应该是"国家强制力",而非"拘束力",即"软性条款"是具有"强制力"的(非"国家强制力"),这种"强制力"主要表现为一种现实拘束力。与"国家强制力"依赖于国家暴力机关的威慑有所不同,"拘束力"的发挥,主要通过体制压力、社会舆论、内心强制而实现,虽然"强制力"的效力层级在整体维度上低于"国家强制力",但就个体而言,它在某些特定空间内所释放的效力不亚于"国家强制力"。由此可见,《民族区域自治法》中的"软性条款"并非真的"软",虽然在逻辑要素上缺乏"罚则"机制,但它通过营造"拘束力"来实现"自我救赎"。当然,"软性条款"之所以能够产生出足够的"拘束力",主要基于下列几种运行模式:

其一,"权力主导型"实施模式。就规范事实而言,《民族区域自治法》是对国家基本政治制度的确认,因此,在"软性条款"的实施过程中,"权力—权利"这一概念范畴贯穿始终,部分"软性条款"可以通过权力主导方式获得生效契机。《民族区域自治法》中所创设大量的"软性条款",即传达出国家迈向"软法之治"的信号"一方面,它们代表着国家的政治权威,在国民生活各个方面具有较强的控制力;另一方面,在组织结构上是被正式设立的、呈现出紧致的层级等级体制,因而无论在权威性还是内部联系方面都表现出较强特性"。[③]

实践中,"权力主导"主要外化为国家机关之间的"监督—被监督""领导—被领导"关系,"监督—被监督"关系主要发生在上级人民代表大会和下

[①] 张文显:《法理学》,北京大学出版社2007年版,第89页。
[②] 熊文钊、郑毅:《试析民族区域自治法中的软法规范》,载《中央民族大学学报(社会科学版)》2011年第4期。
[③] 宋心然:《软法实施模式及其效果研究》,载《河北学刊》2011年第2期。

级人民代表大会之间、同级人民代表大会和同级人民政府之间,"领导—被领导"关系主要发生在上级政府和下级政府之间。由于《民族区域自治法》中明确规定自治区、自治州、自治县的人民代表大会和人民政府是民族自治地方的自治机关,因此,由"软性条款"所规制的以民族自治地方自治机关为行为主体的若干事务,事实上是被镶嵌于"监督—被监督""领导—被领导"关系中,自然也就具有政治拘束力。例如,在《民族区域自治法》第18条中,明确规定民族自治地方自治机关在其所属部门中应合理配备实行区域自治的民族和其他少数民族人员,如果自治机关未能按照要求进行配备,上级人民代表大会、上级人民政府都有可能会进行介入,前者可以通过行使监督权的方式来要求自治机关合理配备相关人员,后者主要通过行使领导权的方式来对自治机关提出相关要求。这时,由"软性条款"所确定的"法律任务"即转化为政治职责而获得执行,这种"监督—被监督""领导—被领导"的体制设计,在一定程度上促进了《民族区域自治法》中"软性条款"的实施。

其二,"政策辅助型"实施模式。政策与法律同为社会调控的重要供给,在1984年《民族区域自治法》颁行之前,民族政策在事实上充当着"民族事务"的主要调控器。从内在要素上看,"软性条款"与政策具有"同类性",政策本身并不必然涉及惩处性机制,"软性条款"也正是缺乏了规则三要素中的后果要素;从外在效力上看,"软性条款"与政策的执行也并不完全依靠国家强制力,而具有自己的运转逻辑。加之《民族区域自治法》中部分"软性条款"来源于民族政策之中,它们具有一定的"同源性",即"民族区域自治政策、民族区域自治制度和《民族区域自治法》,是在中国土地上生长起来的解决民族问题的基本政策、基本政治制度和基本法律"。[①] 因此,"软性条款"与民族政策在执行过程中即会构筑起一种"协同"关系,这种"协同"关系集中体现为"政策中有法律、法律中有政策"[②],《民族区域自治法》中"软性条款"的落实,无法脱离民族政策的配合而运行,相关政策对于"软性条款"的实施起到了一定的作用;《民族区域自治法》中"软性条款"的实施,也为民族

---

① 敖俊德:《民族区域自治:从政策到制度再到法律》,载《中国民族报》2014年9月28日第5版。

② 刘吉昌:《民族区域自治实践中政策、法律、制度"三位一体"之思考》,载《贵州民族大学学报(哲学社会科学版)》2014年第6期。

政策的推行创造了可行性条件。例如,在《民族区域自治法》颁布后,尤其是2008年以来,党中央、国务院先后颁布了促进宁夏回族自治区、西藏自治区、新疆维吾尔自治区、内蒙古自治区、广西壮族自治区五个自治区经济社会发展的政策文件,这些文件不但充分体现了中央对民族地区的亲切关怀和高度重视,同时有助于"软性条款"的执行。党的十八届四中全会发布的《中共中央关于全面推进依法治国若干重大问题的决定》中,也再次重申:"高举民族大团结旗帜,依法妥善处置涉及民族、宗教等因素的社会问题,促进民族关系、宗教关系和谐",这无疑为《民族区域自治法》中"软性条款"的实施创造了时空语境。

第二节 《中华人民共和国高等教育法》"软法化"现象

《中华人民共和国高等教育法》(以下简称《高等教育法》)经过20余年的实施,已成为富有中国本土特色、凸显中国高等教育政策优势的基本法制架构。诚如学者所言:"借助法律的文本表达搭建我国高等教育发展的基本范式、调整教育关系、规范高等教育活动的意识与行为,是推动我国高等教育事业有序发展的基础。"[1]这其中,《高等教育法》作为中国高等教育法治实践的顶层设计,为推动中国现代高等教育的发展起到了不可磨灭的作用,也为建设中国特色社会主义高等教育强国提供了重要的规范供给。追溯《高等教育法》的历史渊源,"早在新中国成立以后,国家就开始着手构建和制定高等教育法律制度"[2],1950年,教育部颁布了《高等学校暂行规章》;1956年,教育部又颁布了《中华人民共和国高等学校章程草案》;1961年,中共中央批准了《教育部直属高等学校暂行工作条例》,这些规范性文件虽然

---

[1] 陈洪磊:《〈高等教育法〉的司法适用:样式、功能与应对》,载《中国高教研究》2020年第9期。

[2] 包万平、李金波:《〈高等教育法〉的制定、完善及未来面向》,载《中国高教研究》2016年第8期。

法律位阶较低,却是中国共产党解决高等教育问题的实践经验与探索活动的总结,是新中国实施高等教育法治化的重要法律依据,为此后《高等教育法》的问世积累了立法经验。1998年,随着中华人民共和国第九届全国人民代表大会常务委员会第四次会议通过《高等教育法》,中国特色社会主义高等教育制度以"类法典化"的形式被进一步巩固,1999年《高等教育法》正式实施,标志着中国特色社会主义高等教育事业迈入一个新的发展阶段。作为一部重要的"国字头"立法,《高等教育法》依宪法而制定,是保障宪法关于教育权规定顺利实施的基本法律,因而具有"部门法"属性。与此同时,由于《高等教育法》以"高等教育事务"为核心调整领域,也就具有"领域法"属性。正是这种集"部门法"与"领域法"为一体的综合属性,使得《高等教育法》展现出鲜明的"软法"特质。从表征来看,《高等教育法》所使用的是标准的条款式表述,在文本结构上,它先以"条"为基本单位,再以"连接词"为核心组成一个语义贯通、主旨突出的法律语链。基于《高等教育法》的这一特征,可以依据"连接词"的差异,辅之文义分析,将《高等教育法》中的法律条文进一步拆分为"硬性条款""软性条款"。从内在结构看,"硬性条款"具备了完整的"三要素"特质,在运行逻辑上,它以国家暴力机关所营造的国家强制力为后盾。"软性条款"则不同,它要么只具备三要素中的两项要素(假定条件和行为模式),要么不具有三要素中的任意一个。在"软性条款"之中,又存在两类序列:一类是纯粹的"软性条款",另一类则是"半软性条款"。作为"硬性条款"和"软性条款"的中间地带,"半软性条款"形式上具有"硬性条款"之特征(主要表现为使用了否定性、禁止性连接词),但因缺乏相应的罚则机制,仍构成实质意义上的"软性条款",具有"外硬而内软"的奇特逻辑。在《高等教育法》中,一个法律条文有可能同时使用多个"连接词",因此,在利用"连接词"技术对"软性条款"进行甄别时,必须同时配合语义分析,进而确定实质性"连接词"。现通过运用该技术手段,可以发现,在《高等教育法》中,共计出现了47.5个"软性条款",20.5个"半软性条款",仅有1个条款为完全意义上的"硬性条款"。"软性条款"在《高等教育法》中的占比为68.84%,"半软性条款"在《高等教育法》中的占比为29.71%,"硬性条款"在《高等教育法》中的占比为1.45%。而在47.5个"软性条款"中,宣示性条款有8.5个,占比为17.89%,以《高等教育法》中的第1条为代表,该条文使用的核心连接词为"为了",阐述了《高等教育法》的立法目的,即发展我国高等教育事业,实施科教兴国战略等;陈述性条款有17个,占比为35.79%,以《高等教育法》中的第2条为代表,使用的连接词主要为"适用""是指",该条文对《高等教育法》的适用范围及其高等教育的概念作出了说明;赋权性条款有18个,占比为37.89%,以《高等教育法》第29条中的第1款、第3款为代表,这两个条款赋予国务院教育行政部门等主体审批设立本科以上高等学校等事项的权限;倡导性条款则有4个,占比为8.43%,以《高等教育法》第55条中第1款和第2款为代表,这两个条款采用的连接词都是"鼓励",表明了国家对相关主体设立各类奖助学金的欢迎态度。

在《高等教育法》中,"软性条款"的占比高达68.84%,"半软性条款"的占比达29.71%,远超其他法律的一般水平,究竟是何种原因导致了此种特殊情形呢?首先,这是由《高等教育法》的独特立法目的所造就。《高等教育法》的立法目的即为确立我国高等教育制度的基本法律框架,而并不过分追求"微观"适用价值。一方面,在立法旨趣上,《高等教育法》无意规定细节和办法,而将这些"微观"事项统一交给其他立法主体来解决;另一方面,对于这些"微观"事项的运转机制及其实施手段,《高等教育法》也无暇顾及,而只需在制度层面进行"宏观"把控。例如,在《高等教育法》第19条中,即将本科毕业生直接取得博士研究生入学资格的条件和规定交由"国务院教育行政部门"来制定。通过权力传导和权力移转的方式,《高等教育法》实现了高屋建瓴之立法初衷,也有效节省了中央立法资源,使得《高等教育法》成为名副其实的"国字头法律"。为了实现权力传导和权力转移,使用大量的授权性条款和倡导性条款就是必须的,通过授权性条款的使用,能将包含立法权在内的部分"权能"转移给"其他立法主体",通过倡导性条款的使用,则能对这部分即将转移的"权能"进行"前期规训",监督权力的合理行使。其次,这是由领域法的"共同属性"所促成。对于领域法理论的论述,最早出自财税法学者,他们认为:"秉承'问题界定—规范提炼—调整适用'的逻辑方法,'领域法'范式能彰显其立论理性与实践价值并重的实际效能,对现实问题之妥适解决大有增益。"①此后,在民族法、体育法学界,亦有学者运用"领域法"思维论证各自学科的"领域法"特质,例如,有学者指出:"从本体上来看,中国民族法学是一个以'民族事务'为调整领域,法律规范为基本元素,融实体论与方法论为一体的'领域法学',民族法学正是环绕着'民族事务'这一中心问题来进行体系建构。"②实际上,将"领域法"思维移植于"教育法",即可发现,包括《高等教育法》在内的诸多"教育法",亦具有鲜明的领域法特征。与此种"领域法"特质一脉相承,在立法的模式选择上,"软法"就成为"领域法"所普遍采用的一种模式。对于隶属于"领域法"的《高等教育法》而言,之所以大范围出现"软性条款",是因为为了能够实现对高等教育事务的"统筹化"处理,而无损对具体的高等教育事务作出细化性规定,就当前阶段而言,《高等教育法》的使命首先在于"定调"和"定性",具体的细节问题可以交由下位法或者配套法律进行规定。由此可知,高等教育的行业特质,直接造就了《高等教育法》的"领域法"属性,也间接促成了《高等教育法》中"软性条款"的广泛存在。最后,这是由高等教育治理的现实需求所导致。在教育治理能力现代化进程中,《高等教育法》的"软法"特性被进一步激发,尤其是在新时代高等教育行政管理活动中,建立在"软法"基础之上的"软法治理"模式愈发凸显出时代价值,成为提升高等教育治理能力的第二条理路,即"软法之治俨然成为满足公共治理需求、强化法治建设的重要路径"。③ 所谓"软法治理",是指突破传统的社会治理模式,通过创新法治体系来弥合公共主体和私人主体之间的"对立"关系,使两者能够协商、对话与合作,"软法治理"的过程,同时也是合意与共识的实现过程。然而,需要强调的是,"软法之治"固然能够优化国家—公民两者之间的互动关系,但也客观存在效力弱化的问题,且"软法"执行力的发挥需要具备适宜的时空环境,一旦条件不具备或者条件未达成,"软法"客观上亦存在"架空"的治理风险。因此,纯粹

---

① 刘剑文、胡翔:《领域法范式适用:方法提炼与思维模式》,载《法学论坛》2018年第4期。
② 廉睿、卫跃宁:《中国民族法学:问题导向、规范集成与回归田野》,载《青海民族研究》2018年第2期。
③ 邢鸿飞、韩轶:《中国语境下的软法治理的内涵解读》,载《行政法学研究》2012年第3期。

的"软法治理"并非"灵丹妙药",吸收了"软法治理"和"硬法治理"各自益处的"软硬混治"模式,应该成为新时代下提升高等教育治理能力的基本方案,也将同时成为《高等教育法》完善的基本向度。

需要指出的是,《高等教育法》中的"软性条款"并非真的"软",虽然在逻辑要素上缺乏"罚则"机制,但它通过营造"拘束力"来实现"自我救赎"。当然,"软性条款"之所以能够产生出足够的"拘束力",主要基于下列几种运行机制:第一,政策配合型实施机制。政策与法律同为社会调控的重要供给,在1999年《高等教育法》施行之前,政策在事实上充当着"高等教育事务"的主要调控器。从内在要素上看,"软性条款"与政策具有"同类性",政策本身并不必然涉及惩处性机制,"软性条款"也正是缺乏了"三要素"中的后果要素;从外在效力上看,"软性条款"与政策的执行也并不完全依靠国家强制力,而具有自己的运转逻辑。加之《高等教育法》中部分"软性条款"来源于高等教育政策之中,高等教育政策和《高等教育法》都是在中国土地上生长起来的解决中国高等教育问题的重要制度和规范,它们具有一定的"同源性"。因此,"软性条款"与高等教育政策在执行过程中即会构筑起一种"协同"关系,这种"协同"关系集中体现为"通过不断丰富高等教育相关法律法规内涵,对高等教育发展的相关政策作出及时的调整,构建我国的高等教育质量保障体系,并通过制度创新来推进我国高等教育体制改革的进程"[①],《高等教育法》中"软性条款"的落实,无法脱离高等教育政策的配合而运行,相关政策对于"软性条款"的实施起到了一定的辅助作用;同时,《高等教育法》中"软性条款"的实施,也为高等教育政策的推行创造了可行性条件。例如,在《高等教育法》颁布后,教育部近年来先后制定了《关于狠抓新时代全国高等学校本科教育工作会议精神落实的通知》《关于深化本科教育教学改革全面提高人才培养质量的意见》,教育部办公厅也先后通过了《关于印发〈教育部高等学校教学指导委员会章程〉的通知》《关于提交高校教学实验室安全工作年度报告的通知》,这些政策性文件不但充分体现了教育部对高等教育工作的重视,同时有助于"软性条款"的执行。党的十九届五中全会发

---

① 何杰:《论我国高等教育发展的时代吁求与政策应对》,载《江苏高教》2010年第4期。

布的《中共中央关于制定国民经济和社会发展第十四个五年规划和二〇三五年远景目标的建议》中,再次重申:建设高质量教育体系,要全面贯彻党的教育方针,坚持立德树人,培养德智体美劳全面发展的社会主义建设者和接班人。这无疑为《高等教育法》中"软性条款"的实施创造了时空语境。第二,资源配合型实施机制。"软性条款"并不追求国家强制力作为其效力基础,而是依靠"权力主导"和"政策辅助"来产生整体性的执行效果。除此之外,在"软性条款"的具体生效路径中,"资源引导"机制也会发挥作用,配合"权力主导""政策辅助"机制的运转而产生效力。所谓"引导性资源",是指"国家以物质、精神、工作方法等各种非暴力资源整合形成的对社会的凝聚能力,它是保障法实施的内在基础,也是法实施的最高境界"[1],在"软性条款"实施过程中,物质类引导性资源和精神类引导性资源共同发挥着作用。以《高等教育法》第 6 条为例,在此条中,明确表示"国家鼓励企业事业组织、社会团体及其他社会组织和公民等社会力量依法举办高等学校,参与和支持高等教育事业的改革和发展",在《高等教育法》第 8 条中,也明确说明"国家根据少数民族的特点和需要,帮助和支持少数民族地区发展高等教育事业"。这些条款实际上暗含国家会在人力、物力、财力方面对高等教育事业进行投入,从而通过利益诱导的方式来促成"软性条款"的实施,而人力、物力、财力等都是一种典型的物质类引导性资源。关于精神类引导性资源,在《高等教育法》中也有体现,如《高等教育法》第 3 条即表明,"国家坚持以马克思列宁主义、毛泽东思想、邓小平理论为指导,遵循宪法规定的基本原则,发展社会主义高等教育事业",这就为"软性条款"的实施奠定了基本价值语调。这类精神引导类资源不仅可以引导公民主动遵守"软性条款",还可以形成对违法者的社会压力。

---

[1] 方世荣:《论公法领域中"软法"实施的资源保障》,载《法商研究》2013年第3期。

第三节 《中华人民共和国档案法》"软法化"现象

"档案产生于各项社会活动中并服务于社会各方面,全面记录人类活动的各个领域。档案现象、档案问题在社会生活中具有广泛性和普遍性,意义重大。"[1]而鉴于法律所特有的"务实性"和"稳定性",以法律文本的形式来理顺我国档案工作的基本体系、规范档案工作中的基本问题、调整档案工作中的权利和义务关系,就成为历史发展的必然要求。自20世纪80年代起,以"提升档案治理效能"为基点,《中华人民共和国档案法》既实现了"从无到有"的外在创新,也实现了"从有到精"的内在蜕变,形塑出一幅动态变迁的法治图景(下称2016年版《档案法》为旧《档案法》,2020年版《档案法》为新《档案法》)。然而,与《档案法》的实践价值和历史意义相比,在学界,《档案法》却常因"执行力弱化"问题而备受争议,被学人所诟病。对此,不少学者将矛头直接指向了其中的"软性条款",并认为,正是因为"软性条款"过多,才造就了《档案法》的"软法"特性,而"软法"属性又会直接影响《档案法》的执行效力。即"随着档案法制工作的深入推进,学术界多次将《档案法》与'软法'相关联,甚至暗存着一个共同的认识,即'《档案法》是软法'"。[2]对《档案法》执行力弱化问题的普遍性担忧,也同时成为近两次《档案法》修订的动因之一。时过境迁,2021年1月1日,新《档案法》已经正式实施。不论是从覆盖的内容来看,抑或是就法律条文的数量而言,较之旧《档案法》,新《档案法》都出现了一定的新变化,彰显出一定的新价值。当下,新《档案法》已经运行3年有余,渐次叩问,其"执行力弱化"的问题有没有得到改善呢? 新《档案法》有没有变"硬"呢? 换言之,新《档案法》中的"软性条款"还继续

---

[1] 赵屹:《论新修订的〈中华人民共和国档案法〉的新意》,载《山西档案》2020年第5期。

[2] 曹宇:《档案法"软法"问题探析》,载《档案学通讯》2015年第6期。

存在吗？假如继续存在的话，它们有没有影响到新《档案法》的整体运行效果呢？对此，我们采用了连接词分析和文义分析的技术手段，试图先行对新《档案法》中的"软性条款"进行识别，再对"软性条款"的运行进行解释，以此回应以上问题。

在全国人大常委会2016年11月7日发布的《中华人民共和国档案法（2016修正）》中，共计有法律条文27个。由于其中的第2条、第26条和第27条都属于非规范性法律条文，所规定的分别是档案的概念、档案法实施办法的制定和档案法的生效时间问题。在类型学上，它们都隶属于立法的技术性内容，因此，其并不存在规范学意义，不适合作为判断法律"软硬"程度的文本依据。在对这3个法律条文进行排除后，剩余的24个法律条文，就成为研究的"母本"。通过使用关键词分析和文义分析的方式，可以对法律条文本身的"软硬"程度进行识别，例如，一个法律条文如果具备了完整的"命令—制裁"模式，其就构成一个"硬性条款"，反之，就是一个"软性条款"。当然，也有部分法律条文采用了"禁止""不得"等关键词，即具备了"命令"元素，但由于缺乏"罚则"规定，这时它就成为一个"半软性条款"。需要说明的是，由于某个法律条文可能下设多款，例如，在第17条中，共设有3款，而每款的"软硬"程度可能又会有所区别，因此，在技术处理上，就需要对每款的"软硬"程度进行分别识别，识别时，将每款单独赋值为0.33。通过对24个法律条文进行逐条梳理，可以发现，在《档案法》中，共计有"软性条款"10.82个，分别是第1条、第4条、第5条、第6条、第7条、第8条、第9条第1款、第12条、第13条、第16条第1款、第17条第2款和第3款、第23条，占比达到45.12%，是一般法律的2倍；"半软性条款"为10.66个，分别是第3条、第10条、第11条、第14条、第15条、第16条第2款、第17条第1款、第18条、第19条、第20条、第21条和第22条，占比达到44.45%；"硬性条款"为2.5个，分别是第9条第2款、第24条和第25条，占比仅为10.43%。在"软性条款"的具体样态方面，档案法主要使用的有宣示性条款（例如第1条，即对档案法的立法目的和立法意义进行了宣告）、陈述性条款（例如，第5条即对我国档案工作的管理机制进行了概述）、倡导性条款（例如第4条，通过使用"应当"这一关键词，鼓励各级人民政府强化对档案工作的关注和领导）。

2020年6月20日,全国人大常委会通过了新修订的《档案法》。较之旧《档案法》,新《档案法》从原来的6章27条扩展到8章53条,新增加"档案信息化建设"和"监督检查"两章,为档案工作的创新和发展提供了法律保障。在新《档案法》53个法律条文中,由于第2条、第52条、第53条分别涉及的是档案的概念、解放军和武装警察部队档案工作的管理办法制定问题、《档案法》的施行时间问题,均属于技术性内容,因此,在对这3个法律条文先行排除后,剩余的50个法律条文,就是本研究所分析的"母本"。统计表明,在这50个法律条文中,共计有"软性条款"39.66个,占比达到了79.33%,非常惊人,主要分布于第1条、第3条、第4条、第6条至第13条、第16条至第20条、第21条第1款、第22条、第23条第2款和第3款、第24条、第26条至第31条、第33条至第46条、第47条第1款;"半软性条款"6.33个,占比为12.67%,主要分布于第5条、第14条、第15条、第21条第2款、第23条第1款、第25条、第32条、第47条第2款;"硬性条款"4个,占比为8%,主要分布于第48条、第49条、第50条和第51条。在"软性条款"的具体样态方面,新《档案法》主要使用的仍是宣示性条款(例如第41条,对国家推进档案信息资源共享服务平台的积极态度进行了宣告)、陈述性条款(例如,第30条即对我国馆藏档案的开放审核机制进行了概述)、倡导性条款(例如第19条,通过使用"应当"这一关键词,鼓励档案馆和其他档案管理机构建立科学的管理制度)。

以上数据表明,在《档案法》中,嵌入的是一种复合型的"条款结构"。具体而言,不论是在旧《档案法》中,抑或是在新《档案法》中,都同时分布着"软性条款""硬性条款""半软性条款"。需要注意的是,就比值而言,"软性条款"在新《档案法》中的占比为79.33%,与旧《档案法》相比,提高了34.21%;"硬性条款"占比为8%,相较于旧《档案法》,则呈现出下降趋势,下降2.43%,这也在一定程度上验证了某些学者的观点,即"《档案法》是一部软法"。另外,"半软性条款"在新《档案法》中的占比为12.67%,下降了31.78%。究其原因,乃是因为"半软性条款"是一种介于"软性条款"和"硬性条款"之间的非正常形态,其成因可归结于"立法者的人为缺陷",即"从现实路径来考察,立法技术的相对滞后也为这一现象'扩散'推波助澜"。① 当立法技术提高后,"半软性条款"所占比值会逐步降低,它要么转化为"软性条款",要么演变为"硬性条款"。随着立法技术的进步,新《档案法》的制定水平要高于旧《档案法》,"半软性条款"的数量因此逐步减少,这也符合立法演进的一般规律。但从"软性条款"的变化情况来看,新《档案法》的"软法化"程度不降反升,这并不符合学界的预期,似乎有悖于立法之初衷。那么,这种矛盾的现象该如何在学理上得到解释呢?笔者认为,"软性条款"的占比多少,并不能必然反映一部法律的立法水平,而只适宜作为一个参考系数。从国家强制力的角度来看,"软性条款"占比过多,确实会在一定程度上影响《档案法》的"硬着陆",但结合新《档案法》的制定背景及其运行实践,笔者认为,"软性条款"有其存在的"合理性",不能一味否定。这一现象至少可以从以下三个逻辑层面获得诠释:

其一,这与《档案法》的领域法属性有关。"领域法学以问题为导向,以特定经济社会领域全部与法律有关现象为研究对象,是一个具备交叉性、开放性、应用性和整合性等特征的新型法学学科体系、学术体系和话语体系。"②档案管理与档案服务作为一个重要的社会领域,长时间为法学界所关注,由此所生成的《档案法》也具备了重要的领域法特质。因此,笔者认为,就当下而言,《档案法》的身份属性较为特殊,以传统的部门法理论来看,它隶属于"行政法"范畴,但以领域法视角来切入,它应该归至"领域法"序列。正是这种集领域法特质和部门法表征为一体的特性,使得《档案法》能够在稳定性与开放性之间实现平衡,消解实践与立法之间的张力。从新《档案法》中的法律条文数量来看,比旧《档案法》扩充了一倍而有余,所涉内容覆盖了档案管理制度的完善、档案的信息化建设、档案开放利用程度的扩大等,这充分反映出《档案法》的领域法精神,即"领域法自肇始之际便具有包

---

① 廉睿、卫跃宁:《〈中华人民共和国体育法〉软性条款研究》,载《体育学刊》2021年第3期。

② 刘剑文:《论领域法学:一种立足新兴交叉领域的法学研究范式》,载《政法论丛》2016年第5期。

容和开放特征"①,其通常能以开放性姿态来回应最新的社会事实,彰显社会大变革时代的现实诉求。当然,随着调整领域的不断扩充,档案法的内容体系也不断完善,就新《档案法》所增加的26条法律条文来看,90％以上都属于"软性条款",这也直接造成了新《档案法》中"软性条款"数量的激增,从而使得新《档案法》呈现出更为明显的"软法化"倾向。

其二,这与"半软性条款"寻求转型的趋势有关。"半软性条款"是一种过渡形态,其本身具有不稳定性,就目的解释来看,立法者的本意是使其成为一种"硬性条款",所以才为其配置了诸如"禁止""不得""必须"等否定性(义务性)关键词,但由于缺乏了"罚则"要素,这类条款并未能成为事实上的"硬性条款",进而处于一种"似是而非"的"半软法状态"。例如,在旧《档案法》第11条中,明确规定机关团体等单位必须按照国家规定向档案馆移交档案,但是,在该法条中,并没有出现惩罚性后果,因此,该法条是否能依靠国家强制力获得实施仍有待商榷。笔者认为,无论是从立法发展的角度来看,还是从"半软性条款"的形成原因而言,"半软性条款"均应该朝着"硬性条款"的方向去演变,即"对于人为性缺陷所造就的'半软性条款',由于它的产生过程即是立法者的疏漏过程,因此,完全可以通过补全法律条款结构的方式来予以弥补"。② 在旧《档案法》中,共有"软性条款"10.66个,随着立法技术的不断成熟,它们本应通过"技术改造"来实现"效力升级",但统计结果表明,这其中的7个条款都转化成了"软性条款",而未能转化为"硬性条款",由此使得新《档案法》中出现了更高比例的"软性条款"。

其三,这是档案治理能力升级的集中体现。"国家治理包括经济、社会、政治、文化、外交等许多方面,但是万变不离其宗的是其核心构成要素"③,时至今日,法律已然成为核心要素之一,并致力于国家治理现代化的实现。实践表明,在国家治理体系现代化进程中,不但需要传统的"硬法"治理模

---

① 耿颖:《现代社会转型与领域法话语的展开》,载《武汉大学学报(哲学社会科学版)》2018年第6期。
② 廉睿、卫跃宁:《〈中华人民共和国体育法〉软性条款研究》,载《体育学刊》2021年第3期。
③ 马亮:《四位一体的国家治理——制度优势何以转化为治理效能?》,载《广西师范大学学报(哲学社会科学版)》2021年第1期。

式,还需要引入"软法"治理理念。对此,有学者指出,"在国家治理中,'软法'基于其特有的协商价值与民主价值,可以扮演重要角色"。[①] 就"软法治理"的具体样态来看,其主要通过两种规范体系来实现,一是具有"软法"属性的社会规范,诸如行业规定、内部章程等;二是需依靠"国家法"体系中的"软性条款"。新时代下,无论是社会治理的革新,还是制度规范的建设,都必然涉及档案事务,因此,既有的档案治理模式必须得到改革。过往的档案治理经验表明,单纯采用"强制—制裁"模式难以发挥理想效果,必须同时融入"劝导—激励"机制,使两者形成合力,共同作用于档案治理能力的提升。在此背景下,新《档案法》中大量"软性条款"的出现也就不难理解,其"柔性"特质反而契合了档案治理模式转型的时代需求,成为对现代国家档案治理体系具有深刻诠释力的新变量。

通过以上数据可知,在新《档案法》中,"软性条款"确实存有数量上的激增态势,因此,学界之前所普遍担心的《档案法》的"软法化"问题并未得到有效消解。与此同时,相关领域的治理经验一再证明,"软性条款"并非不能执行,而是有着独特的效力机制,这些执行机制包括但不限于"法政协同型"实施机制、"权力主导型"实施机制、"政策辅助型"实施机制。因此,笔者认为,应理性评价新《档案法》的"软法化"现象。一方面,"软性条款"的过多存在,会使新《档案法》在执行层面遭遇瓶颈;另一方面,"软性条款"的生成,又具有一定的必然性,它是多元主义治理模式的衍生物,在治理转型期间发挥着符号性作用。尤其是在档案治理体系和档案治理能力现代化进程中,"软性条款"及其所依托的新《档案法》,"为引领探索发展国家档案事业积累了丰富的理论、制度和实践成果,成为我们考察国家档案治理体系建设的实践原点"。[②] 当下,不能一味否定新《档案法》中"软性条款"的创设意义,而应结合其现有的效力机制,使其"扬长避短",最大限度上发挥实效和功用。通过考察新《档案法》中"软性条款"的分布情况及其运行情况,笔者认为,"软性条款"虽然在效力强度上弱于"硬性条款",但并非不具有执行力,而是有着

---

① 廉睿:《整合与共治:软法与硬法在国家治理体系中的互动模式研究》,载《宁夏社会科学》2016年第6期。
② 郑金月:《走向档案治理体系与档案治理能力现代化——〈档案法〉发展历程综述》,载《中国档案报》2020年7月13日第1版。

独特的运行路径。

一是内源性生效机制。新《档案法》中之所以出现数量众多的"软性条款",有一定的必然性,其是内生条件和外生条件共同发挥作用的结果。所谓内生条件,主要表现为"利益多元下的合理多元主义、主体平等化以及过程的互动性等三个方面"[①],与之相呼应,在生效机制上,也存在着内源性生效机制和外生性生效机制两种类型。就外在形态来看,"软性条款"虽然"借壳"于"档案法"体系,并构成了"档案法"系统中的重要组成部分,但究其实质而言,它仍是典型意义上的"软法",隶属于"软法"体系的范畴。因此,在运行过程中,新《档案法》中的"软性条款"仍然遵循"软法"生效的一般规律。针对"软法"的生效问题,已有学者指出,"软法是具有强制力的,这种强制力不同于国家强制力,主要表现为一种现实拘束力,拘束力的发挥,主要通过体制压力、社会舆论、内心强制而实现"[②]。从新《档案法》中"软性条款"的运行实践来看,大体上也是通过"压力传导""内在强制"等几种方式获得实施。所谓"压力传导",即将守法压力与体制压力相结合,使得"软性条款"能够有充足的作用空间,从而提升"软性条款"的执行效果。以新《档案法》第11条第2款之规定为例,该法律条文属于"软性条款"中的倡导性条款,此法条规定,"档案工作人员应当忠于职守,遵纪守法,具备相应的专业知识与技能,其中档案专业人员可以按照国家有关规定评定专业技术职称",由此可见,档案工作人员的守法情况和专业技能均会对专业技术职称评定产生影响,事实上,守法压力也正是以这种方式转化为体制压力,从而达成"软性条款"的设立目的。"内在强制",也被称为"内心强制力",是指建立在内心动员基础之上的生效机制。从实践看,随着普法教育的不断开展,新《档案法》中的部分"软性条款",正是以此种方式获得执行力。尤其是近年来,在"6·9国际档案日",对新《档案法》进行宣讲已经成为常态化事项。这不但丰富了国际档案日的宣传内容,也助推了人们的守法热情,为新《档案法》中"软性条款"的实施创造了良好的社会氛围。

---

① 方世荣:《论公法领域中"软法"实施的资源保障》,载《法商研究》2013年第3期。
② 廉睿、卫跃宁:《〈中华人民共和国高等教育法〉中的"软性条款"研究》,载《中国高教研究》2021年第5期。

二是外生性生效机制。与内生性生效机制相对应,新《档案法》中的"软性条款"在实施过程中,也存在着外生性生效机制。所谓外生性生效机制,主要是指利益导向机制。对此,"可以认为,凡是具备利益导向机制的'软法'规范,不管是形式多'软',都有其效力"。① 申言之,不论新《档案法》"软性条款"的逻辑结构有多么不工整、不完全、不正规,只要具备利益导向机能,都可以成为作用于档案事务的现实力量。利益导向机制又可进一步划分为物质利益导向和精神利益导向,前者是以物质类引导性资源作为实施保障的"软性条款",例如,在新《档案法》中,第22条第3款明确规定:"向国家捐献重要、珍贵档案的,国家档案馆应当按照国家有关规定给予奖励。"显然,这种奖励属于物质利益范畴,在这种柔性引导模式中,是否捐献档案虽然被视为公民的个体权利,但通过物质利益的介入,能够最大限度激励公民,督促其向国家捐赠重要档案。与物质利益导向有所不同,精神利益导向是指通过精神鼓舞与精神指引的作用,进而为"软性条款"的执行保驾护航。在生活中,这些精神资源可以表现为爱国主义、友善爱心、文明和谐等。就作用而言,"精神类引导性资源不仅可以引导广大公民自觉守法,还可以引导他们对违法行为加以正义、道德、伦理上的谴责以及主动实施劝告、阻止,形成对违法者的社会环境压力"。② 例如,新《档案法》第34条规定,国家鼓励档案馆利用馆藏档案开展系列活动,进行爱国主义、集体主义、中国特色社会主义教育。此类"软性条款"即采用爱国主义、集体主义等精神类引导资源,激发起相关主体执行该条款的主动性和自觉性,从而使得"软性条款"能够尽快"落地",而不是只停留在新《档案法》的法律文本中。

笔者认为,"软性条款"的大量存在,在效力层面固然有可能诱发新《档案法》的执行力弱化问题,但"软性条款"基于其协商性、平等性价值,迎合了"软硬混治"的档案治理模式,有其存在的必然性和客观性。笔者反对"拒不承认《档案法》有软法化倾向"的观点,此种观点混淆了"软法"的基本概念,进而只承认"社会软法",未能识别出"国家法"体系中的"软性条款",从而片面得出"《档案法》是硬法"的结论。笔者也反对"坚持将《档案法》改造成硬

---

① 江必新:《论软法效力——兼论法律效力之本源》,载《中外法学》2011年第6期。
② 方世荣:《论公法领域中"软法"实施的资源保障》,载《法商研究》2013年第3期。

法"的局限性思维,此种观点否认"软性条款"的现实意义,认为"软性条款"严重制约了《档案法》生效,并试图为《档案法》中的"软性条款"配置罚则要素,将其全部转化为"硬性条款"。笔者认为,当前情形下,应在认可"软性条款"的基础之上,畅通其专有的执行路径,打造其独特的运行语境,促使"软性条款"实现效力升级,服务于档案治理现代化体系。正视档案法律法规的"软法"地位,探讨其在组织自律、指导规范、舆论引导、个体自愿、协商协调等方面的作用,构建"软法之治"在档案法治化建设中的应用之道。通过提升"软性条款"的执行力,将其从"文本层面"转化为"治理效能",确保新《档案法》的贯彻落实不是刻在铜表上,而是铭刻在人们心中,这不但化解了新《档案法》的效用困惑,还有助于传达新《档案法》所要释放的法理精神。

第四节 《中华人民共和国国家情报法》"软法化"现象

《中华人民共和国国家情报法》(以下简称《国家情报法》)使用的是标准的条款式立法,在文本结构上,它先以"条"为基本单位,再以"连接词"为核心组成一个语义贯通、主旨突出的法律语链。基于《国家情报法》的这一特征,可以依据"连接词"的差异,辅之文义分析,从而将《国家情报法》中的规范性条文进一步拆分为"硬性条款"、"软性条款"和"半软性条款"。《国家情报法》总则部分共计9个条款,主要表现为倡导性条款、陈述性条款和宣示性条款、赋权性条款,使用的连接词多为保障、坚持、应当等,全部都属于"软性条款"。通过并列使用"连接词"分析和语义分析法,可将总则中的"软性条款"阐释如下:第1条,系宣示性条款,采用的连接词为"加强"、"保障"和"维护",表明制定"情报法"的核心目的;第2条,系宣示性条款,采用的连接词为"防范"、"化解"和"维护",借此来阐述开展国家情报工作的重要意义;第3条,系陈述性条款,使用的连接词为"规划""建立""统筹"等,表明中央国家安全领导机构是开展国家情报工作的主体性机构,并同时用"但书"条款说明:中央军事委员会负责开展军队情报工作;第4条,系宣示性条款,使用的连接词为"坚持",表明国家情报工作的顺利开展需要坚持"三结合"原则;第5条,系倡导性条款,使用的连接词为"应当",表明开展情报工作的各个机关应互相配合,尤其是公安机关情报机构和军队情报机构应配合国家情报工作机构的工作;第6条,系倡导性条款,使用的连接词为"应当",表明国家情报工作机构及其工作人员应该忠于国家和人民,自觉维护国家利益;第7条,系倡导性条款,使用的连接词为"应当",表明任何公民和组织都应自觉配合国家情报工作的正常开展;第8条,系倡导性条款,使用的连接词为"应当",说明国家情报工作应当依法进行,尊重和保护人权;第9条,系宣示性条款,采用的连接词为"表彰"和"奖励",表明国家会优待在国家情报工作中作出重大贡献的个人和组织。

第二章中共计10个条款,具体内容分别如下:第10条,系赋权性条款,使用的连接词为"可以"(在该条款的具体表述中,出于语法考虑,对"可以"一词进行了省略),表明国家情报工作机构(可以)依法使用必要的渠道、手段和方法;第11条,系赋权性条款,使用的连接词为"应当",表明国家情报工作机构应该依法搜集危及国家安全和国家利益的相关情报;第12条,系赋权性条款,使用的连接词为"可以",表明国家情报工作机构可以和相关的个人、组织建立协作关系;第13条,系赋权性条款,使用的连接词为"可以",表明国家情报工作机构可以有序开展对外合作与交流;第14条,系赋权性条款,使用的连接词为"可以",表明国家情报工作机构可以要求相关公民、组织和机构进行协助;第15条,系赋权性条款,使用的连接词为"可以",表明国家情报工作机构根据工作需要,可以采用身份保护、技术侦察等必要措施;第16条,系赋权性条款,使用的连接词为"可以",表明国家情报工作机构根据工作需要,可以进入进行限制的相关场所和区域等;第17条,系赋权性条款,使用的连接词为"可以",表明国家情报工作机构根据工作需要,可以享受相应的通行便利等;第18条,系赋权性条款,使用的连接词为"可以",表明国家情报工作机构根据工作需要,可以提请出入境边防检查、海关等机构提供免检便利;第19条,系"半软性条款",使用的连接词虽为"不得"这一禁止性词语,但是没有规定具体的法律后果,因此构成"半软性条款"。这10个条款中,仅有一条为"半软性条款"(第19条),其余都为"软性条款",且同为"软性条款"中的"赋权性条款"。

第三章中的 8 个条款,主要是宣示性条款、陈述性条款和倡导性条款,使用的连接词多为给予、有权、应当等,因此全部都属于"软性条款"。具体内容分别如下:第 20 条,系宣示性条款,使用的连接词为"保护",表明国家保护国家情报工作机构及其工作人员依法开展工作;第 21 条,系宣示性条款,使用的连接词为"给予",表明国家给予国家情报工作机构在人员、经费、编制、机构设置等方面的特殊保障;第 22 条,系倡导性条款,使用的连接词为"应当",表明国家情报工作机构及其工作人员应当合理运用科学技术手段,提高对情报的分析研判水平;第 23 条,系倡导性条款,使用的连接词为"应当",表明国家有关部门应当对受到威胁的情报工作人员及其近亲属进行营救和保护;第 24 条,系宣示性条款,使用的连接词为"给予",说明对于为国家情报工作作出贡献并需要安置的人员,国家将会给予妥善安置;第 25 条,系宣示性条款,使用的连接词为"给予",表明国家将会给予因开展、配合国家情报工作而伤残、牺牲人员相应的抚恤优待;第 26 条,系倡导性条款,使用的连接词为"应当",表明国家情报工作机构应当建立健全严格的监督和安全审查制度;第 27 条,系赋权性条款,使用的连接词为"有权",表明任何组织和个人都有权利对国家情报工作机构及其工作人员的违法违纪行为进行检举、控告。

第四章共计 4 个条款,内容分别如下:第 28 条,系"硬性条款",该条规定:对于阻碍情报工作机构及其工作人员依法开展工作的,处以警告或者 15 日以下拘留,"警告、拘留"即罚则规定;第 29 条,系"硬性条款",该条规定:对于泄露与国家情报工作有关的国家秘密的,处以警告或者 15 日以下拘留,罚则规定为"拘留";第 30 条,系"硬性条款",该条规定:对于冒充国家情报工作机构工作人员进行违法犯罪的,依照《治安管理处罚法》的规定进行惩处,"惩处"即罚则规定;第 31 条,系"硬性条款",该条规定:国家情报工作机构及其工作人员如若滥用职权,应给予处分,罚则规定为"处分"。在第 28 条至第 31 条 4 个法条中,全部都涉及了否定性的惩处机制,即配备了"国家强制力",这些法条均属于"硬性条款"。

第五章中只有 1 个条款,该条款涉及的是纯粹的立法技术性内容,即对"情报法"的施行日期作出规定,并未在实质层面规定"否定性评价"及其"惩处机制",因此,该条款也属于"软性条款",且为"软性条款"中的陈述性条款。通过以上分析,可以得知,单就《情报法》中的软、硬法的比例而言,绝大多数法律规范要么无论从形式抑或实质上都是"软性条款",要么是以"硬法"为外壳、缺乏处罚措施的"半软性条款",纯粹的"硬性条款"仅分布在该法的第四章。"软性条款"总计27条,"半软性条款"总计1条,"硬性条款"总计4条。"软性条款"所占比重高达84.4%,"硬性条款"所占比重为12.5%,而"半软性条款"所占比重为3.1%。

通过对《情报法》中32个条款进行的"连接词"分析和语义分析,可以得知,在《情报法》中,"软性条款"占比高达84.4%,那么,是何种原因导致《情报法》中出现如此众多的"软性条款"呢?笔者认为,这与第四产业的特殊属性有关。早在20世纪90年代初期,钱学森先生就曾提出四大产业之划分,第一产业为传统的农业、矿业,第二产业为工业制造业,第三产业为服务行业,而第四产业即信息情报业。对于信息情报业的重要性,钱学森指出:"世界各国都在搞智力战,在情报信息领域所展开的竞争很激烈,第四产业可以说是面向世界、面向未来、面向现代化的一个重要产业。"就产业发展的历史沿革而言,第四产业系新兴产业,尚处于产业孵化期。在这一阶段,国家为了对该产业进行培育,通常采用"政策引导"的方式来鼓励、扶持产业的发展。与此同时,为了给新兴产业的发展提供必要的规范供给,当实现"政策先行"后,"立法"即会进行跟进。但是,这时所进行的"立法"仍是一种"政策性立法",也可将其称为"柔性立法",这些"政策性立法"在一定程度上也要起到"政策引导"的作用。为了达到此种目的,更宜采用宏观性、口号性的法律语言,这也就不难解释《情报法》中缘何会存在数量众多的宣示性条款和陈述性条款。从另一层面来讲,也正是由于作为第四产业的信息情报业具有"新兴属性",从业者可能面临"无既往经验"遵循的窘境,而采用鼓励性、肯定性的法律语言,更有利于形塑从业者的主观能动性,从而推动信息情报业的发展,这也就解释了《情报法》中为何会出现赋权性条款和倡导性条款。由此可见,信息情报业的第四产业属性,决定了《情报法》主要不是通过"国家强制力"来保障实施,而是采用大量的"软法"来进行规范,通过广泛采用"宣示—倡导"类法律规范,维护信息情报建设的有序进行,引导相关主体切实履行职责,表明国家、各级政府在信息情报建设中的角色定位。

需要指出的是，由于"软性条款"与"硬性条款"分别具有不同的内在结构，因此，在执行层面，两者也不能一概而论，而应该建立"软性条款"与"硬性条款"的分层执行机制。具体而言，对于"硬性条款"，由于它自身具备国家强制力，因此，在执行时，须遵循法定程序来进行，即依照相应的民事诉讼程序、刑事诉讼程序与行政诉讼程序来确保"硬性条款"的"落地"。对于"软性条款"而言，由于客观存在效力"弱化"的现象，亟须建立利益驱动机制来确保"软性条款"的实施。所谓利益驱动机制，是指通过对"软性条款"的宣传，驱动更多的"理性人"作出合理抉择。例如，对于《情报法》中存在着的27条"软性条款"而言，只有通过培训、教育等方式，才有可能使相关主体切实履行这部分法律规范。在具体的实施机制中，按照《情报法》相关规定，任何组织和公民都应配合国家情报工作的开展，并自觉保守其所知晓的国家情报工作秘密，同时，国家也必须为《情报法》的实施提供坚实的物质基础和制度保障，"法律宣讲"即为促进《情报法》实施的重要举措，但在《情报法》宣讲过程中，应尽力避免"运动式"的推进方式，重视特殊人群的普法需求，构建均质化、常态化的法律宣讲模式。除此之外，由于"软性条款"通常是集体意向的产物，因此，为了确保"软性条款"的实施与生效，还应建立社会舆论机制，为社会强制力和组织强制力的发挥预留作用空间。在社会舆论机制的建立上，尤其需要培育各级政府部门重视情报信息、多元主体积极参与情报法治建设的社会氛围。通过转变政府部门、社会组织和个人对情报法治的态度，建立起尊重情报法治、重视情报法治的社会环境，从而引导社会舆论，使社会三大主体都能发声，强化"软性条款"的执行效果。

第五节 《中华人民共和国体育法》"软法化"现象

"体育作为人类社会所特有的文化现象，始终以人的生存、发展的根本需求为其价值取向。"①而基于法律所特有的"人本性"和"实践性",借助法律文本来构建我国体育发展的基本框架、调整我国体育场域中的权利义务关系、规范体育实践活动中的行为意识,已然成为一种经典范式。这其中,《中华人民共和国体育法》(下称 2016 年版《体育法》为旧版《体育法》,2022 年版《体育法》为新版《体育法》)作为我国体育法治建设的顶层成果,为建设现代化体育强国提供了重要的规范供给。然而,"法律的生命在于实践",这就意味着,《体育法》并非悬置于空中的楼阁,它需要根据体育实践的变化来进行内容上的自我更新与自我调适。自 1995 年第八届全国人民代表大会常务委员会通过首部《体育法》以来,我国《体育法》先后在 2009 年和 2016 年历经两次修正,2022 年 6 月 24 日,新版《体育法》由十三届全国人大常委会修订通过,标志着我国的体育法治建设进入了新阶段,该部法律也成为提升体育治理体系和体育治理能力现代化水平的重要保障。在此,对于新版《体育法》颁布的时代意义和实践价值,笔者无须过多阐释,而是将关切点放置于新版《体育法》中的"软性条款"上。时过境迁,当下新版《体育法》已经颁布,不论是从条款的数量来讲,抑或是就条款的内容而言,都出现了一定的新变化,具有一定的"新动向"。立足"软法"的视角,我们所要继续追问的是:新版《体育法》是否延续了旧版《体育法》中"软硬混治"的基本模式?如果是的话,新版《体育法》又在多大程度上对旧版《体育法》中的诸多"软性条款"进行了保留抑或"改造"?换言之,旧版《体育法》中的"软性条款"有没有进行效力升级?其效力是否实现了由"软"到"硬"的蜕变?显然,对这些问题的解答,仍依赖于笔者对新版《体育法》中所有法律条文所进行的规范分析和实证研究。"软法"并非发端于中国本土之中的法律形态,而系"欧风美雨"的产物。在原初意义上,"软法"泛指那些在法律逻辑结构上不具备"法律后果"要素,在效力机制上不以国家强制力为保障的规范。20 世纪 90 年代,这一概念经由罗豪才等行政法学者引介至中国法学界,此后,作为理想型概念的"软法",方才被中国法学界所熟知,并在 21 世纪初叶引发了一股"软法之治"的思想浪潮。就其影响范围而言,"软法"的覆盖力是全方位的,

---

① 范成文、钟丽萍:《权利的召唤——〈中华人民共和国体育法〉颁布以来我国公民体育权利研究综述》,载《中国体育科技》2008 年第 4 期。

不但涉足了传统的"部门法"领域,也席卷了新兴的"领域法"范畴;不但包括章程、行业规定等社会规范,也涵盖了"国家法"中"三要素"结构不完整的法律条文。在称谓上,前者通常被界定为"社会软法",而后者则通常用"软性条款"指代。实际上,在体育领域,也同时存在为数众多的"社会软法"和"软性条款",对于前者,已有学者进行了深入研究,并指出,"《奥林匹克宪章》、国际体育组织的章程、具有授权立法性质的派生性规章、国际体育仲裁裁决、国际体育比赛规则、国际体育比赛竞赛标准等,都可视为具有'软法'属性的国际体育组织'内部法律'"。[1] 而对于后者,所取得的研究成果寥寥可数,究其原因:一方面,由于"软性条款"附着于《体育法》(属性为"国家法")之中,其效力边界有可能会被"硬性条款"所遮蔽,进而易被学界所忽视;另一方面,基于维辛斯基式法学之学术惯性,学人通常只注重对《体育法》中传统的"硬性条款"进行分析,把"软性条款"置于可有可无的境地。笔者认为,作为《体育法》的有机组成部分,"软性条款"并非"她人之嫁衣",其存在有着一定的合理性和必然性。因此,通过梳理新旧《体育法》中"软性条款"的数量及其分布特征,有利于理解"软性条款"的演化规律,深化对新版《体育法》的多维认知。

在旧版《体育法》中,根据逻辑结构三要素的完整程度,即"法律条文中是否设置否定性后果和惩罚性标准",可以将法律条文区分为"软性条款""硬性条款""半软性条款"。所谓"软性条款",是指没有设置否定性后果,无法通过国家强制力来保障实施,而只能依靠内心强制力和社会强制力来获得实施的条款;"硬性条款",是指在逻辑结构上呈现"假定—行为模式—法律后果"三要素,且通过国家强制力获得实施的条款;"半软性条款",是指表面上具备了"硬法"特征,但实则缺乏国家强制力的条款,在执行机制上,仍要依赖内心压力、社会舆论等类"软法"方式获得实施。根据我们的统计,旧版《体育法》的 54 个条文中,"软性条款"的数量为 21.66 个(之所以出现 0.66 个的情况,是因为某些条款兼具多重属性,例如,第 3 条即具有"软性条款"和"半软性条款"的复合性质,在统计时,分别记为 0.66 个和 0.33 个,下同),

---

[1] 张文闻、吴义华:《基于软法的国际体育组织"内部法律"效力分析》,载《体育文化导刊》2018 年第 2 期。

占比为40.13%;"硬性条款"共计12个,占比为22.22%;"半软性条款"共计20.33个,占比为37.65%。将数据汇总后可知,"软性条款"和"半软性条款"在《体育法》中的合计占比为77.78%,显然,《体育法》中"软性条款"占比明显偏高。当然,这一统计结果也在一定程度上验证了之前学界广为流传的说法,即"体育法更像是宣言,说一些观点,喊一些口号,没有太大的约束力"。① 另外,具体到《体育法》中"软性条款"的类型上,又包含了陈述性条款、倡导性条款和宣示性条款,陈述性条款使用的连接词通常为"规划""统筹"等,倡导性条款使用的连接词通常为"鼓励""支持"等,宣示性条款使用的连接词通常为"保障""维护"等。在实践中,"这三种'软法'型条款虽然形态各异,但却有着共同的实质性特征,在文本学意义上,三者都缺乏具体的惩处机制,即不依赖国家强制力来实施"。②

由于旧版《体育法》中"软性条款"和"半软性条款"占比过高,且超过了其他法律的一般水平;因此,早在2015年,学界就多次呼吁要通过对《体育法》的修订来弱化这一倾向。例如,北京体育大学杨桦就指出,"《体育法》的很多条款指导性过空,多为口号、呼吁或宣言性的提倡,全文有56处'应当',内容上缺乏具体可行的方法和操作程序"。③ 那么,经过此次修订后,新版《体育法》中"软性条款"和"半软性条款"占比为几何呢?新版《体育法》有没有如学者所愿地"长出牙齿"呢?对此,我们同样依照"连接词"分析和文义分析相结合的方法,对新版《体育法》中的各项法律条文进行测评。在类型学上,仍遵循既往的做法,将新版《体育法》中的法律条文区分为"软性条款"、"半软性条款"和"硬性条款"。在新版《体育法》中,共有法律条文122个,比之前新增了68个(需要说明的是,由于旧版《体育法》中的第32条在新版《体育法》中被删除,单设第九章"体育仲裁",因此,实际上增加的法条数量为69个),在新增加的69个法律条文中,涉及"硬性条款"13.5个,占比为19.57%;"半软性条款"3个,占比为4.35%;"软性条款"52.5个,占比

---

① 《尽快修订现行体育法》,载《湖南日报》2015年3月11日第1版。
② 廉睿、卫跃宁:《〈中华人民共和国体育法〉"软性条款"研究》,载《体育学刊》2021年第3期。
③ 《全国政协委员呼吁尽快修订体育法》,https://www.gov.cn/xinwen/2015-03/10/content_2832200.htm,下载日期:2024年1月2日。

为76.08%。若将新版《体育法》的所有122个法律条文作为母本,可以发现,共有"软性条款"74.16个,占比为60.79%;而"硬性条款"的数量为25.5个,占比为20.90%;"半软性条款"22.33个,占比为18.31%。与此同时,也正是由于旧版《体育法》中的第32条被整体删除,我们为了确保"基数"的准确性,重新对旧版《体育法》中各项条款的占比作出计算,经计算得知,"软性条款"占比为40.87%、"硬性条款"占比为22.65%、"半软性条款"占比为36.48%。把以上数字进行汇总后,可以得到一组终极数字,即新版《体育法》中的"软性条款"占比为60.79%,比旧版《体育法》中的数值提升了19.92%,这表明,"软性条款"不但没有减少,还呈现出明显的上升趋势;"硬性条款"在新版《体育法》中占比为20.90%,较之前有所下降,下降的幅度为1.75%,而"半软性条款"在新版《体育法》中占比为18.31%,与旧版《体育法》相比,所占比值大幅下降,为18.17%。

由以上统计结果可知,"软性条款"的数量在新版《体育法》中不但没有减少,反而有所增加。对此,有学者指出,"新审议通过的《体育法》和1995年的《体育法》相比,在本质上差别并不大,仍是一部约束力不足、喊口号居多的'软法'(soft law),大多数篇幅都是在鼓励和倡导"。[①] 笔者认为,新版《体育法》中"软性条款"数量的增多,不完全是"立法者的技术失误",而有着一定的现实动因、技术动因和逻辑动因。从一定程度上来讲,"软性条款"的增多,恰恰是立法者"有意为之"的产物。就现实动因来看,这是"软硬混治"的实践需求。"公共治理视域下,治理体系内'旧治理'到'新治理'经历着多元理论发展,不同于传统'命令—控制'的思路,全球治理模式类型的新生是顺应行为体的多元化和授权权力扩张等国际形势变化的结果。"[②] 与之相契合,在我国的公共治理体系中,事实上也经历着由"硬法治理"到"软法治理"的范式变迁,所谓"硬",即传统的"硬性条款",它以法律逻辑三要素为形式要件,以国家强制力为根本保障。所谓"软",既包含"软性条款",又包含"社会软法"。就体育治理而言,"单一的'国家立法中心主义'式的法律供给模

[①] 付政浩:《体育法修订大解读:体育仲裁领衔三大亮点,软法属性获继承》,https://mp.weixin.qq.com/s/EsUpa5vHqtULWsDBEyLj1g,下载日期:2023年12月27日。

[②] 何志鹏、申天娇:《国际软法在全球治理中的效力探究》,载《学术月刊》2021年第1期。

式愈发难以满足现实社会的需求"[1],因此,在体育治理过程中,既离不开"软法",也离不开"硬法"。体育治理中,"软法"之所以能够始终"在场",是因为一方面与"硬法"的弹性不足有关,即"硬法"的滞后性会使其与社会现实需求产生"隔阂";另一方面,通过"软法"的使用,一定程度上强化了体育法的"韧性",使其更容易被大众所支持和认同。由此可见,新时代下,"软法"以其协商性、灵活性、低成本性的特点,在体育治理中发挥着越来越重要的作用。就技术动因来看,这满足了"超前型立法"的技术需求。所谓"超前型立法",是指"有立法权的国家机关根据事物发展的客观规律,针对某些尚未成熟或者处于未然状态的社会关系,预先所进行的,以促进、阻碍或者禁止该社会关系出现的立法"。[2] 由于"超前型立法"规制的是处于未然状态的事务,所涉内容多是基于自己的主观价值判断而作出的应然性规定;因此,一般来说,它往往缺乏充分的事务认知基础,不可能预见到社会关系的每一个细节,而只能在宏观上把握事务发展的大体趋势和走向。在"超前型立法"的技术要求层面,"所进行的规定应较为原则,保持一定的模糊度"[3],以便为后期的修改和调整留有余地。实践中,笼统性较强的"软性条款"就成了"超前型立法"的适宜载体。以新版《体育法》为例,修订后的《体育法》通过增设"体育产业"这一章,实现了与时俱进,正面回应了中国体育产业中一直存在的现实问题。在这一章中,共计8个法律条文,皆为"软性条款"。之所以出现如此情形,是因为"体育产业"属于我国体育法领域的前瞻性内容。就当前而言,我国的体育产业规模不大,且体育在我国多被赋予公益属性,在体育立法中是否强调其产业属性本来就存在争议。在2021年10月对外公开征求意见的《体育法(修订草案)》中只有11章,没有出现"体育产业"这一章。但是,在后续的修订过程中,出于法律制定的前瞻性考虑,才增补了"体育产业"这一章。由此可见,受制于现有的立法技术,《体育法》中的前瞻性内容,通常是用"软性条款"来进行表述的,这也是新版《体育法》中"软性条款"增多的一个重要原因。

---

[1] 廉睿、高鹏怀:《整合与共治:软法与硬法在国家治理体系中的互动模式研究》,载《宁夏社会科学》2016年第6期。
[2] 刘风景:《超前立法论纲》,载《中国人民大学学报》1999年第3期。
[3] 刘风景:《超前立法论纲》,载《中国人民大学学报》1999年第3期。

从逻辑动因来看,这体现了新型人权的高度自觉性。作为一种新型人权,体育权彰显出一定的特殊性,不同于传统的健康权、文化权和发展权。在2015版联合国教科文组织的文件中明确指出:"不论种族、性别、性取向、语言、宗教、政见或者其他主张、国籍或门第、财产或其他任何理由,人人享有平等的体育权。"[①]在体育权中,最为基本的是公民体育权,依据主体的不同,又可细分为学校体育权、竞技体育权和社会体育权。这些体育权中,"尤其需要重视学生、儿童、女性、残疾人、难民等弱势群体的体育权"。[②] 基于体育权的高度自觉性,即"这种权利对于其他权利具有天然防御性,权利主体不希望,甚至也不允许其他任何的外来力量进行干涉和控制"[③],在对这种权利进行立法表述时,传统的"命令—控制—制裁"模式由于刚性"外溢"、柔性不足,难以刻画出该权利的核心内容和价值体系。因此,通过使用"软性条款"所特有的"引导—激励"模式,则能实现对该权利的完整表达,满足社会发展对新兴权利的实际需求。与"硬性条款"的"命令—控制—制裁"模式有所不同,"软性条款"的"引导—激励"模式,旨在调动社会主体的主观能动性,从而进行有效的"精神诱导"。例如,在新版《体育法》中,特别强调了学生体育权的实现。除了将第三章的名字修订为"青少年和学校体育"外,还通过"国家优先发展青少年和学校体育,坚持体育和教育融合,文化学习和体育锻炼协调,体魄与人格并重,促进青少年全面发展""学校应当建立学生体质检查制度。教育、体育和卫生健康行政部门应当加强对学生体质的监测和评估"等多项"软性条款"的使用,引导多方主体共同关注学生体育权问题,共同推动青少年和学校体育工作的开展。

[①] 姜世波:《论体育权作为一种新型人权》,载《武汉体育学院学报》2018年第4期。
[②] 徐翔:《体育权:一项新兴人权的衍生与发展》,载《体育学刊》2020年第4期。
[③] 王琳琳、刘晓晨:《公共文化服务立法的软法特征及实施机制》,载《图书馆论坛》2017年第11期。

第六节 《中华人民共和国环境保护法》"软法化"现象

近年来,学界对环境法中的"软法"现象关注颇多,不论是术业新兵,抑或是耄耋老者,都广泛地回应着这一"独特"现象,由此可见"软法"学说在环境法领域所释放的巨大学术影响力。究其原因:一方面,由于"软法"理念最早发端于国际法领域,与国际环境法具有渊源上的"同构"性,因此,以国际环境法为载体,阐明"软法"的运行逻辑,此乃推动环境法理论延拓的必然选择。另一方面,基于实践对理论的"反哺"效应,现实中的"软法"现象有必要得到理论上的阐释和回应,因此,以"软法"为中枢,通过环境"软法"对现实世界中的环境保护需求进行回应,也就成为实现环境法"知识增益"的应有之义。正是在理论和现实的双重"呼唤"下,以"软法"理论为工具,进而对环境法的制度逻辑进行解构,已然成为学界的一股"风尚"。对此,有学者指出,随着环境保护过程中行政裁量权的日益扩张,加之我国"环境硬法"在适用层面具有一定的局限性,必须正视环境"软法"的实践价值和理论效应。[①]在此种逻辑理路中,"环境软法"的功用价值得以充分凸显,其所征表的以社会约束为主导、自下而上的个体式的环境自治模式,正成为实现环境正义的一种重要制度选择。截至目前,学界大多关注的是环境领域的"社会软法"。部分学者不但未能看到"软法"与国家环境立法的内在勾连关系,甚至否认国家环境立法中有"软法"现象存在,他们声称:"环境法治的'软法'规范是环境治理多元主体基于理性并经一定程序而人为设计的正式制度,包括官方机构和民间组织制定的行为规范、规则守则和标准等,但不包括国家法律规范。"[②]事实上,环境治理的经验和其他法律的实践均已表明,"软法"不但

---

① 王树义、李华琪:《论环境软法对我国环境行政裁量权的规制》,载《学习与实践》2015年第7期。
② 徐忠麟:《环境法治的软法规范及其整合》,载《江西社会科学》2016年第10期。

存在于社会规范之中,也可能隐含于"国家法"之中。在环境治理中,"软法"治理模式和"硬法"治理模式在平等参与、区别优化等原则下优化组合,保证生态环境治理法律模式的科学性和协同性。① 当两者进行信息互换和信息共享时,"软法"可能被"硬法"所吸收,从而进入国家立法之中。由此可见,社会规范构成了"软法"的直接载体,而国家法律则是"软法"的间接载体,两者共同构筑出"软法"的全部生存场域。

在中国环境法领域,广泛地存在"软法"现象,笔者将其称为"环境软法"。在数量上,我国的"环境软法"呈现出不断发展的态势;在内容上,其规制的对象是开放的、动态的、与时俱进的,而非一成不变的。尤其是随着国家治理现代化的推进,"环境软法"与环境制定法相互配合,实现"自上而下"和"自下而上"的双向互动。但是,与国际环境法的一元属性有所不同,在中国的"环境软法"中,同时存在"社会软法"和"软法条款"二元结构。作为环境领域的"社会软法",包括环境标准、环境保护政策、环境协议、环境保护自律规范、民间环境自治规则等内容;而作为"环境软法"的"软性条款",则指向了国家环境立法中的宣示性条款、陈述性条款、倡导性条款和赋权性条款。虽然它们在文字表述上各有特点,但在逻辑要素上,它们都因只具备"假定—行为模式",而缺乏"法律后果",无法通过国家强制力而获得实施,进而被归至"软法"序列。与环境领域的"社会软法"相比,作为"环境软法"的"软性条款",长期未能得到学界应有的关注。当然,这与其独特的"生存状况"有着密切关联。从外在形态来看,此类"软性条款"以国家的环境制定法为载体,寄存于"国家法"之中,具备了"硬法"的外壳,属于形式意义上的"硬法";但就逻辑结构而言,这些"软性条款"通常不具备罚则要素,因此又属于实质意义上的"软法"。由此,"软性条款"所生成的效力特性即"外硬"而"内软"。由于我国的环境立法尚未实现"法典化",因此,包括《环境保护法》《长江保护法》《排污许可管理条例》《建设项目环境保护管理条例》在内的诸多成文法,就成为"软性条款"广泛活跃的"田野"。这其中,《环境保护法》作为我国环境领域的基本法律,内嵌着为数众多的"软性条款",这些"软

---

① 张海荣、方印、吴羽纶:《我国环境治理的法律模式选择:硬法与软法优化组合》,载《福建行政学院学报》2017年第4期。

性条款"不但能够凸显出《环境保护法》的立法特色,也同时使得环境法治体系更加富有开放性。

在识别方法上,鉴于《环境保护法》的条款式立法技术,可以通过"连接词"分析的技术手段,对其中所蕴含的大部分"软性条款"进行识别,当然,由于部分法律条文中缺乏"连接词",无法适用该种方法,因此,还需要配合语义分析的技术手段,从而将《环境保护法》中的所有"软性条款"提取出来。通过技术处理,笔者发现,在《环境保护法》中,共计48个"软性条款",18个"硬性条款"(含"半硬性条款"),"软性条款"广泛分布于"总则""监督管理""保护和改善环境""防止污染和其他公害""信息公开和公众参与"等篇章之中,"硬性条款"大多分布在"法律责任"篇章中,此外,在"总则""保护和改善环境""防止污染和其他公害"篇章中也有零星散布。在"软性条款"内部,又客观存在四种分类,即赋权性条款、倡导性条款、陈述性条款和宣示性条款,这四类条款在《环境保护法》中均有所显现。其中,倡导性条款数量最多,高达35条,其次分别为赋权性条款(6条)、宣示性条款(4条)和陈述性条款(3条)。在《环境保护法》中,"软性条款"占比为72.73%,而"在国家立法的法律、法规和规章中,'软性条款'的占比达到21.3%"[1],前者是后者的3倍有余。这构成了《环境保护法》中"软性条款"的第一性特征。另外,较之其他法律中的"软性条款"类型的分布,《环境保护法》中的"软性条款"以倡导性条款居多,其占比甚至高达72.92%,超过了其他三种不同类型"软性条款"的占比之和,这也成为了《环境保护法》中"软性条款"的第二性特征。那么,究竟是何种原因导致《环境保护法》中的"软性条款"同时呈现出二重特征呢?笔者认为,《环境保护法》中之所以出现如此众多的"软性条款"和"倡导性条款",并非立法者的"失误",而是有其存在的"合法性"。具体而言,这种"合法性"可以在理论和实践两个层面获得证成。从理论来看,"科学上的不确定性"是诱发《环境保护法》中生成"软性条款"的首要因素,"软性条款"正是对科学上的不确定预防原则的有效表达。所谓"科学上的不确定性",是指"对于科学论证上还存有争议的一些环境问题,当其成因无法被确定时,人们应基于'风险预防原则'精神,利用经济学上的成本—效益方法进行

---

[1] 马长山:《互联网+时代"软法之治"的问题与对策》,载《现代法学》2016年第5期。

抉择,以避免或者减缓灾害对人类所造成的威胁"。[①] 事实上,环境法区别于其他"领域法"的最主要原因,就是因为其与自然科学具有密切联系,而受制于人类科学认知的有限性,自然科学中的许多领域仍存在未知性和不确定性,由此引发了"科学上的不确定性"问题。在现代社会的发展进程中,"科学上的不确定性"不但没有消失,反而随着风险社会的来临愈发凸显,在环境治理中,"危害防止原则对科学理性的过度依附,使得以环境保护法为核心的环境法律体系无力应对具有科学不确定性的环境风险"。[②] 单一的"硬法治理"显然已经无法适应这种复杂的风险格局,新兴的"软法治理"模式应运而生。"政府的失灵,要求环保事业走向社会化;市场的失灵,又衬托出环境管制的必要性"[③],而这一切,都为"软法治理"的实施创造了无限可能性,由"软法"与"硬法"所衍生的混合治理模式,成为进行环境治理时的主体依赖路径。"软法治理"的实现,不仅依靠"社会软法"的"增益",更需要获得"国家"符号的确认,以"国家环境立法"为平台,通过在其中植入"软性条款",能够有效化解风险难题,尽可能把风险指数降到最低。

就实践而言,在公民环境意识普遍觉醒的情形下,通过《环境保护法》中嵌入的大量"倡导性条款",也能够激励公民的环保行为,从而满足合作型环境执法模式对规范供给的需求。利益多元性、"科学上的不确定性"决定了环境法律问题的破解必须建立在广泛的主体参与、有效沟通协商的基础之上。而合作型的执法模式能够使各方主体的积极作用得到彰显,各方主体的合法利益得到保护,各方主体的诉求得到充分回应。[④] 在价值旨趣上,合作型的环境执法模式不只是追求一时一事的执法效果,还要追求社会的长治久安,追求民心和法治的有机统一。在治理路径上,合作型的环境执法模

---

① 陈廷辉:《"科学上不确定性现象"对法律的诉求——以环境软法为视角》,载《探求》2012年第1期。

② 韩康宁:《风险回应型生态环境法典:科学上不确定性下的预防原则表达》,载《理论月刊》2022年第12期。

③ 李挚萍:《环境法的新发展——管制与民主之互动》,人民法院出版社2006年版,第234页。

④ 韩春晖:《走向合作型执法:城市管理执法模式的公法改革》,载《长白学刊》2020年第1期。

式要求以柔性手段来处理违法行为,包括但不限于劝导示范、说服教育、指导激励等具体措施,"重在教育提高公民的守法意识,促进公民与执法主体的诚心合作"。① 通过"倡导性条款"的大量使用,有利于孵化出"规劝—激励"的执行路径,满足现代环境执法的现实需求。另外,在"倡导性条款"中,采用的连接词通常为"鼓励""支持"等,借此表明国家对相关主体所发出的积极倡议。通过"倡导性条款"的使用,能够充分释放出积极的国家信号,引导更多的人采取相关措施,实现环保行为之"自觉"。申言之,治理的主体越多元,越有利于凝结出稳定的互动关系,越有利于实现话语的沟通交流,共同承担集体行动所带来的一切后果。当然,还需要进一步指出的是,《环境保护法》中的此类"倡导性条款",虽然名曰"倡导",但若将其放置于非政府组织的舆论监督下,却有了一定的"强制"功能,此为"倡导性条款"的"溢出"效力。"环保社会组织良性有序参与环境治理,是我国生态文明建设的重要内容,也是我国政府乐见其成的理想局面"②,通过"软性条款"的"社会动员",环保社会组织的参与积极性被有效开发,它所营造出的社会舆论,反过来又会成为影响"倡导性条款"实施的重要因素。为保证环保社会组织参与的有效性,就应该在《环境保护法》中大量嵌入"倡导性条款",充分发挥"倡导性条款"连接公众、政府、社会之间的"枢纽"作用。在运行时,"软性条款"通过赋予环境资源法律关系主体一定的"自我修正"机会,从而彰显《环境保护法》的"社会回应"功能。

"当一条规范是由有权机关按照规定的方式所制定,并且不抵触上位阶的法律,简单说,就是由权威所制定的,则这条规范是法律上有效的。"③那么,对于不具备"罚则要素"的"软性条款"来说,其是否在法律上继续有效呢?换言之,《环境保护法》中的"软性条款"是否仍旧具有强制力呢?对于此问题,学界先前已经进行过一些讨论,他们普遍认为,"软性条款"是具有拘束力的,但是现有研究成果不足以支持"'软性条款'具有强制力"这一论

---

① 韩春晖:《走向合作型执法:城市管理执法模式的公法改革》,载《长白学刊》2020年第1期。

② 叶托:《环保社会组织参与环境治理的制度空间与行动策略》,载《中国地质大学学报(社会科学版)》2018年第6期。

③ 张文显:《法理学》,北京大学出版社2007年版,第89页。

点。例如，有学者认为，"软法效力的内容包括拘束力、确定力、实现力和保护力"[①]，且这四种效力之间呈现递减关系。显然，这一观点实际上将强制力排除于"软法"效力之外，否定了"软性条款"的强制力。另外，还有学者虽未直接否认"软性条款"的强制力，却将关注点置于拘束力上，进而忽视强制力的存在。例如，有学者指出，"其对内的拘束力主要是基于行政机关的领导权或监督权而产生，并往往通过行政机关内部激励、评议考核和责任追究等自我约束机制来实现"。[②] 笔者认为，这一结论对于公法中的"软性条款"或许适用，但是，对于具有鲜明社会法属性的《环境保护法》来说，或许过于片面。实际上，《环境保护法》中的"软性条款"之所以能够在实践中运转，不但是因为其具有执行力，同时也因为其具有强制力。只不过，相较于"硬性条款"所依附的国家强制力而言，这是一种柔性的强制力。这种柔性强制力的发挥，主要是通过体制压力、司法说服和资源引导而得到实现，它们虽然在效力强度上低于国家强制力，但是，在方式的多样性、灵活性等方面，也具有国家强制力不可比拟的特殊之处。通过环境执法检查、环境保护督察、嵌入司法文书、环境宣传教育等多种方法的联合使用，能够形塑出"软性条款"不"软"的效力格局。

作为《环境保护法》中"软性条款"实施的一种重要路径，压力传导型实施机制试图将外界的体制压力转化为内在的守法压力，从而督促相关主体在压力传导过程中遵守"软性条款"。这就意味着，相关主体一旦违反《环境保护法》中的"软性条款"，就有可能遭到道德、政治等多个层面的否定性评价。在环境资源保护领域，压力传导型实施机制主要表现为环境执法检查制度和环境保护督察制度，前者是一种直接传导型实施机制，后者则构成一种间接传导型实施机制。环境执法检查制度，是指全国人大常委会通过行使常规监督权的方式，对环境执法领域存在的问题进行系统梳理，督促各部门依法行政、公正司法，推进环境法律法规的全面实施。随着国家对环境问题的关注度不断提高，开展环境保护执法检查已经成为全国人大常委会的

[①] 江必新：《论软法效力：兼论法律效力之本源》，载《中外法学》2011年第6期。
[②] 周佑勇：《在软法与硬法之间：裁量基准效力的法理定位》，载《法学论坛》2009年第4期。

一项重要监督工作。"执法检查在确保具体执法义务的履行、影响执法优先次序的裁量、督促建立更为有效的执法体系、保障和提高执法经费等方面都发挥了与行政诉讼制度不同的监督功能"[1]，通过环境保护执法检查工作的常态化开展，能够生成足够的外在压力，确保政策导向的有效性，使得《环境保护法》中"软性条款"的实施不但具有理论上的可能性，同时也具有实践中的可行性。环境保护督察制度，是指国家通过设立专职监督机构，对有关部门和企业组织开展生态环境保护督察，具体包括例行监督、专项监督和"回头看"等具体措施。"中国的环境保护行政监督管理体制是一种环境保护主管部门的统一监督管理与其他行政部门分部门管理、中央政府与地方政府分级监督管理相结合的行政监督管理体制。"[2]环境保护监督制度实际上就是镶嵌在中国的环境保护行政监督管理体制中发挥作用的，通过环境保护监督制度的实施，能够压实生态环境保护责任，推进生态文明建设。在监督内容上，《中央生态环境保护督察工作规定》将"国家生态环境保护法律法规、政策制度、标准规范、规划计划的贯彻落实情况"和"生态环境保护党政同责、一岗双责推进落实情况和长效机制建设情况"同时列入，前者实际上就把《环境保护法》中的"软性条款"拉入了被监督的范畴序列，而后者则是通过确立政治导向的方式提升《环境保护法》中的"软性条款"的执行效果。通过环境执法检查制度和环境保护督察制度的联合实施，能够同时凝聚法律共识和政治共识，将体制压力转化为守法动力，促进《环境保护法》中的"软性条款"的实施。

对于《环境保护法》中的"软性条款"而言，虽然立法时并未为其配备"罚则要素"，但是若能获得司法的认可，则证明其仍是具有司法上的"强制力"的，这构成一种典型的司法说服型实施机制。笔者以中国司法裁判文书网为索引源进行了实证分析，数据表明，在司法活动中，存在大量适用《环境保护法》中"软性条款"作为"裁判依据"，抑或"附带民事诉讼意见"的情形。以《环境保护法》第 4 条为例，该条款通过宣示性条款的方式确立了我国保护

---

[1] 林彦：《全国人大常委会如何监督依法行政？——以执法检查为对象的考察》，载《法学家》2015 年第 2 期。

[2] 史红凤：《中国环境监督保护管理体制的法律完善研究》，甘肃政法大学 2018 年硕士学位论文。

环境的基本国策,通过检索,发现在 92 个案例的司法裁判文书中出现了该条款。例如,在"董泽松、刘顺侯等非法猎捕、杀害珍贵濒危野生动物罪"一案中〔(2020)渝 0101 刑初 1039 号〕,法官就在司法裁判文书中将《环境保护法》第 4 条确立为裁判依据,即"根据《中华人民共和国环境保护法》第四条第一款、第六十四条,《中华人民共和国侵权责任法》第二条第一款、第四条第一款、第十五条之规定,应当承担侵权民事责任",再如,在"何在银非法捕捞水产品"一案中〔(2020)鄂 0684 刑初 150 号〕,则是在"附带民事诉讼意见"部分使用了《环境保护法》第 4 条。在该案的"附带民事诉讼意见"中,宜城市人民检察院诉称:何在银在禁渔期内进行非法捕捞,造成社会公共利益处于受侵害状态。根据《中华人民共和国环境保护法》第 4 条第 1 款、第 64 条,《中华人民共和国侵权责任法》第 65 条之规定,何在银应当承担侵权民事责任。就《环境保护法》"软性条款"嵌入司法活动的外在形式而言,存在控方主动启动和法院被动援引两种方式。所谓控方主动启动,是指控诉方在诉讼过程中主动引用某一项或某几项"软性条款",借以彰显或者强化自己的诉求,并试图借此获得司法审判机关的支持。法院被动援引,是指法院在作出判决或者裁定时,被动引用某一项或者某几项"软性条款",从而论证出自身决定的"合法性"与"合理性"。从当前《环境保护法》"软性条款"进入司法活动的一般实践来看,以控方主动启动为常态,以法院被动援引为补充。从《环境保护法》"软性条款"嵌入司法活动的内在逻辑来看,"说理性引入"和"指引性引入"构成了在司法活动中嵌入《环境保护法》"软性条款"的两种重要路径。所谓"说理性引入",即在司法裁判文书的说理部分嵌入与(弘扬)"软性条款"相关的内容,使其"在判决文书中充当法官说理的支点,成为支撑裁判结论共识性、合理性与正当性的外部资源"。[①] 从法治功能上来看,当"软性条款"发挥"说理性引入"功能时,其可通过契合主流道德观念、符合社会共识等方式而获得广泛认同,进而赢得话语上的正当性。所谓"指引性引入",是指"软性条款"在司法活动中所发挥的指引性功能,即在事实认定、规范适用等方面存在多种可能时,引导司法工作人员向有利于体现"软性条款"精神的方向建构判决方案。

[①] 李友根:《论裁判文书的法条援引》,载《中国应用法学》2022 年第 2 期。

基于环境保护领域"软硬协同"的治理现状，为了推进《环境保护法》中"软性条款"的实施，应当实现立法、司法、执法和守法的一体化建构。于立法层面而言，"要以习近平法治思想和习近平生态文明思想为引领，提高环境保护意识，用好地方环境保护立法权"。[①] 具体言之，在《环境保护法》的未来修订过程中，应实现"软性条款"与"硬性条款"在数量上的动态平衡。首先，对于部分不再符合实践需求的"软性条款"，可以通过"立法合并"或"立法转化"的方式进行技术处理。其次，对于部分"执行"效果不佳的"硬性条款"，也可以将其惩戒结构改为激励结构，实现由"硬"到"软"的变革。就司法层面来说，应继续在司法裁判文书中嵌入《环境保护法》中的"软性条款"，赋予其司法效力。但是，"软性条款"在司法裁判文书中的引入，不应只局限在"裁判依据"和"附带民事诉讼意见"部分，还应该拓展到"裁判说理"和"事实与证据"等其他部分，这既是在充分尊重我国环境保护体制、司法文化传统等因素的前提下所设计出的可行路径，也是在新一轮司法改革"坚持遵循司法规律"基础上所提炼出的具有中国特色的环境保护司法制度。当然，作为限制性条件，法院在司法裁判文书中引入"软性条款"，既要秉持"清晰化目标—持续性驱动—整合性行动"的战略三角[②]，亦应遵循法律运行的基本逻辑。从环境执法来看，应继续坚持生态环境"柔性执法"，满足《环境保护法》中"软性条款"的设立初衷，激发有关主体的环境守法意愿。此外，环境审计自我报告制度的推广，对于环境执法能力的提升也有着重要意义："一是要扩大环境审计和信息披露的范围，二是要建立一种明确的激励机制使企业及时'发现、报告和纠正'环境违法行为。"[③]在环境守法维度切入社会舆论和社会氛围对公民的守法行为有着重要影响，因此，需要持续开展环境法治宣传和环境法治教育活动，这些活动的有效展开，将有利于引导多元主体尊重《环境保护法》中的"软性条款"。由于"民间信仰本质是一种具有

---

① 彭振、王晓晴：《论依法治理民族事务的新发展》，载《河北法学》2023年第1期。
② 容志、吴磊、李婕：《公共价值驱动的基层治理数字化转型：基于"两张网"运行的观察》，载《广西师范大学学报（哲学社会科学版）》2022年第1期。
③ 张福德：《美国"柔性"环境执法及其对我国的启示》，载《环境保护》2016年第14期。

内生性的社会秩序"①,因此在环境法治教育活动中,还需要培养公民对环境法治的信仰,实现由"被动"守法到"主动"守法的转化,引领环境保护事业步入新阶段,"在社会治理和保障公民自由之间寻求平衡"。②

---

① 赵俊娟:《"诉源治理"视角下民间信仰的异化及其功能》,载《河北法学》2023年第2期。
② 吴宗宪、燕永辉:《微罪的概念补正与现实批判》,载《河北法学》2023年第2期。

第三章
《监察法》"软性条款"和"硬性条款"分析

第一节 《监察法》"软性条款"和"硬性条款"的分布构成

一、识别方法和判断标准

"软性条款"这一概念一经提出,便在学界引发了极大的冲击力。所谓"软性条款",一般是指不具备或不完全具备法律逻辑三要素(即"假定条件—行为模式—法律后果")的法律规范,这些规范通常不以国家暴力机关营造的强制力为后盾,而主要以内心道德、社会舆论等"柔性"手段实现其约束力。而与此相对应的"硬性条款",是指在法律结构上具备完整的法律逻辑三要素,并以国家暴力机关所营造出的国家强制力为保证机制或为保障机制的条款。同时,在对"软性条款"与"硬性条款"的探讨过程中,衍生出一种介于"软性条款"与"硬性条款"之间的第三种法律形态,此种法律形态在形式上具备"硬性条款"所倡导的禁止性、义务性等具有强制意味的规则要求,但缺少与之相匹配且对应的惩罚条款,故其本质属性仍然属于"软性条款"范畴,笔者将其称为"半软性条款"。

在《中华人民共和国监察法》(以下简称《监察法》)中,存在着分属于上述法律形态的"软性条款""硬性条款"及介于二者之间的"半软性条款",本书中,笔者仅在文本结构层面对"软性条款"展开研究,主要探讨《监察法》中结构软化的法律条文（即"国家法"中的"软性条款"）。需要指出的是，"软性条款"与"非规范性条款"之间存在紧密的内在联系性。诚如学者李岩所言："'非规范性条款'的内容多为宣示性口号，其存在的目的主要是为了弘扬社会道德，致使某些民事条文在一开始立法时便处于沉睡状态，这无疑增加了民事立法成本。"[①]如若细究二者之间的联系，不难发现，"软性条款"与"非规范性条款"之间无论是其形式表征还是其实质内涵，都体现出如出一辙的价值宗旨，因此在一定程度上，"非规范性条款"等同于"软性条款"。在内容上，有学者将"非规范性条款"细分为四种类型，分别为"宣示性条款、立法目的条款、纯粹道德性条款以及学理性条款"[②]，其主要适用领域为《民法典》。由于《监察法》与《民法典》的理论及实践情况存有较大差异，故而"非规范性条款"的细化分类可能无法全部应用于《监察法》领域。基于两种法律的差异性，同时考虑类型学的研究方法，笔者将《监察法》中的"软性条款"按照自身属性之差异进一步区分为"宣示性条款、赋权性条款、倡导性条款和陈述性条款"，并深度挖掘这四种条款类型的深层含义，以期梳理出不同类型条款之间的纽带关系，从而使得我们能更为透彻地理解《监察法》。

何为宣示性条款？顾名思义，"宣示"意味着行为主体对其所拥有的某项主权或者对其所推行的制度进行一种"公开展示"的活动，而"宣示性条款"则体现了立法主体对于该条款面对事务所持有的一种立场，这种立场通常以"支持""赞同"等"褒义"形式存在于法律文本中。例如，在"宣示性条款"的条文规定中，常常使用"维护""保障""发展"等连接词，而这些连接词蕴含着"国家对于某项具体事务所坚持的立场"；赋权性条款是指通过法律条文具体规定，将某项权力给予相关主体，进而赋予其在相关具体领域能够进行统领的能力。此种类型的法律条文通常以"有权""可以"作为连接词，体现出国家对其他特定主体的权力让渡价值；所谓倡导性条款，是指国家对特定问题或特定区域的未来发展提出若干期许时，能够为其解决问题起到帮助，或者对其发展趋势起到一种特殊指引作用的法律条文。人们日常经

---

① 李岩：《〈民法典〉中非规范性条款研究》，载《东北大学学报（社会科学版）》2020年第4期。

② 李岩：《〈民法典〉中非规范性条款研究》，载《东北大学学报（社会科学版）》2020年第4期。

验生活中存在的类似"应当""应该""鼓励"等词汇通常也具有倡导性的意味。当然,上述词汇也被运用于《监察法》中,均属于倡导性条款中的连接词。由于其与人们的日常生活用语相贴切,相比于其他条款,该条款中的连接词更容易被识别。陈述性条款主要是指立法技术性内容,一般是对该项条款作出一种比较"纯粹"的说明,体现出其自身所固有相对浅显的意思,本身不具有深层概念或者也不需要外界对其进行深入挖掘,仅表明国家对某项法律事务所持的一种客观态度。陈述性条款中所体现的连接词通常为"建立""公布""统筹"等,通常来说,某部法律中最后一项法律条款即"本法自公布之日起施行"的内容与陈述性条款的要求相吻合。

以上四种条款虽然在外在表征上存有一定差异,但都隶属于"软法"序列。从逻辑结构来看,"软性条款"及拆解后的四种类型条款均不具备法律逻辑三要素中的"法律后果"要素,即缺乏相应的"罚则"机制,故其执行力无法获得国家层面的支持。另外,由于《监察法》兼具"部门法"和"领域法"双重属性,因此,在文本构造上,《监察法》采用了传统的条款式表达方法,以章为基本单元、条款为基本单位;而在法律语言上,《监察法》以"监察事务"为中心点,再通过"连接词"的"搭桥"组成一个主旨突出、语义贯通的法律语链。与此同时,"《监察法》中有诸多不确定法律概念,例如秉公用权、权力寻租、利益输送等均非经典的法言法语,在法治主义立场下,如何获取上述语词的确定意涵,对于严格监察立法至关重要"。[①] 因此,需要联合使用"连接词"分析法和"语义"分析法,对《监察法》中的"软性条款"进行有效识别。

二、《监察法》中的"硬性条款"分布

《监察法》第61条规定:"对调查工作结束后发现立案依据不充分或者失实,案件处置出现重大失误,监察人员严重违法的,应当追究负有责任的领导人员和直接责任人员的责任。"本条款规定,如果监察人员在案件处置过程中出现严重违法行为,直接责任人员以及相关领导人员就应当受到追究。本条文所使用的连接词为"应当",表现出一定的义务性,且在法律逻辑

[①] 秦前红:《监察法学的研究方法刍议》,载《河北法学》2019年第4期。

结构上具备与之相匹配的罚则机制,故该条文为"硬性条款",表明监察人员如有严重违法行为,则应当对相关人员的责任予以追究。

《监察法》第62条规定:"有关单位拒不执行监察机关作出的处理决定,或者无正当理由拒不采纳监察建议的,由其主管部门、上级机关责令改正,对单位给予通报批评;对负有责任的领导人员和直接责任人员依法给予处理。"本条款作为惩罚方式,针对的是没有正当理由的前提下拒绝执行监察决定,不采纳监察建议的有关单位。本法律条文所使用的连接词为"应当"(综合考虑语法要求,"应当"在法律条文中被省略),表明在符合一定条件时,有关单位和相关责任人应当承担不利的法律后果。该法律条文具备完整的法律逻辑结构三要素,故其属于"硬性条款"。

《监察法》第63条规定:"有关人员违反本法规定,有下列行为之一的,由其所在单位、主管部门、上级机关或者监察机关责令改正,依法给予处理:

(一)不按要求提供有关材料,拒绝、阻碍调查措施实施等拒不配合监察机关调查的;

(二)提供虚假情况,掩盖事实真相的;

(三)串供或者伪造、隐匿、毁灭证据的;

(四)阻止他人揭发检举、提供证据的;

(五)其他违反本法规定的行为,情节严重的。"

本条款说明应当依法对违反规定的有关人员给予处理。本法律条文所使用的连接词为"应当"(综合考虑语法要求,"应当"在法律条文中被省略),结合语义分析,表明应当依法对违反相关规定的人员予以处理。因此在法律逻辑结构上,该条文具备惩戒性机制。故其属于"硬性条款"。

《监察法》第64条规定:"监察对象对控告人、检举人、证人或者监察人员进行报复陷害的;控告人、检举人、证人捏造事实诬告陷害监察对象的,依法给予处理。"本条款对监察工作中所出现的报复陷害、诬告陷害等情况,应当依法对相关责任人予以处理。本法律条文所使用的连接词为"应当"(综合考虑语法要求,"应当"在法律条文中被省略),结合语义分析,表明应当依法对相关责任人员予以处理。在法律逻辑结构上,该条文具备惩戒性机制,故其属于"硬性条款"。

《监察法》第65条规定:监察机关及其工作人员有下列行为之一的,对负有责任的领导人员和直接责任人员依法给予处理：

（一）未经批准、授权处置问题线索，发现重大案情隐瞒不报，或者私自留存、处理涉案材料的；

（二）利用职权或者职务上的影响干预调查工作、以案谋私的；

（三）违法窃取、泄露调查工作信息，或者泄露举报事项、举报受理情况以及举报人信息的；

（四）对被调查人或者涉案人员逼供、诱供，或者侮辱、打骂、虐待、体罚或者变相体罚的；

（1）第62条：协助配合义务中的"硬法责任"

第62条规定的"责令改正""通报批评"以及"依法给予处理"等表述，均体现了监察机关工作人员依法履职时其他主体可承担的"法律责任"。该"法律责任"体现为"硬法责任"，即要求有关单位执行监察机关作出的处理决定乃属法律上的直接义务，此种义务实质上为"强行性规范"的表达。在"无正当理由拒不采纳"时，可推定为"义务违反"，此时的后果要件体现在"通报批评"等形态的责任形式。

究其原因，在于监察机关作为国家监督的政治机关，其在"监察全覆盖"的背景下推动法治反腐，其本质上为规范公权力运行的法秩序。此种"硬法责任"将配合协助义务以"法律后果"要件形式体现为对行政主体及其工作人员的具体规制条款，实际上明确了协助配合义务的法定职责性。因而，监察机关若欠缺对于监察处理决定或者监察建议的执行效果，则无法自上而下实现监察能效。此亦是对《监察法》第4条"互相配合，互相制约"这一"软性条款"的呼应。尽管有关单位在配合执行决定中产生法定情形，但"责令改正""通报批评"并非政务处分中的具体形态，其仍可作为问责的前置性依据。该"硬法责任"主要强调直接义务的强行性特点，而依法给予处理指向的执法依据乃是监察法以及监察法规，而非其他涉行政机关的法律或者行政规范性文件。因此，"依法给予处理"的"硬性条款"，对于"法"本身亦应做相应限缩，由此形成监察机关执法与行政执法差异法的"硬法责任"区分标准。这种"法"既可以理解为以党内法规为依据的党纪责任，又可理解为以《政务处分法》《监察法》《刑事诉讼法》为依据的违法责任乃至刑事责任。因监察机关在我国权力体系中存在党政合署办公的实际情况，因而在纪法贯通、法法衔接的纪检监察规则体系中应考虑此类"硬法责任"实现的衔接必要性与可行性。在既有的程序法衔接过程中,也有学者关注到实体法之间的责任形态衔接。因而,从语义延伸的角度考量,"依法"给予处理的"法"应从实体权利限制的角度作最大限度延展,因而涵盖了《行政处罚法》和《刑法》。有学者提出,即使是负有调查职责的监察工作人员,其在履行职务犯罪调查职责时,不仅要遵守《监察法》及其配套法律规范,还要符合刑法的有关规定。若监察调查工作人员在职务犯罪案件办案过程中不履行、不正确履行职责,还可构成刑法中有关司法工作人员犯罪而受到刑罚处罚。[①] 笔者虽不认同"司法工作人员"的范畴界限延伸,但《监察法》与《刑法》之间的衔接实然地存在于监察实践之中。

(五)违反规定处置查封、扣押、冻结的财物的;

(六)违反规定发生办案安全事故,或者发生安全事故后隐瞒不报、报告失实、处置不当的;

(七)违反规定采取留置措施的;

(八)违反规定限制他人出境,或者不按规定解除出境限制的;

(九)其他滥用职权、玩忽职守、徇私舞弊的行为。该条款列明了九条行为,监察机关及其工作人员在调查工作中如若具有上述九条行为之一,则应当依法对相关责任人予以处理。本法律条文所使用的连接词为"应当"(综合考虑语法要求,"应当"在法律条文中被省略),结合语义分析,表明应当依法对相关责任人员予以处理。因此在法律逻辑结构上,该条文具备惩戒性机制。故其属于"硬性条款"。

《监察法》第 66 条规定:"违反本法规定,构成犯罪的,依法追究刑事责任。"本条规定了构成犯罪的相关人员的刑事责任追究。本法律条文所使用的连接词为"应当"(综合考虑语法要求,"应当"在法律条文中被省略),具有义务属性,且本条文具备完整的"假定条件—行为模式—法律后果"的法律逻辑三要素。故其属于"硬性条款"。

《监察法》第 67 条规定:"监察机关及其工作人员行使职权,侵犯公民、

[①] 谢芳、刘艳红:《监察工作人员准司法属性与刑法适用》,载《福建师范大学学报(哲学社会科学版)》2022 年第 6 期。

法人和其他组织的合法权益造成损害的,依法给予国家赔偿。"本条款规定了在监察工作中的国家赔偿,当监察机关及其工作人员行使监察权时损害了他人合法权益的,受损害人有权请求国家赔偿。本法律条文所使用的连接词为"应当"(综合考虑语法要求,"应当"在法律条文中被省略),具有义务属性,结合语义分析,表明监察机关及其工作人员在损害他人合法权益时,负有给予国家赔偿的义务。因此在法律逻辑结构上,该条文具备惩戒性机制。故其属于"硬性条款"。

三、《监察法》中的"软性条款"分布

《监察法》第1条规定:"为了深化国家监察体制改革,加强对所有行使公权力的公职人员的监督,实现国家监察全面覆盖,深入开展反腐败工作,推进国家治理体系和治理能力现代化,根据宪法,制定本法。"该条款作为《监察法》的第一条规定,主要体现出《监察法》的制定目的,起到一种统领全局的作用。在逻辑结构上,该法律条文并未出现法律后果要素。因此,该法律条文为"软性条款"。同时可以看出本条款所使用的连接词为"深化""加强""推进",故其属于"软性条款"中的宣示性条款,体现出国家制定《监察法》的立法目的。

《监察法》第2条规定:"坚持中国共产党对国家监察工作的领导,以马克思列宁主义、毛泽东思想、邓小平理论、'三个代表'重要思想、科学发展观、习近平新时代中国特色社会主义思想为指导,构建集中统一、权威高效的中国特色国家监察体制。"本条对监察工作的领导机制以及指导思想予以明确。在条款内容上并未体现出"罚则"机制,因此,该法律条文为"软性条款",且属于"软性条款"中的宣示性条款,所使用的连接词为"坚持""指导""构建",表明国家对监察工作的立场所在,亦是一种宣示行为。

《监察法》第3条规定:"各级监察委员会是行使国家监察职能的专责机关,依照本法对所有行使公权力的公职人员(以下称公职人员)进行监察,调查职务违法和职务犯罪,开展廉政建设和反腐败工作,维护宪法和法律的尊严。"该条款主要说明各级监察委员会是行使监察职能的专责机关,依照《监察法》的规定开展监察工作。该条款在法律逻辑结构上不具备法律后果要

素,因此为"软性条款",且属于"软性条款"中的赋权性条款,该条款使用的核心连接词是"依照",明确赋予了各级监察委员会对所有行使公权力的公职人员进行监察的权力。

《监察法》第4条规定:"监察委员会依照法律规定独立行使监察权,不受行政机关、社会团体和个人的干涉。监察机关办理职务违法和职务犯罪案件,应当与审判机关、检察机关、执法部门互相配合,互相制约。监察机关在工作中需要协助的,有关机关和单位应当根据监察机关的要求依法予以协助。"本条款对监察委员会依法独立行使监察权加以确认,同时细化监察机关与其他机关的相互职责。将本条款按照语序进行排序,共分为三款。第一款在法律逻辑结构上不具备法律后果要素,故其为"软性条款",且属于"软性条款"中的赋权性条款,其所使用的连接词为"依照",明确赋予监察委员会依法行使监察权的权力;第二款在法律逻辑结构上不具备法律后果要素,故其为"软性条款",且属于"软性条款"中的倡导性条款,其所使用的连接词为"应当",倡导监察机关在办理案件时应当与其他机关相互配合、制约。第三款使用的连接词为"应当",具有义务属性,但法律条文中并未出现惩处机制,结合语义分析,该款条文表明相关机关有义务协助监察机关进行办案,故其属于"半软性条款"。因此本法律条文兼具赋权性条款、倡导性条款与"半软性条款"三重属性。

《监察法》第5条规定:"国家监察工作严格遵照宪法和法律,以事实为根据,以法律为准绳;在适用法律上一律平等,保障当事人的合法权益;权责对等,严格监督;惩戒与教育相结合,宽严相济。"此条款表明国家监察工作必须符合宪法和法律的规定,由于该款内容并不具备法律结构中的法律后果要素,故为"软性条款",且属于"软性条款"中的宣示性条款,在这一法律条文中,使用的核心连接词是"遵照"和"保障",以此表明国家监察机关尊重宪法和法律的决心。

《监察法》第6条规定:"国家监察工作坚持标本兼治、综合治理,强化监督问责,严厉惩治腐败;深化改革、健全法治,有效制约和监督权力;加强法治教育和道德教育,弘扬中华优秀传统文化,构建不敢腐、不能腐、不想腐的长效机制。"此条款主要说明国家监察工作所要坚持的方针,由于在条文中并未出现惩罚性机制,故其条款属性为"软性条款",且属于"软性条款"中的倡导性条款,此法律条文使用的连接词为"坚持",倡导国家监察机关在监察工作中弘扬中华传统文化,法治教育和道德教育并重。

《监察法》第 7 条规定:"中华人民共和国国家监察委员会是最高监察机关。省、自治区、直辖市、自治州、县、自治县、市、市辖区设立监察委员会。"该条规定了监察委员会的总体定位和各级地方监察委员会的机构设置。在逻辑结构上,该法律条文中并未出现法律后果要素,因此,该法律条文为"软性条款",且属于"软性条款"中的陈述性条款,在这一法律条文中,其核心连接词为"是",主要对监察委员会的定位和地方各级监察委员会的机构设置进行陈述,并不具备其他法律意涵。

《监察法》第 8 条规定:"国家监察委员会由全国人民代表大会产生,负责全国监察工作。国家监察委员会由主任、副主任若干人、委员若干人组成,主任由全国人民代表大会选举,副主任、委员由国家监察委员会主任提请全国人民代表大会常务委员会任免。国家监察委员会主任每届任期同全国人民代表大会每届任期相同,连续任职不得超过两届。国家监察委员会对全国人民代表大会及其常务委员会负责,并接受其监督。"本条款主要介绍了监察委员会的产生、监察公职人员的选任程序及其任期限制,同时规定国家监察委员会依法对其产生机关负责,并接受其产生机关的监督。此法律条文中并未出现具有惩罚性意味的内容,因此,该法律条文可以界定为"软性条款",且属于"软性条款"中的陈述性条款,此法律条文所使用的连接词为"由""对",表明该条款对国家监察委员会的产生机构、监察工作人员的选任以及任期、监察委员会的负责机构等相关问题进行细致的陈述性规定。

《监察法》第 9 条规定:"地方各级监察委员会由本级人民代表大会产生,负责本行政区域内的监察工作。地方各级监察委员会由主任、副主任若干人、委员若干人组成,主任由本级人民代表大会选举,副主任、委员由监察委员会主任提请本级人民代表大会常务委员会任免。地方各级监察委员会主任每届任期同本级人民代表大会每届任期相同。地方各级监察委员会对本级人民代表大会及其常务委员会和上一级监察委员会负责,并接受其监督。"本条款的规定与上述第 8 条内容如出一辙,只是将第 8 条中的主体"国家监察委员会"更换为"地方各级监察委员会",故此法律条文仍为"软性条款",且属于"软性条款"中的陈述性条款。

《监察法》第10条规定:"国家监察委员会领导地方各级监察委员会的工作,上级监察委员会领导下级监察委员会的工作。"此条款主要是对国家监察委员会以及上级监察委员会的领导地位进行确认。在法律结构上,此条文没有规定法律后果要素,故该法律条文是"软性条款",且属于"软性条款"中的赋权性条款。此法律条文所使用的连接词为"领导",表明国家将监察工作的领导权赋予国家监察委员会与上级监察委员会。

《监察法》第11条规定:"监察委员会依照本法和有关法律规定履行监督、调查、处置职责:(一)对公职人员开展廉政教育,对其依法履职、秉公用权、廉洁从政从业以及道德操守情况进行监督检查;(二)对涉嫌贪污贿赂、滥用职权、玩忽职守、权力寻租、利益输送、徇私舞弊以及浪费国家资财等职务违法和职务犯罪进行调查;(三)对违法的公职人员依法作出政务处分决定;对履行职责不力、失职失责的领导人员进行问责;对涉嫌职务犯罪的,将调查结果移送人民检察院依法审查、提起公诉;向监察对象所在单位提出监察建议。"此法律条文主要对监察委员会的监督、调查、处置等职责进行划分,其下属三款分别对"对公职人员进行监督检查""对职务犯罪行为进行调查""对违法、失职、职务犯罪的公职人员的不同处理办法"进行细致规定。在逻辑结构上,该条文并未体现法律后果要素,故其为"软性条款",且属于"软性条款"中的赋权性条款,采用的核心连接词为"依照""履行"等,该条款将监督检查、监察建议等权限授予监察委员会,使得监察委员会的履职行为具有合法性基础。

《监察法》第12条规定:"各级监察委员会可以向本级中国共产党机关、国家机关、法律法规授权或者委托管理公共事务的组织和单位以及所管辖的行政区域、国有企业等派驻或者派出监察机构、监察专员。监察机构、监察专员对派驻或者派出它的监察委员会负责。"此法律条文主要说明各级监察委员会有权向其同级国家机关、国有企业等派出监察机构、专员。在逻辑结构上,该法律条文不具有法律后果要素,因此,本法律条文属于"软性条款",且系"软性条款"中的赋权性条款,结合语义分析判断出其所使用的核心连接词为"可以",表明国家机关赋予各级监察委员会有权向其同级国家机关派出监察机构、专员的权利。

《监察法》第13条规定:"派驻或者派出的监察机构、监察专员根据授权,按照管理权限依法对公职人员进行监督,提出监察建议,依法对公职人员进行调查、处置。"此条款说明派驻或者派出的监察机构、监察专员在获得授权后便可以根据相关规定对公职人员进行监督、调查、处置等。在法律逻辑结构上,该条文不具备法律后果性要素,因此,该条文是"软性条款",且属于"软性条款"中的赋权性条款,其所使用的连接词为"授权",说明国家赋予监察机构、监察专员对公职人员的依法监督、调查、处置等权利。

《监察法》第 14 条规定:"国家实行监察官制度,依法确定监察官的等级设置、任免、考评和晋升等制度。"此条款简要说明我国实行监察官制度。由于此法律条文并不具备惩罚性机制,故该条文为"软性条款",且属于"软性条款"中的陈述性条款,采用的连接词为"实行"和"依法",该条款表明我国实行监察官制度,并通过等级设置、考评晋升等来保障该制度的运行。

《监察法》第 15 条规定:"监察机关对下列公职人员和有关人员进行监察:(一)中国共产党机关、人民代表大会及其常务委员会机关、人民政府、监察委员会、人民法院、人民检察院、中国人民政治协商会议各级委员会机关、民主党派机关和工商业联合会机关的公务员,以及参照《中华人民共和国公务员法》管理的人员;(二)法律、法规授权或者受国家机关依法委托管理公共事务的组织中从事公务的人员;(三)国有企业管理人员;(四)公办的教育、科研、文化、医疗卫生、体育等单位中从事管理的人员;(五)基层群众性自治组织中从事管理的人员;(六)其他依法履行公职的人员。"此条款主要对监察机关的监察对象进行详细解释和列明。在法律逻辑结构上,该条款不具备法律后果要素,因此,本条文是"软性条款",且属于"软性条款"中的陈述性条款,其所使用的核心连接词为"对",此条文下属 6 款法律规定均是对"监察对象"的细致性陈述。

《监察法》第 16 条规定:"各级监察机关按照管理权限管辖本辖区内本法第十五条规定的人员所涉监察事项。上级监察机关可以办理下一级监察机关管辖范围内的监察事项,必要时也可以办理所辖各级监察机关管辖范围内的监察事项。监察机关之间对监察事项的管辖有争议的,由其共同的上级监察机关确定。"此条款规定各级监察机关以及上级监察机关所具有的管辖权限,以及同级监察机关发生管辖争议时如何确定管辖权的问题。在法律逻辑结构上,该条款并不具备法律后果要素,因此,该法律条文是"软性条款",且属于"软性条款"中的赋权性条款,其所使用的连接词为"管辖""可以""确定",表明国家将监察事项的管辖权限赋予各级监察机关及上级监察机关,在符合相关要求时,各级监察机关以及上级监察机关可以依法行使或者确认管辖权。

《监察法》第 17 条规定:"上级监察机关可以将其所管辖的监察事项指定下级监察机关管辖,也可以将下级监察机关有管辖权的监察事项指定给其他监察机关管辖。监察机关认为所管辖的监察事项重大、复杂,需要由上级监察机关管辖的,可以报请上级监察机关管辖。"本条款依法确认上级监察机关具有指定管辖权限。由于在法律条文中并未出现惩罚性内容,故此条文是"软性条款",同时系"软性条款"中的赋权性条款,采用的核心连接词为"可以",表明国家赋予上级监察机关行使指定管辖之权力。

《监察法》第 18 条规定:"监察机关行使监督、调查职权,有权依法向有关单位和个人了解情况,收集、调取证据。有关单位和个人应当如实提供。监察机关及其工作人员对监督、调查过程中知悉的国家秘密、商业秘密、个人隐私,应当保密。任何单位和个人不得伪造、隐匿或者毁灭证据。"本条款主要说明监察机关在行使职权时所具有的向相关单位和个人了解信息、收集证据的权利,相关人员应当予以配合,不得对证据作出伪造、毁灭等行为,同时监察机关对于秘密信息应当进行保密。本条第 1 款在法律逻辑结构上不具备法律后果要素,因此属于"软性条款",且系"软性条款"中的赋权性条款,使用的核心连接词为"有权",表明国家赋予监察机关向有关单位和个人了解情况、收集证据的权力。后三款所使用的连接词为"应当""不得",均具有义务属性,但条款中并不具备罚则机制,故后三款条文均为"半软性条款"。因此,第 18 条规定的法律类型为"赋权性条款"与"半软性条款"的结合体,但以赋权性条款为主要表征。

《监察法》第 19 条规定:"对可能发生职务违法的监察对象,监察机关按照管理权限,可以直接或者委托有关机关、人员进行谈话或者要求说明情况。"此条款说明监察机关有权对可能发生职务违法的监察对象进行直接谈话或者要求其说明相关情况的权利。该法律条款并未规定明确的惩罚机制,故其为"软性条款",且属于"软性条款"中的赋权性条款,其所使用的连接词为"可以",表明国家赋予监察机关对可能发生职务违法的监察对象进行直接监察的权利。

《监察法》第 20 条规定:"在调查过程中,对涉嫌职务违法的被调查人,监察机关可以要求其就涉嫌违法行为作出陈述,必要时向被调查人出具书面通知。对涉嫌贪污贿赂、失职渎职等职务犯罪的被调查人,监察机关可以进行讯问,要求其如实供述涉嫌犯罪的情况。"此条款主要说明监察机关在调查过程中,有权对涉嫌职务违法或者涉嫌职务犯罪的被调查人行使对应监察权。从法律逻辑结构来看,此款条文并不具备法律后果要素,因此其为"软性条款",且系"软性条款"中的赋权性条款,其所使用的连接词为"可以",表明国家赋予监察机关对涉嫌职务违法或者涉嫌职务犯罪的被调查人具有监察调查的权利。

《监察法》第 21 条规定:"在调查过程中,监察机关可以询问证人等人员。"此条款说明监察机关具有询问证人的权利,由于条款内容并未体现出罚则机制,因此,该法律条文属于"软性条款",且系"软性条款"中的赋权性条款,其所使用的连接词为"可以",表明国家赋予监察人员可以在调查过程中对证人及相关人员进行询问的权利。

《监察法》第 22 条规定:"被调查人涉嫌贪污贿赂、失职渎职等严重职务违法或者职务犯罪,监察机关已经掌握其部分违法犯罪事实及证据,仍有重要问题需要进一步调查,并有下列情形之一的,经监察机关依法审批,可以将其留置在特定场所:

(一)涉及案情重大、复杂的;

(二)可能逃跑、自杀的;

(三)可能串供或者伪造、隐匿、毁灭证据的;

(四)可能有其他妨碍调查行为的。

对涉嫌行贿犯罪或者共同职务犯罪的涉案人员,监察机关可以依照前款规定采取留置措施。留置场所的设置、管理和监督依照国家有关规定执行。"本条款意在说明监察机关在已经掌握被调查人涉嫌严重职务违法或者犯罪的情形下,同时具备四种特殊情况之一的,经过依法审批,监察机关可以对被调查人采取留置措施,留置场所依据国家规定进行设置、管理等。在法律逻辑结构上,此法律条文并不具备法律后果要素,故其为"软性条款"。此条文的前半部分条款(以"采取留置措施"为分割)属于"软性条款"中的赋权性条款,其所使用的核心连接词为"可以",表明国家依法赋予监察机关对符合相关条件的被调查人采取留置措施的权利;后半部分条款属于"软性条款"中的宣示性条款,其所使用的连接词为"依照",表明留置场所的设置由国家依法进行规定。故本条款属于"赋权性条款"与"宣示性条款"的结合体,但以赋权性条款为主要表征。

《监察法》第23条规定:"监察机关调查涉嫌贪污贿赂、失职渎职等严重职务违法或者职务犯罪,根据工作需要,可以依照规定查询、冻结涉案单位和个人的存款、汇款、债券、股票、基金份额等财产。有关单位和个人应当配合。冻结的财产经查明与案件无关的,应当在查明后三日内解除冻结,予以退还。"本条款主要说明监察机关在调查涉嫌职务违法或职务犯罪过程中,如有需要,可以按照相关规定对被调查单位和个人的财产进行查询、冻结等,相关单位和个人具有配合的义务。被冻结的财产在经过审查后确实与案件无关的,监察机关应当在三日内解除冻结措施,将财产退还给单位或个人。此条文并不具备惩罚机制,因此该条文是"软性条款"。此条文前半部分(以"等财产"为分割)属于"软性条款"中的赋权性条款,其所使用的连接词为"可以",表明国家赋予监察机关在确有需要的前提下,可以对涉嫌职务违法或者职务犯罪的单位和个人的财产进行查询、冻结的权利;后半部分条款所使用的核心连接词为"应当",具有义务属性,但条款中并未出现罚则机制,故属于"半软性条款"。因此,本法律条文兼具"赋权性"与"半软性"两种法律属性,但以赋权性条款为主要表征。

《监察法》第24条规定:"监察机关可以对涉嫌职务犯罪的被调查人以及可能隐藏被调查人或者犯罪证据的人的身体、物品、住处和其他有关地方进行搜查。在搜查时,应当出示搜查证,并有被搜查人或者其家属等见证人在场。搜查女性身体,应当由女性工作人员进行。监察机关进行搜查时,可以根据工作需要提请公安机关配合。公安机关应当依法予以协助。"本条款意在说明监察机关有权对被调查人的身体、住处和其他相关地方进行搜查,但是要出示搜查证,且需要有见证人在场。同时,搜查女性身体的工作人员也应当为女性。最后,监察机关可以提请公安机关进行搜查配合,公安机关应当依法进行搜查协助。将本条款按照语序顺序进行排列,共分为五款。第1款与第4款在法律逻辑结构上不具有法律后果要素,故为"软性条款",

且系"软性条款"中的赋权性条款,其所使用的连接词为"可以",表明国家赋予监察机关一定的搜查权,同时在符合一定条件时,监察机关有权提请公安机关予以协助;第2款、第3款、第5款所使用的连接词为"应当",均具有义务属性,但缺乏惩戒机制,故上述三款均属于"半软性条款"。因此本法律条文兼具"赋权性条款"与"半软性条款"的双重属性,但以赋权性条款为主要表征。

《监察法》第25条规定:"监察机关在调查过程中,可以调取、查封、扣押用以证明被调查人涉嫌违法犯罪的财物、文件和电子数据等信息。采取调取、查封、扣押措施,应当收集原物原件,会同持有人或者保管人、见证人,当面逐一拍照、登记、编号,开列清单,由在场人员当场核对、签名,并将清单副本交财物、文件的持有人或者保管人。对调取、查封、扣押的财物、文件,监察机关应当设立专用账户,专门场所,确定专门人员妥善保管,严格履行交接、调取手续,定期对账核实,不得毁损或者用于其他目的。对价值不明物品应当及时鉴定,专门封存保管。查封、扣押的财物、文件经查明与案件无关的,应当在查明后三日内解除查封、扣押,予以退还。"本条款主要说明在调查过程中,监察机关有权对被调查人的相关财务及信息进行调取、查封、扣押等措施,同时应当调取、查封、扣押原物原件,并开列清单,将其副本交予持有人或者保管人。对于调取、查封、扣押的财物或者相关文件,监察机关应当予以专门保管,不得用于其他目的;对于无法确定其价值的物品,监察机关应当及时采取鉴定措施;被查封、扣押的财物或者相关文件在经过审查后确实与本案不具有相关性,监察机关应当在三日内解除相应措施,并将财物或者相关文件退还给持有人或保管人。将本条款按照语序顺序进行排列,共分为五款。第1款在法律逻辑结构上不具备法律后果性要素,因此该款条文是"软性条款",且属于"软性条款"中的赋权性条款,其所使用的连接词为"可以",表明国家赋予监察机关对被调查人的财物和其他相关信息所具有的调取、查封、扣押等权利;第2款、第3款、第4款、第5款所使用的核心连接词为"应当",均表达出一定的义务属性,但在逻辑结构上不具备罚则机制,因此上述四款规定均属于"半软性条款"。故本法律条文兼具"赋权性条款"与"半软性条款"的双重属性,但以赋权性条款为主要表征。

《监察法》第26条规定:"监察机关在调查过程中,可以直接或者指派、聘请具有专门知识、资格的人员在调查人员主持下进行勘验检查。勘验检查情况应当制作笔录,由参加勘验检查的人员和见证人签名或者盖章。"本条款主要说明监察机关有权直接或者指派专业人员对与调查相关的事物进行勘验检查,同时应当制作勘验检查笔录。该法律条文前半段并没有体现出惩罚机制,因此为"软性条款",且属于"软性条款"中的赋权性条款,其所使用的连接词为"可以",表明国家机关赋予监察机关直接或者间接的勘验检查权利;后半段所使用的连接词为"应当",具有一定的义务属性,但该段条文并不具有罚则机制,故其属于"半软性条款"。因此,该法律条文兼具"赋权性条款"与"半软性条款"的双重属性,但以赋权性条款为主要表征。

《监察法》第 27 条规定:"监察机关在调查过程中,对于案件中的专门性问题,可以指派、聘请有专门知识的人进行鉴定。鉴定人进行鉴定后,应当出具鉴定意见,并且签名。"本条款主要说明监察机关有权指派或者聘请专业人员对与调查相关的专门性问题进行鉴定,鉴定完毕后,鉴定人应当出具带有其本人签名的鉴定意见。该法律条文前半段在法律逻辑结构上并未出现法律后果要素,因此为"软性条款",且属于"软性条款"中的赋权性条款,其所使用的连接词为"可以",表明国家机关赋予监察机关在处理专门性问题时,可以指派或者聘请专业人员对相关问题进行鉴定的权利;后半段所使用的连接词为"应当",具有一定的义务属性,但该段条文缺乏惩戒机制,故其属于"半软性条款"。因此,该法律条文兼具"赋权性条款"与"半软性条款"的双重属性,但以赋权性条款为主要表征。

《监察法》第 28 条规定:"监察机关调查涉嫌重大贪污贿赂等职务犯罪,根据需要,经过严格的批准手续,可以采取技术调查措施,按照规定交有关机关执行。批准决定应当明确采取技术调查措施的种类和适用对象,自签发之日起三个月以内有效;对于复杂、疑难案件,期限届满仍有必要继续采取技术调查措施的,经过批准,有效期可以延长,每次不得超过三个月。对于不需要继续采取技术调查措施的,应当及时解除。"本条款意在说明,在涉嫌重大职务犯罪中,监察机关在批准手续合格后,可以采用相关技术手段,并依法交给具有执行能力的机关去执行,同时该批准对所采用的技术措施和适用对象、有效期限加以规定;当然,有效期届满在经过批准后也可以进行延长;最后,当案件不需要继续采取技术手段进行调查的,应当及时解除技术调查措施。将本条款按照语序顺序进行条款排序,共分为四款。第1款在内容上缺乏罚则机制,故其属于"软性条款",且系"软性条款"中的赋权性条款,其所使用的连接词为"可以",表明国家机关赋予监察机关在符合一定条件时可以采取技术调查的权利。后三款所使用的连接词为"应当""不得",均体现出义务性的属性,且上述三款在法律逻辑结构上均不具备法律后果性要素,故都属于"半软性条款"。因此,本条文兼具"赋权性条款"与"半软性条款"的双重属性,但以赋权性条款为主要表征。

《监察法》第29条规定:"依法应当留置的被调查人如果在逃,监察机关可以决定在本行政区域内通缉,由公安机关发布通缉令,追捕归案。通缉范围超出本行政区域的,应当报请有权决定的上级监察机关决定。"本条款对监察机关所拥有的通缉权以及通缉范围加以规定。本条文前半段在法律逻辑结构上不具备法律后果要素,因此为"软性条款",且属于"软性条款"中的赋权性条款,其所使用的连接词为"可以",表明国家依法将一定的通缉权赋予监察机关。本条文后半段所使用的连接词为"应当",具有一定的义务属性,但因为该条款本身缺乏惩戒机制,故其属于"半软性条款"。因此,本法律条文属于"赋权性条款"与"半软性条款"的结合体,但以赋权性条款为主要表征。

《监察法》第30条规定:"监察机关为防止被调查人及相关人员逃匿境外,经省级以上监察机关批准,可以对被调查人及相关人员采取限制出境措施,由公安机关依法执行。对于不需要继续采取限制出境措施的,应当及时解除。"本条款依法规定监察机关具有采取限制出境措施的权利,并明确了批准权限和执行机关。由于该法律条文前半段不具有罚则机制,因此为"软性条款",且属于"软性条款"中的赋权性条款,其所使用的连接词为"可以",赋予监察机关享有对有关被调查人采取限制出境措施的权利;后半段所使用的连接词为"应当",具有一定的义务属性,但该段条文缺乏惩戒机制,故其属于"半软性条款"。因此,该法律条文兼具赋权性条款与"半软性条款"的双重属性,但以赋权性条款为主要表征。

《监察法》第31条规定:"涉嫌职务犯罪的被调查人主动认罪认罚,有下列情形之一的,监察机关经领导人员集体研究,并报上一级监察机关批准,可以在移送人民检察院时提出从宽处罚的建议:(一)自动投案,真诚悔罪悔过的;(二)积极配合调查工作,如实供述监察机关还未掌握的违法犯罪行为的;(三)积极退赃,减少损失的;(四)具有重大立功表现或者案件涉及国家重大利益等情形的。"该条款明确了主动认罪认罚的被调查人在被移送人民检察院时,监察机关在经过集体研究和相关批准后,可以向人民检察院对被调查人提出从宽处罚的建议的几种情形。本条文前半部分(以"建议"为分割)在法律逻辑结构上不具备法律后果要素,因此为"软性条款",且属于"软性条款"中的赋权性条款,其所使用的连接词为"可以",表明国家赋予监察机关在被调查人主动认罪认罚并符合相关条件时,可以向人民检察院提出对该被调查人从宽处罚的建议的权利。因此,本法律条文属于赋权性条款。

《监察法》第32条规定:"职务违法犯罪的涉案人员揭发有关被调查人职务违法犯罪行为,查证属实的,或者提供重要线索,有助于调查其他案件的,监察机关经领导人员集体研究,并报上一级监察机关批准,可以在移送人民检察院时提出从宽处罚的建议。"该条款明确涉案人员在被移送人民检察院时,监察机关在经过集体研究和相关批准后,可以向人民检察院对涉案人员提出从宽处罚的建议的几种情形。由于该法律条文不具有罚则机制,因此为"软性条款",且属于"软性条款"中的赋权性条款,其所使用的连接词为"可以",表明国家机关赋予监察机关在涉案人员符合一定情形时,可以向人民检察院提出对该涉案人员从宽处罚的建议的权利。

《监察法》第33条规定:"监察机关依照本法规定收集的物证、书证、证人证言、被调查人供述和辩解、视听资料、电子数据等证据材料,在刑事诉讼中可以作为证据使用。监察机关在收集、固定、审查、运用证据时,应当与刑事审判关于证据的要求和标准相一致。以非法方法收集的证据应当依法予以排除,不得作为案件处置的依据。"本条款说明监察机关依照本法收集的证据材料,在刑事诉讼过程中可以作为证据使用。同时监察机关所收集到的证据材料应当与刑事审判中的证据标准相一致。最后规定以非法方式收集的证据不得作为案件处置的依据。将本条款按照语序顺序进行排列,共分为3款。其中第1款在法律逻辑结构上不具备法律后果要素,故属于"软性条款",且属于"软性条款"中的宣示性条款,其所使用的连接词为"依照",表明监察机关所收集的证据必须符合国家规定;第2款所使用的连接词为"应当",为义务性词汇,但由于缺乏与之匹配的惩戒措施,故其属于"半软性条款";第 3 款所使用的连接词为"应当""不得",为义务性词汇,因其在逻辑结构上具备完整的法律三要素,因此属于"硬性条款"。这一条款表明若监察机关以非法方式取得证据,有可能承担两种不利后果,其一是证据被排除,其二是该证据不得作为定案依据。故本法律条文兼具宣示性条款、"半软性条款"及"硬性条款"的三重属性。

《监察法》第 34 条规定:"人民法院、人民检察院、公安机关、审计机关等国家机关在工作中发现公职人员涉嫌贪污贿赂、失职渎职等职务违法或者职务犯罪的问题线索,应当移送监察机关,由监察机关依法调查处置。被调查人既涉嫌严重职务违法或者职务犯罪,又涉嫌其他违法犯罪的,一般应当由监察机关为主调查,其他机关予以协助。"该条款明确规定了监察机关具有对涉嫌职务违法犯罪的公职人员的调查处置权限。本条文在法律逻辑结构上不具备法律后果要素,故其属于"软性条款",且属于"软性条款"中的倡导性条款,使用的连接词为"应当",说明人民法院、人民检察院等国家机关应当把工作中所发现的涉及职务违法犯罪公职人员的问题线索移送监察机关。

《监察法》第 35 条规定:"监察机关对于报案或者举报,应当接受并按照有关规定处理。对于不属于本机关管辖的,应当移送主管机关处理。"该条款指出监察机关应当接受报案或举报,如果其不具备管辖权则应当将报案或举报移送给主管机关处理。本条文在法律逻辑结构上缺乏法律后果要素,故该条文属于"软性条款",且系"软性条款"中的倡导性条款,其所使用的连接词为"应当",表明国家倡导监察机关应积极处理有关报案和举报。

《监察法》第 36 条规定:"监察机关应当严格按照程序开展工作,建立问题线索处置、调查、审理各部门相互协调、相互制约的工作机制。监察机关应当加强对调查、处置工作全过程的监督管理,设立相应的工作部门履行线索管理、监督检查、督促办理、统计分析等管理协调职能。"该条款规定监察机关应当按照程序开展相关工作,并明确了其在工作中应当充分发挥监督管理等职能。由于本法律条文并不具备惩戒性机制,故属于"软性条款",且属于"软性条款"中的倡导性条款,其所使用的连接词为"应当",倡导监察机关应严格按照程序开展相关工作并建立相互协调与制约的工作机制。

《监察法》第 37 条规定:"监察机关对监察对象的问题线索,应当按照有关规定提出处置意见,履行审批手续,进行分类办理。线索处置情况应当定期汇总、通报,定期检查、抽查。"该条款规定了监察机关在处理监察对象的问题线索时应履行的相关程序。其所使用的连接词为"应当",特别注意的是,此处的"应当"带有强制属性,在文义上和"必须"具有同等含义。但是由于此条款中并未明确配备相应的惩戒性机制,因此应将该条款理解为"半软性条款"。

《监察法》第 38 条规定:"需要采取初步核实方式处置问题线索的,监察机关应当依法履行审批程序,成立核查组。初步核实工作结束后,核查组应当撰写初步核实情况报告,提出处理建议。承办部门应当提出分类处理意见。初步核实情况报告和分类处理意见报监察机关主要负责人审批。"该条款规定了在需要采取初步核实方式处置问题线索时,监察机关应当成立核查组并撰写核查情况报告,同时规定承办部门应当提出分类处理意见,上述报告和意见均需报监察机关主要负责人审批。其所使用的连接词为"应当",此处的"应当"在文义上具有强制属性,但是由于在该条款中未配备惩戒性机制,所以该条款是实质意义上的"半软性条款"。

《监察法》第 39 条规定:"经过初步核实,对监察对象涉嫌职务违法犯罪,需要追究法律责任的,监察机关应当按照规定的权限和程序办理立案手续。监察机关主要负责人依法批准立案后,应当主持召开专题会议,研究确定调查方案,决定需要采取的调查措施。立案调查决定应当向被调查人宣布,并通报相关组织。涉嫌严重职务违法或者职务犯罪的,应当通知被调查人家属,并向社会公开发布。"该条款规定了监察机关对监察对象办理立案调查的工作步骤和程序,同时规定监察机关应当将立案调查决定向相关人员及组织进行宣布、通知、通报等。其所使用的连接词为"应当",结合语义分析,此处的"应当"带有强制意味,和"必须"有同等含义。因此,此处的连接词具有强制属性,但是由于其条款中未配备相应的法律后果,所以,应当将此条款理解为"半软性条款"。

《监察法》第 40 条规定:"监察机关对职务违法和职务犯罪案件,应当进行调查,收集被调查人有无违法犯罪以及情节轻重的证据,查明违法犯罪事实,形成相互印证、完整稳定的证据链。严禁以威胁、引诱、欺骗及其他非法方式收集证据,严禁侮辱、打骂、虐待、体罚或者变相体罚被调查人和涉案人员。"该条款规定了监察机关在违法犯罪案件中要确保所收集到的证据和所查明的违法犯罪事实能够相互印证,同时严禁以非法形式收集证据,不得以暴力方式对待被调查人和涉案人员。本条款前半段在法律逻辑结构上并不具备法律后果要素,故其为"软性条款",且属于"软性条款"中的陈述性条款,其所使用的连接词为"应当",要求监察机关应当对职务违法犯罪案件中的证据及犯罪事实进行积极调查。本条款后半段所使用的连接词为"严禁",表示出一定的义务性,但由于缺乏与之对应的惩戒性措施,故其属于"半软性条款",指出监察机关在办案过程中不得采用非法方式及暴力手段对待被调查人和涉案人员。故本法律条文兼具陈述性条款与"半软性条款"的双重属性,但是以陈述性条款为主要法律表征。

《监察法》第41条规定:"调查人员采取讯问、询问、留置、搜查、调取、查封、扣押、勘验检查等调查措施,均应当依照规定出示证件,出具书面通知,由二人以上进行,形成笔录、报告等书面材料,并由相关人员签名、盖章。调查人员进行讯问以及搜查、查封、扣押等重要取证工作,应当对全过程进行录音录像,留存备查。"该条款规定了调查人员在调查过程中应当出示证件,同时明确调查人数和调查的基本工作程序,并做好相关人员签字盖章的书面材料工作,最后应当对取证全过程进行录音录像。其所使用的连接词为"应当",此处的"应当"在文义上具有强制属性,但是由于在该条款中未配备惩戒性机制,所以该条款是实质意义上的"半软性条款"。

《监察法》第42条规定:"调查人员应当严格执行调查方案,不得随意扩大调查范围、变更调查对象和事项。对调查过程中的重要事项,应当集体研究后按程序请示报告。"该条款规定了调查人员应当按照调查方案进行相关的调查工作,如果遇到重要事项则需要请示报告。其所使用的连接词为"应当",结合语义分析,此处的"应当"带有强制意味,和"必须"有同等含义。因此,此处的连接词具有强制属性,但是由于在该条款中未配备相应的法律后果,所以,应当将此条款理解为"半软性条款"。

《监察法》第43条规定:"监察机关采取留置措施,应当由监察机关领导人员集体研究决定。设区的市级以下监察机关采取留置措施,应当报上一级监察机关批准。省级监察机关采取留置措施,应当报国家监察委员会备案。留置时间不得超过三个月。在特殊情况下,可以延长一次,延长时间不得超过三个月。省级以下监察机关采取留置措施的,延长留置时间应当报上一级监察机关批准。监察机关发现采取留置措施不当的,应当及时解除。监察机关采取留置措施,可以根据工作需要提请公安机关配合。公安机关应当依法予以协助。"该条款主要说明各级监察机关在采取留置措施时,应当遵从本法对程序、批准权限和留置时间等事项的相关规定。本条文所使用的连接词包括"应当""不得",均表示出一定的义务性,但是由于在该条款中未配备相应的法律后果,所以,应当将此条款理解为"半软性条款"。

《监察法》第 44 条规定:"对被调查人采取留置措施后,应当在二十四小时以内,通知被留置人员所在单位和家属,但有可能毁灭、伪造证据,干扰证人作证或者串供等有碍调查情形的除外。有碍调查的情形消失后,应当立即通知被留置人员所在单位和家属。监察机关应当保障被留置人员的饮食、休息和安全,提供医疗服务。讯问被留置人员应当合理安排讯问时间和时长,讯问笔录由被讯问人阅看后签名。被留置人员涉嫌犯罪移送司法机关后,被依法判处管制、拘役和有期徒刑的,留置一日折抵管制二日,折抵拘役、有期徒刑一日。"该条款对何时通知被留置人所在单位及其家属的时间进行了说明,同时应当合理对待被留置人,最后规定留置的期限应折抵管制、拘役或者有期徒刑的期限。将本条款按照语序进行排列,共分为五款。其中,前四款法律条文所使用的连接词为"应当",此处的"应当"带有强制意味,体现出一定的义务属性,和必须有同等含义,但是由于未配备相应的法律后果,故上述四款条文属于"半软性条款";第五款条文没有出现惩戒性措施,故其为"软性条款",且属于"软性条款"中的陈述性条款,其所使用的连接词为"折抵",结合语义分析,本款条文是对留置期限如何折抵管制、拘役等期限所做的陈述性说明。故本法律条文属于"半软性条款"、陈述性条款的结合体。

《监察法》第 45 条规定:"监察机关根据监督、调查结果,依法作出如下处置:(一)对有职务违法行为但情节较轻的公职人员,按照管理权限,直接或者委托有关机关、人员,进行谈话提醒、批评教育、责令检查,或者予以诫勉;

(二)对违法的公职人员依照法定程序作出警告、记过、记大过、降级、撤职、开除等政务处分决定;

（三）对不履行或者不正确履行职责负有责任的领导人员，按照管理权限对其直接作出问责决定，或者向有权作出问责决定的机关提出问责建议；

（四）对涉嫌职务犯罪的，监察机关经调查认为犯罪事实清楚，证据确实、充分的，制作起诉意见书，连同案卷材料、证据一并移送人民检察院依法审查、提起公诉；

（五）对监察对象所在单位廉政建设和履行职责存在的问题等提出监察建议。

监察机关经调查，对没有证据证明被调查人存在违法犯罪行为的，应当撤销案件，并通知被调查人所在单位。"本条规定了监察机关应根据不同情况作出与之相对应的处置措施，同时规定如果监察机关缺少相应证据，则应该撤销案件。本条款前半部分（前五款内容）不具备惩戒性机制，故其属于"软性条款"，且属于"软性条款"中的赋权性条款，其所使用的连接词为"依法"，表明监察机关有权针对不同种情形作出与之对应的处置措施。本条款后半部分所使用的连接词为"应当"，表示出一定的义务性，但由于缺乏与之相匹配的罚则机制，故其属于"半软性条款"，表明监察机关对没有证据能够证明被调查人违法犯罪的案件，负有及时撤销并通知相关单位的义务。故本法律条文兼具赋权性条款与"半软性条款"的双重属性。

《监察法》第46条规定："监察机关经调查，对违法取得的财物，依法予以没收、追缴或者责令退赔；对涉嫌犯罪取得的财物，应当随案移送人民检察院。"本条款规定监察机关有权依法对违法取得的财物进行没收、追缴等，同时应当将涉案财物随案移送至人民检察院。本条款前半部分缺乏相应惩戒性机制，故其为"软性条款"，且属于"软性条款"中的赋权性条款，其所使用的连接词为"依法"，表明国家赋予监察机关具有对违法取得的财物进行没收、追缴等权利。本条款后半部分所使用的连接词为"应当"，体现出一定的义务属性，但在逻辑结构上不具备法律后果要素，同时结合语义分析，表明监察机关负有将涉案财物随案移送至检察院的义务，故本款条文属于"半软性条款"。因此，本法律条文兼具赋权性条款与"半软性条款"的双重属性。

《监察法》第47条规定："对监察机关移送的案件，人民检察院依照《中华人民共和国刑事诉讼法》对被调查人采取强制措施。人民检察院经审查，认为犯罪事实已经查清,证据确实、充分,依法应当追究刑事责任的,应当作出起诉决定。人民检察院经审查,认为需要补充核实的,应当退回监察机关补充调查,必要时可以自行补充侦查。对于补充调查的案件,应当在一个月内补充调查完毕。补充调查以二次为限。人民检察院对于有《中华人民共和国刑事诉讼法》规定的不起诉的情形的,经上一级人民检察院批准,依法作出不起诉的决定。监察机关认为不起诉的决定有错误的,可以向上一级人民检察院提请复议。"本条款规定,对于监察机关移送的案件,人民检察院有权依法采取强制措施,同时规定了人民检察院在对案件进行审查后,有权根据不同情况作出起诉、补充调查或者自行补充侦查的决定。最后规定了人民检察院与监察机关对不起诉情形的处理办法及程序。将本条款按照语序进行排列,共分为3款。第1款(以"强制措施"为结尾)条文在法律逻辑结构上不具备法律后果要素,故其为"软性条款",且属于"软性条款"中的陈述性条款,其所使用的连接词为"依照",表明人民检察院有权依据法律规定对被调查人采取强制措施;第2款(以"作出起诉决定"为结尾)和第3款(以"二次为限结尾")条文所使用的连接词为"应当",表现出一定的义务属性,但由于该款条文缺乏相应的罚则机制,结合语义分析,人民检察院对案件进行审查后,根据不同审查结果而负有相应的义务,故本款条文属于"半软性条款";第4款条文在法律逻辑结构上不具备法律后果要素,故其为"软性条款",且属于"软性条款"中的陈述性条款,其所使用的连接词为"依法""可以",表明国家将不起诉的权利赋予人民检察院,同时指出监察机关有提起复议的权利。故本法律条文属于"半软性条款"与陈述性条款的结合体。

《监察法》第48条规定:"监察机关在调查贪污贿赂、失职渎职等职务犯罪案件过程中,被调查人逃匿或者死亡,有必要继续调查的,经省级以上监察机关批准,应当继续调查并作出结论。被调查人逃匿,在通缉一年后不能到案,或者死亡的,由监察机关提请人民检察院依照法定程序,向人民法院提出没收违法所得的申请。"本条款规定监察机关在调查职务违法犯罪案件中,遇到被调查人逃匿或者死亡的情形,如有继续调查的必要,则在经过省级以上监察机关的批准后,负有继续调查的义务。同时在被调查人符合通缉一年后不能到案或者死亡的情形时,监察机关有权向人民检察院进行提请,由人民检察院依法向人民法院提出没收违法所得的申请。本条文前半段所使用的连接词为"应当",表现出一定的义务属性,但由于该款条文不具备惩戒性机制,结合语义分析,监察机关负有对"被调查人逃匿或者死亡,且有必要继续进行调查"的案件进行继续调查的义务,故本款条文属于"半软性条款";本条文后半段在法律逻辑结构上不具备罚则机制,故其为"软性条款",且属于"软性条款"中的赋权性条款,其所使用的连接词为"由",表明国家将没收违法所得申请的提请权赋予监察机关。故本法律条文属于"半软性条款"与赋权性条款的结合体。

《监察法》第49条规定:"监察对象对监察机关作出的涉及本人的处理决定不服的,可以在收到处理决定之日起一个月内,向作出决定的监察机关申请复审,复审机关应当在一个月内作出复审决定;监察对象对复审决定仍不服的,可以在收到复审决定之日起一个月内,向上一级监察机关申请复核,复核机关应当在二个月内作出复核决定。复审、复核期间,不停止原处理决定的执行。复核机关经审查,认定处理决定有错误的,原处理机关应当及时予以纠正。"本条款规定监察对象有提出复审和复核的权利,如果复核机关认定原处理决定确有错误的,原处理机关应及时纠正。本条款前半段在法律逻辑结构上不具备法律后果要素,故其为"软性条款",且属于"软性条款"中的赋权性条款,其所使用的核心连接词为"可以",表明监察对象具有申请复审、复核的权利。本条款后半段所使用的连接词为"应当",具有一定的义务属性,但并未出现与之相匹配的惩戒机制,结合语义分析,在复核机关复核后认为原处理决定确有错误,则原处理机关负有及时纠正原处理决定的义务,故其属于"半软性条款"。因此,本法律条文属于赋权性条款与"半软性条款"的结合体。

《监察法》第50条规定:"国家监察委员会统筹协调与其他国家、地区、国际组织开展的反腐败国际交流、合作,组织反腐败国际条约实施工作。"该条文规定在反腐败国际交流合作中,国家监察委员会处于统筹地位,它是处理相关事项的主要机关,承担主要职责。由于该条款在法律逻辑结构上不具备法律后果要素,因此可以被界定为"软性条款",且属于"软性条款"中的陈述性条款,该条款所使用的连接词为"统筹""交流""组织",对国家监察委员会在反腐败国际交流合作中的权限予以说明。

《监察法》第51条规定:"国家监察委员会组织协调有关方面加强与有关国家、地区、国际组织在反腐败执法、引渡、司法协助、被判刑人的移管、资产追回和信息交流等领域的合作。"该条是对上条统领性职责中合作事项的具体细化,包括但不限于执法、引渡、司法协助被判刑人的移管、资产追回和信息交流。在逻辑结构上,该法律条文并未出现法律后果要素。因此,该法律条文为"软性条款",且属于"软性条款"中的倡导性条款,同时可以看出本条款所使用的连接词为"组织协调",倡导国家监察委员会应在监察工作中加强国际合作。

《监察法》第52条规定:"国家监察委员会加强对反腐败国际追逃追赃和防逃工作的组织协调,督促有关单位做好相关工作:

(一)对于重大贪污贿赂、失职渎职等职务犯罪案件,被调查人逃匿到国(境)外,掌握证据比较确凿的,通过开展境外追逃合作,追捕归案;

(二)向赃款赃物所在国请求查询、冻结、扣押、没收、追缴、返还涉案资产;

(三)查询、监控涉嫌职务犯罪的公职人员及其相关人员进出国(境)和跨境资金流动情况,在调查案件过程中设置防逃程序。"该条规定国家监察委员会对反腐败国际追逃追赃和防逃工作进行组织协调,并对相关单位予以督促,同时明确督促事项以及如何督促。将本条款按照语序进行排列,共分为4款。其中,第1款(以做好相关工作为结尾)在逻辑结构上并未出现法律后果要素,因此,该款条文为"软性条款",且属于"软性条款"中的倡导性条款,其所使用的连接词为"加强"和"督促",倡导国家监察委员会应在反腐败国际追逃中加强组织协调工作。余下3款在逻辑结构上亦未出现法律后果要素,故为"软性条款",且属于"软性条款"中的赋权性条款,可以看出其所使用的连接词为"对于""查询",表明国家监察委员会有权对反腐败国际工作进行组织协调。故本法律条文兼具倡导性条款与赋权性条款的双重属性,但是以倡导性条款为主要法律表征。

《监察法》第53条规定:"各级监察委员会应当接受本级人民代表大会及其常务委员会的监督。各级人民代表大会常务委员会听取和审议本级监察委员会的专项工作报告,组织执法检查。县级以上各级人民代表大会及其常务委员会举行会议时,人民代表大会代表或者常务委员会组成人员可以依照法律规定的程序,就监察工作中的有关问题提出询问或者质询。"本条款指出,各级人民代表大会及其常务委员会有权监督本级监察委员会的各项监察工作,各级人民代表大会常务委员会有权听取和审议本级监察委员会的专项工作报告。同时,县级以上各级人民代表大会及其常务委员会举行会议时,有权对监察工作中出现的相关问题进行询问或者质询。将本法律条文按照语序进行条款排序,共分为3款。第1款所使用的连接词为"应当",表现出一定的义务属性,但该款条文并未规定与之相匹配对应的惩戒性机制,故其属于"半软性条款"。第2款条文在法律逻辑结构上不具备法律后果要素,故其属于"软性条款",且系"软性条款"中的赋权性条款,表明各级人民代表大会常务委员会有权对本级监察委员会的专项工作报告进行听取和审议,并组织执法检查;第3款条文在法律逻辑结构上不具备法律后果要素,故其属于"软性条款",且系"软性条款"中的赋权性条款,其所使用的连接词为"可以",强调县级以上各级人民代表大会及其常务委员会有权依据法律规定来行使监督权。故本法律条文兼具"半软性条款"与赋权性条款的双重属性。

《监察法》第54条规定:"监察机关应当依法公开监察工作信息,接受民主监督、社会监督、舆论监督。"本条款规定,监察机关应当依法将监察信息予以公开,接受社会各界的广泛监督。该条在法律逻辑结构上不具备法律后果要素,故其属于"软性条款",且系"软性条款"中的倡导性条款,其所使用的连接词为"应当",表明监察机关应当依法公开监察工作信息、主动接受外界监督。

《监察法》第55条规定:"监察机关通过设立内部专门的监督机构等方式,加强对监察人员执行职务和遵守法律情况的监督,建设忠诚、干净、担当的监察队伍。"本条款意在说明监察机关内部也应当设立专门的监督机构,以确保监察队伍纪律严明,忠诚为民。在法律逻辑结构上,本条文不具备法律后果要素,故其为"软性条款",且系"软性条款"中的倡导性条款,其所使用的连接词为"加强",倡导监察机关应加强对监察工作人员的监督,以建立廉洁忠诚的监察队伍。

《监察法》第56条规定:"监察人员必须模范遵守宪法和法律,忠于职守、秉公执法,清正廉洁、保守秘密;必须具有良好的政治素质,熟悉监察业务,具备运用法律、法规、政策和调查取证等能力,自觉接受监督。"本条款对监察人员应当具备的监察职业操守进行了相关说明。该条款为倡导性规范。《监察法》第57条规定:"对于监察人员打听案情、过问案件、说情干预的,办理监察事项的监察人员应当及时报告。有关情况应当登记备案。发现办理监察事项的监察人员未经批准接触被调查人、涉案人员及其特定关系人,或者存在交往情形的,知情人应当及时报告。有关情况应当登记备案。"本条款规定,在办理监察事项过程中,如果监察人员出现打听案情、说情干预或者未经批准接触被调查人等情形的,相关人员应当及时报告,工作人员应将有关情况登记备案。本条款所使用的连接词为"应当",为义务性词汇,说明在监察工作中,当监察人员的行为符合本条所规定的情形时,监察工作人员和相关知情人应及时报告该情况,并进行登记备案。但由于本条文并不具备与此种义务相对应的惩戒性机制,故其为"半软性条款"。

《监察法》第58条规定:"办理监察事项的监察人员有下列情形之一的,应当自行回避,监察对象、检举人及其他有关人员也有权要求其回避:

(一)是监察对象或者检举人的近亲属的;

(二)担任过本案的证人的;

(三)本人或者其近亲属与办理的监察事项有利害关系的;

(四)有可能影响监察事项公正处理的其他情形的。"

本条款对监察人员需要自行回避的情形作出了相关规定。本条款前半句(以"自行回避"为分割)所使用的连接词为"应当",为义务性词汇,说明监察人员在具有相关法定情形时,具有自行回避的义务。但由于本条款并不具备与此种义务相对应的惩戒性机制,故其为"半软性条款";本条款后半句在法律逻辑结构上不具备法律后果要素,故其为"软性条款",且属于"软性条款"中的赋权性条款,其所使用的连接词为"有权",表明与案件相关的人员均有权对监察工作人员提出回避的权利。故本法律条文属于"半软性条款"与赋权性条款的结合体。

《监察法》第59条规定:"监察机关涉密人员离岗离职后,应当遵守脱密期管理规定,严格履行保密义务,不得泄露相关秘密。监察人员辞职、退休三年内,不得从事与监察和司法工作相关联且可能发生利益冲突的职业。"

本条规定监察机关涉密人员在离岗离职后,应当严格履行保密义务。同时监察人员在辞职或者退休后,应当受本法规定的从业禁止的约束。该条在法律逻辑结构上不具备法律后果要素,其所使用的连接词为"应当""不得",表现出一定的义务属性,但由于缺乏与之相匹配的罚则机制,因此该法律条文属于"半软性条款"。

《监察法》第60条规定:"监察机关及其工作人员有下列行为之一的,被调查人及其近亲属有权向该机关申诉:

(一)留置法定期限届满,不予以解除的;

(二)查封、扣押、冻结与案件无关的财物的;

(三)应当解除查封、扣押、冻结措施而不解除的;

(四)贪污、挪用、私分、调换以及违反规定使用查封、扣押、冻结的财物的;

(五)其他违反法律法规、侵害被调查人合法权益的行为。

受理申诉的监察机关应当在受理申诉之日起一个月内作出处理决定。申诉人对处理决定不服的,可以在收到处理决定之日起一个月内向上一级监察机关申请复查,上一级监察机关应当在收到复查申请之日起二个月内作出处理决定,情况属实的,及时予以纠正。"本条款规定如果监察机关及其工作人员具有法定行为的,被调查人及其近亲属具有向该机关申诉的权利,对申诉结果不服的,申诉人可以向上级监察机关申请复核,同时规定了监察机关对申诉、复核作出处理决定的期限。

本条款第一部分(以"有权向该机关申诉"为分割)在法律逻辑结构上不具备法律后果要素,故其为"软性条款",且属于"软性条款"中的赋权性条款,其所使用的连接词为"有权",表明被调查人及其近亲属均有向监察机关提出申诉的权利;第二部分(即"受理申诉的监察机关应当在受理申诉之日起一个月内作出处理决定")所使用的连接词为"应当",为义务性词汇,表明受理申诉的监察机关应在规定期限内作出申诉处理决定,但是该条文并未规定与义务相匹配的惩戒性机制,故其属于"半软性条款";第三部分(以"申请复查"为分割)在法律逻辑结构上不具备法律后果要素,故其为"软性条款",且属于"软性条款"中的赋权性条款,其所使用的连接词为"可以",强调申诉人在对申诉结果不服的情况下,有向上一级监察机关申请复查的权利;

第四部分所使用的连接词为"应当",具有义务属性,表明上一级监察机关应在规定期限内作出复查处理决定,对情况属实的,上一级监察机关应当及时进行纠正,但是该款条文并未规定与义务相匹配的惩戒性机制,故其属于"半软性条款";因此,本法律条文属于"半软性条款"与赋权性条款的结合体。

《监察法》第 68 条规定:"中国人民解放军和中国人民武装警察部队开展监察工作,由中央军事委员会根据本法制定具体规定。"本款主要指出中央军事委员会应当依据《监察法》另行制定相关规定,以便于指导其内部监察工作的开展。本法律条文在法律逻辑结构上不具备法律后果要素,故其为"软性条款",且属于"软性条款"中的赋权性条款,其所使用的连接词为"根据",将中国人民解放军和中国人民武装警察部队开展监察工作的相关规定,交由中央军事委员会制定。

《监察法》第 69 条规定:"本法自公布之日起施行。《中华人民共和国行政监察法》同时废止。"本条款对《监察法》的生效时间加以规定。在法律逻辑结构上,本条款不具备法律后果要素,故其为"软性条款",且系"软性条款"中的陈述性条款,主要是对《监察法》的生效时间进行技术性说明。

《中华人民共和国监察法》共有 69 个条文,经统计,其中"软性条款" 41.7134 条,"硬性条款" 7.33 条,"半软性条款" 19.9466 条。(之所以会出现非整数的情况,乃是因为某个条文可能存在多个款项,而每个款项之间的法律性质有可能有所差异,故赋值时会出现非整数情况。例如,《监察法》第 4 条共分为 3 款,其中第 1 款和第 2 款属于"软性条款",赋值为 0.6667,第 3 款为"半软性条款",赋值为 0.3333。)

第二节 《监察法》"硬性条款"的规范事项

一、"硬性条款"的规范事项

(一)第63条:"列举+概括"项中有关单位工作人员的"硬法责任"

有别于第62条的"法律后果"要件形式,该条着重体现"行为模式"要件的"硬法"性。即通过5项内容将"不按要求提供有关材料,拒绝、阻碍调查措施实施等拒不配合监察机关调查""提供虚假情况,掩盖事实真相""串供或者伪造、隐匿、毁灭证据""阻止他人揭发检举、提供证据的"以及其他情节严重的违法行为纳入"硬法"规制范畴。这其中,"行为模式"要件实际上将立法的拟制和推定技术运用在《监察法》的条款设定当中。不仅明确了监察机关工作人员"不按要求""拒绝""阻碍""阻止"等行为识别要素,而且在"提供虚假"和"掩盖真相"以及"串供、伪造隐匿和毁灭"等情形中,提升了对监察机关工作人员自身监督的行为要求。该条实质上是将第62条的法律规制后果予以具体化,从而明确行政机关上下级监督以及内部监督过程中如何借助具体"行为模式"实现"硬性条款"的规制效果,不仅能够避免"矫枉过正"而且能够防止"放纵违法"情形的出现。

其一,在列举项中,不配合监察机关调查应以"主客观相统一"为原则,明确"不予配合或者协助"行为的构成要件。从主观要件层面观察,第63条对有关单位工作人员的"硬法责任"集中反映为"故意"。而在"故意"的形态中至少包含了对间接故意即放任心态的内在认可,但并不能以过失作为追责的主观要件。从客观要件层面观察,该条涉及监察案件的第三人,即对案件推进存在必要关联的主体。这意在说明,硬法条款中"行为模式"必须包含"手段+目的"的评价要素。即不论"拒绝""阻止""阻碍"还是"串供""伪造""隐匿""毁灭",均指向了对案件真实发现这一目的之悖反。因此,列举项之间存在的逻辑关联即已包含在对"法律后果"要件的规制效度之中。只有在合乎"手段＋目的"的要件评价中，"主客观相统一"的原则方能体现硬法条款规制标准的统一性与平衡性。

其二，在概括项中，作为"兜底条款"涵盖了对结果要件评价的"情节严重"认定。在"例示"和"列举"的概念分野中，有学者强调，"列举"项之间必须形成合乎常理和社会一般人期待的概念位阶，方能以"例示"的方式处于相同或者相近的规制效力范畴之中。由此可知，当列举项之间的内涵超出了已有项的效力期待时，就已经偏离了"例示"规定的应有之义。因此，《监察法》第63条的"硬法责任"，在除却上述列举项的各类具体形态之外，还应关注"其他情节严重"的认定标准。尽管现有《监察法》规范并未指出"情节严重"应达到何种标准，但从不同情形的共性特征描绘可知监察机关在经由正式立案的调查过程中，若证据取得收集受到干扰甚至破坏时，其已然与《刑法》中关于"伪证""妨害作证"等罪名产生了客观方面上的内容竞合。循此逻辑推断，"情节严重"应满足刑法评价要件中对于妨害公务违法或涉罪行为的客观判断标准。

（二）第65条："列举＋概括"项中监察机关工作人员的领导责任与直接责任

自国家监察体制改革以来，监察机关整合了"监督""调查"和"处置"职能，概括性地将国家监察监督提升至宪法层面。而监察机关"刀刃向内""勇于担当"的自我革命，正是体现了"党纪严于国法，治党务必从严，从严必依法度"的精神。在监察机关内部监督过程中，监察机关工作人员自身的职务违法和犯罪行为更是体现了对领导责任与直接责任的侧重规制。在第65条中，监察机关及其工作人员的具体表现集中于"线索管理""干预调查""窃取或者泄露信息""刑讯逼供""违法查封扣押冻结""发生办案事故"以及"违规留置"等情形。该条亦是以"行为模式"的具体化来回应第62条的"法律后果"，其重点强调办案过程中的信息保护和行为规范。而对于"留置"引发的领导责任与直接责任，立法采取的是"违规"而非"违法"采取留置，这从该条各项之间的表述来看，实际上降低了"依法处理"的门槛。这也反映了监察机关适用留置措施的"谦抑性"，即"违规"留置接受处理包含了对"违法"

适用的情形,乃"凡应入罪者,举轻以明重"的逻辑呈现。

对于第65条的"软硬条款"性质辨析,笔者认为尽管未出现明确的"法律后果"表述,依法处理这一概括性约束即已从第62条当中得到呼应,应属"硬性条款"。其规范的事项可集中在对监察机关的"双责""双罚"的制度逻辑当中,即领导责任和直接责任共同构成了"法律后果"的承担主体。有学者指出,制定法中的例示规定包括以"其他"与"等"为标识的条款设计样式。"其他"的常见样式体现为两个及以上的典型事例+和(与、以及、及、或者、或)+其他+上位概念。而"等"的常见样式为"两个以上典型事例+等+上位概念"。① 由此可知,第65条中的"列举项"中的第1项应体现为与其他各项之间程度相当的行为特点。例如,领导责任与直接责任在监察实务中表现为同等位阶的限制性条款,而"硬法责任"能否与其同步对应,此有待商榷。但至少可以明确的是,"依法给予处理"涵盖了从党纪责任、政务责任到刑事责任的形态转换,恰是体现了监督执纪执法"四种形态"运行的内在规律。在实践中,根据不同的案由、案件性质以及证据表现,监察案件从启动正式立案到调查终结均能反映共性的客观要件。以"未经批准、授权"为例,监察案件中出现的问题线索若被人为干预形成"压案"效应时,既无法推进办案进展实现案情真相的查明目的价值,又导致涉案信息被人为干预而使得程序迟延影响结果公正。因此,在本条第3项的"违法窃取""泄露"等行为要件中,均反映了前两项对于领导人员分管责任以及直接责任人员的行为责任形成双罚的价值依据所在。而第4项、第5项内容则表现为对被调查人的人身、财产权利干预的限度。在该项的行为特征描述中,可鲜明地看到《监察法》对于权利限制的行为列举符合了例示规定。以第4项为例,该项内容中"逼供""诱供"一组,与"侮辱""打骂""虐待"和"体罚"形成两组行为对照,以呈现超出该行为限度的"兜底"情形均应受到"依法"处理。② 即有关单位拒不执行监察机关作出的处理决定,或者无正当理由拒不采纳监察建议的,由其主管部门、上级机关责令改正,对单位给予通报批评;对负有

---

① 刘风景:《例示规定的法理与创制》,载《中国社会科学》2009年第4期。
② 与我国非法证据排除规则中的列举项存在区别,暴力、威胁、引诱、欺骗作为非法方法的列举项在同一款法条中出现,实际上有悖于例示列举的位阶相近要求。

责任的领导人员和直接责任人员依法给予处理。

二、"硬性条款"的效力分析

基于上述条款中监察事项的规范性质定位,现就上述条款的效力进一步展开分析。

(一)第62条:半效力性规范的具体指向

本条以"责令""依法"为连接词的立法设定仍偏向于半训示性规范,即在性质上亦偏向半效力性规范。因"责令"的效力具备口头提醒、批评教育乃至警告的内在意涵,因而在处置形态上并不能与政务处分的某一类处分直接画上等号。此处与"问责"内涵较为接近,其作为政务处分外的责任形态,一般以诫勉谈话、调离岗位和降职为处理方式。而政务处分承继于行政处分,其作为监察机关的主要处置方式,具备了较为明确的实体权利限制和程序指向双重效果。在本条中,有别于其他"硬性条款"的"半效力性"规范,主要体现为"法律后果"要件的边界相对不确定。在"行为模式"要件上,也呈现出明显的"半效力"特点,即本条在"依法处理"的情形列举上仅体现在"拒不执行"和"拒不采纳"两种类型。而对于如何"拒不执行"和"拒不采纳"的,并没有明文例示列举。即使在"三段论"和"两段论"的法律逻辑争议中,新二要素说(构成要件与法律后果)亦应满足某一类行为设定的全部构成要件方能寻求具体的法律后果。[①] 一个完整的合逻辑的法律规则,一定同时符合在逻辑上能自圆其说,在实践中能够切实施行,在道德层面顺应人心这三个要求。从实践层面,该条作为"半效力性"规范可类推至刑法范畴中的引证条款。即只有将《监察法》与其他实体法文本相结合时,方能体现"半效力性"规范在"法律后果"规制方式上的特点。诚如学者指出,从"本体论"到"方法论",二要素说揭示了"中国式回答"到"多元化视角"的具体进路,提供

[①] 舒国滢:《法学基本范畴研究:法律规范的逻辑结构》,载《浙江社会科学》2022年第2期。

立法者在"软硬共治"的条款设定中应正视中国自身的"元问题"。[1]

(二)第63条:依托"列举＋概括"立法技术的综合"硬法责任"

在效力性规范中,强行性与禁止性规范并存。此种以"法律后果"作为效力形式的条款在"硬法责任"中仍体现出差异化抑或类型化的特质。从法律后果的责任直接性层面考量,强行性条款一般优于禁止性条款,其原因在于强行性直接指向某一或者某类行为的作用对象、运行程序以及法律后果。而禁止性条款通过反向排除的方式默许了"列举"之外的所有情形,合乎了"法无禁止即可为"的公法逻辑。因此,在本条的"列举"项中,回应了对配合协助方概括性义务条款的具体责任。其效力指向了监察机关以外的监察对象所在单位、涉案人以及第三人等主体。该条对于监察机关以外提供配合协助义务主体的"硬法责任",有别于针对监察机关内部自我监督条款的约束效力,此逻辑源于"同体监督"与"异体监督"之间抵牾。在"异体监督"的运行逻辑中,其他提供协助配合的相对方实然地形成了对监察机关履职行为的同步监督,不论有权监督还是无权监督,均反映的是外部行政关系。而外部行政关系中,机关法人之间的协助配合乃是基于权力运行秩序中的职责分工逻辑,并非基于行政主体课以行政相对人的具体行政行为。换言之,"配合协助义务"并非行政秩序维持过程中的行政命令,而是贴近于内部行政关系的"职责分工"。以现有的监警关系为例,其在效力规范上有别于本条的乃是"互相配合、互相制约"模式的原则化。监警关系立足于立案管辖权的重合,而不论是"支配性模式"还是指导性或者协作性模式,均存在着对办案主导关系的遵从与选择。[2] 而在本条的效力分析中,"列举＋概括"的综合"硬法责任"反映在针对无管辖权的机关法人或者其他单位、企业法人或者其他社会组织以及公民等群体。在涉职务违法和职务犯罪的两类监察案件中,这些"硬法责任"同步指向了对监察机关线索收集、固定、审查和运用等一系列调查活动,并在正向的行为指引义务与负向的行为约束要求中

---

[1] 赵树坤、张晗:《法律规则逻辑结构理论的变迁及反思》,载《法制与社会发展》2020年第1期。

[2] 陈尚坤:《监警协助模式的适用性分析及合理机制构建》,载《东北师大学报(哲学社会科学版)》2022年第5期。

证成具有动态延伸内涵的"配合协助"。尽管有学者在《监察法实施条例》出台以前,针对"监警"关系提出了《监察法》延续了过去行政监察权的弱权能取向问题。这反映监察机关在协助配合事项范围上并不能过于宽泛,而应从完整的执行权能层面明确现有协助配合事项的合理限缩范围,通过监察程序中同步配合协助的警察权设定,逐步拓宽监察程序以外"强权能"的具体适用场景。① 例如,依照本条规定违反了禁止性规定时,应从警察权救济视角允许协助配合方第三人提出异议乃至申诉。这实际上将拥有立案侦查权能的警察权从协助配合义务的执行主体范围剥离,更有助于监察机关明确调查行为指向的相对方职责权限边界。

(三)第65条:强调自身监督的效力性规范

监察机关对于自身监督尤为重视,在第65条"软硬共治"的条款设计中,凸显了国家监察监督自我革命与以人民为中心的基本指向。加强纪检监察监督执纪执法工作的规范化、法治化、正规化,乃是依法治国与依规治党有机统一的具体体现。② 而本条以"列举＋概括"的方式涵摄"依法处理"的不同具体情形,本质上强调自身约束"刀刃向内"的主动担当。监察机关作为"集中、统一和高效"的法治反腐机构,其权力源于依托人民主权的国家立法。在此过程中,运用国家公权力的所有公职人员若偏离公权力运行的既定轨道时,包括纪检监察领导干部在内的监察机关工作人员均应明确《监察法》《监察法实施条例》中对于内部监督和问责的基本情形。将"为人民用好权"作为制度设定的基本导向,监察监督的全面覆盖、权威高效的权力监督体系,实然地将党内监督同人民监督有机结合起来。包括党内监督、国家机关监督、民主监督、司法监督、群众监督、舆论监督在内,与监察机关的国家监督形成相互贯通的监督合力,实现对党和国家所有行使公权力的公职人员监督监察全覆盖。③ 由此可知,坚持实事求是和强化自我监督是监察

---

① 唐冬平:《公安协助配合监察事项范围之限缩》,载《法学》2019年第8期。
② 卞建林:《以规范化法治化正规化促进纪检监察工作高质量发展》,载《中国纪检监察》2022年第20期。
③ 包心鉴:《人民监督与自我革命是根治权力腐败的两个重要法宝》,载《廉政文化研究》2023年第1期。

执法工作的底色。该条的"硬性条款"从效力层面实际上将"非法证据排除"的规定融入了监察监督的全过程,这也是与刑事诉讼法范畴中的刑事证据规则形成了配套与呼应。从违反党纪、职务违法到职务犯罪,作为案件调查的主体工作人员亦能成为被调查的对象。秉公用权、廉洁从政成为监察机关依法履职的基本遵循,亦是"忠诚、干净、担当"的集中体现。不论是"暴力、威胁、胁迫"还是"引诱、欺骗"等非法的证据取得方法,均通过"列举项"实现了例示规范的同位阶列举效应。在此基础上,"负有责任的领导人员"和"直接责任人员"的"依法给予处理"将不同类别形态的责任予以具体化认定,使得职权行使、职责承担更为精确。诚如学者所言,监察监督执法权力运行机制必须同步形成内控机制,监察机关对自身权力行使应保持着高度的谨慎和警醒。自我监督和自我革命体现了新时代纪检监察工作的政治自信,"眼睛向下"的勇气面向了权力运行机制和管理监督体系的薄弱环节。而在权力边界清晰界定的严格内控机制中,法治反腐制度机能的不断优化完善,乃是朝着破解自我监督的"哥德巴赫猜想"迈进。[①]

第三节 《监察法》"软性条款"的规范事项

在《监察法》中,除了 7.33 条"硬性条款"外,其余全是"软性条款"或"半软性条款",它们没有规定相应的法律后果要素,由此可见,"软性条款"构成《监察法》的主要组成部分。有鉴于此,解读《监察法》的立法精神与立法目的,就需要依托于《监察法》中大量存在着的"软性条款"。"软性条款"的规范内容与立法特性相适应,如关于监察法治的立场、宗旨、任务等皆采用宣示性条款,关于监察法治的体制建构大都采用陈述性条款。

[①] 庄德水:《完善监督执纪执法权力运行内控机制》,载《中国党政干部论坛》2022 年第 4 期。

一、宣示性条款：监察法治的基本立场

第 1 条规定的是《监察法》的立法目的，具体包括"深化监察体制改革""加强对所有行使公权力的公职人员的监督""实现国家监察全面覆盖""深入开展反腐败工作""推进国家治理体系和治理能力现代化"。"深化监察体制改革"要求在既有监察工作的基础上，通过国家统一监察立法，推进监察体制改革的继续深化。"加强对所有行使公权力的公职人员的监督"体现监察工作一心为民，公开公正，确保公权力有效合法行使。"实现国家监察全面覆盖"是监察工作未来开展的战略目的，指向监察工作在全国范围内、公权各个方面落实的战略部署。"深入开展反腐败工作"表明监察工作开展的战略重心，主抓反腐倡廉工作。"推进国家治理体系和治理能力现代化"是新时代国家治理战略下对监察工作的战略定位，监察治理现代化既是国家治理现代化的重要部分，又是推动国家治理现代化的有力抓手。运用宣示性条款的形式，使得《监察法》的立法目的以一种客观的法律精神存在于《监察法》中，并外化为可理解的文字语言。相较于其他条款类型，宣示性条款的语言风格更为中立，更利于表达《监察法》的客观目的。

第 2 条规定的是监察工作的指导思想，即"马克思列宁主义、毛泽东思想、邓小平理论、'三个代表'重要思想、科学发展观、习近平新时代中国特色社会主义思想"，与此同时，在党的领导之下，还将建立集中统一、权威高效的中国特色监察体制。十九大报告明确指出，党是领导一切的，要坚持党对一切工作的领导。国家监察工作也不例外，《监察法》第 2 条所规定的内容，正体现了党对监察工作的绝对领导，任何监察机关与监察专员都必须坚持党的领导，以党的先进思想为工作纲领。通过宣示性条款的形式，来传达党的先进思想，能够满足监察工作的现实需求。

第 5 条规定了监察工作必须"严格遵照宪法和法律，以事实为根据，以法律为准绳；在适用法律上一律平等，保障当事人的合法权益；权责对等，严格监督；惩戒与教育相结合，宽严相济。"这是对国家监察工作所要坚持的基本原则的进一步明确，不仅涉及到国家监察工作认定违法犯罪行为的标准，与刑事诉讼法的规定相衔接，还树立了平等的、宽严相济的监察政策，指导

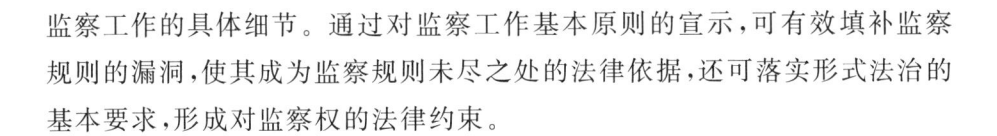

监察工作的具体细节。通过对监察工作基本原则的宣示，可有效填补监察规则的漏洞，使其成为监察规则未尽之处的法律依据，还可落实形式法治的基本要求，形成对监察权的法律约束。

二、倡导性条款：监察体制的改良方向

第 6 条规定的是国家监察工作的复合型方向：第一是标本兼治、综合治理，强化监督问责，严厉惩治腐败。也就是说，监察责任的追究，不仅如行政责任、刑事责任实现谴责报复的效果，还要严厉打击腐败之根，采取必要手段彻底解决腐败问题。第二是深化改革、健全法治，有效制约和监督权力，这是法治时代确保监察工作在法治轨道上运行的必然要求。第三是加强法治教育和道德教育，弘扬中华优秀传统文化，构建不敢腐、不能腐、不想腐的长效机制。这也就意味着，要并行建设监察法治与监察德治，从中华文化中汲取优良营养，从道德上约束和规范公权力行使。法治与德治相结合，是监察工作标本兼治的必然道路。通过使用倡导性条款，能够明确监察工作的发展方向，充分表达出国家和人民对监察工作的深切期待，继而建设富有中国特色的监察体制。

对于第 34 条第 2 款，在此有必要予以特别强调，此款应为倡导性条款。第 2 款规定"被调查人既涉嫌严重职务违法或者职务犯罪，又涉嫌其他违法犯罪的，一般应当由监察机关为主调查，其他机关予以协助"。"应当"一词既可用于"半软性条款"，表明某主体负有某种义务，也可用于倡导性条款，表明立法者对于某种行为、某种倾向的赞扬态度，因此，根据"应当"一词来判断"软性"的性质，就必须根植于具体语境。本条第 2 款特别在"应当"一词前加了"一般"，极其形象地描绘出立法者的态度：一般情况下，应当如此；一定存在例外，不应当如此。因而可以说，立法者在此处是倡导如此而非要求必然如此。

第 36 条规定的是监察机关必须严格依照程序办事，强化内部监督管理。由于监察职责的法律定位与政治定位，监察工作附带有法律属性与政治属性双重属性，确保监察工作在法治轨道上运行是确保监察工作不会沦为政治博弈手段的重中之重。对此，必须强调严格依照程序办事，考察监察

机关能否严格遵守监察程序,这将决定监察体制改革的实际成效以及监察机关能否完成廉政建设与反腐败工作的任务。因而,本条第 1 款首先明确监察机关应当"严格按照程序开展工作",树立法治思维,强化程序观念。第 2 款则设置相互协调、相互制约的工作机制,建立制度约束,叠加对监察工作的程序性要求。具体来说,就是将纪检监察机关各部门的职责分开,让监督、审查、案件审理各自独立,又相互配合。通过将监察权分散给各个部门,形成彼此分工合作又相互制约的关系,有助于强化监察机关内部监督,防治串通包庇、内部腐败等现象的出现。本条是对监察工作程序正义的重申,故应当属于倡导性条款,体现出监察机关追求程序正义的价值取向。

第 51 条、第 52 条倡导国家监察委员会加强反腐败国际合作与追讨追赃防逃的组织协调工作。在开展反腐败国际合作方面,长期以来,我国曾陷入各自为政的境地,公安机关、国家安全机关、审判机关、检察机关、司法行政机关等都有各自的对外合作部门和联系途径。这就导致反腐败组织和资源分散,追逃追赃工作进展缓慢。于是,为整合国内资源,集中反腐败力量,《监察法》将反腐败国际合作的组织协调职责赋予国家监察委员会,由其组织并协调国内有关部门与其他国家、地区、国际组织开展反腐败执法、引渡、司法协助、被判刑人的移管、资产追回和信息交流等领域的合作。相较于第 50 条,本条细化了国家监察委员会的反腐败国际工作职责,深入到反腐败国际合作微观事项、具体领域的组织与协调。这两条明确使用"加强"一词,表明中国在反腐败国际合作的立场是坚定的,态度是积极的。当然,这同时说明现有工作有待加强,立法者希望在未来监察委以更加积极主动的工作态度去参与反腐败国际工作,为反腐败国际工作献出中国力量。

第 54 条、第 55 条是关于非国家党政机关对监察机关各种活动的合法性监督。将之归类为倡导性协议也有特殊原因。虽然第 51 条使用"应当"一词,要求监察机关应当依法公开监察工作信息,接受民主监督、社会监督、舆论监督,似乎是在表明监察机关有义务公开监察工作信息。但是结合第 52 条"加强对监察人员执行职务和遵守法律情况的监督,建设忠诚、干净、担当的监察队伍"的规定,以及实践运行机制,此处的监察信息公开与接受外部监督都是有限度的。受制于办案需要、信息隐秘必要等诸多因素的影响,在许多时刻,监察机关公开监察工作的信息较为困难,立法者只能采取提倡的态度而不能强人所难。为了表达对此事积极提倡,乃至于期待监察机关尽全力做到,于是才使用"应当"一词。因此,第54条、第55条也是倡导性条款,不能被认为是陈述性条款。

三、赋权性条款:权责统一的监察责任

第3条规定明确了各级监察委员会是行使国家监察职能的专责机关。监察委员会的专门职责是进行监察工作,调查职务违法和职务犯罪,开展廉政建设和反腐败工作,维护宪法和法律的尊严。被监察的对象则是"所有行使公权力的公职人员"。不能将对象条件理解为既要求行使公权力,又要求拥有公职人员的国家身份。事实上,只要行使了国家公权力,一律属于"行使公权力的公职人员",受到监察委员会的监察监督。这样解释,才符合全面覆盖监察的战略目标,也更利于取得有效的反腐倡廉工作效果,避免公职人员故意采取手段,躲避监察监督。第3条更适宜归入赋权性条款,而非陈述性条款,是因为第3条具体阐述了监察委员会的监察职责,是对监察权力与义务的内容说明,而非是对监察体制的架构陈述。

第10条规定各级监察委之间的关系,归纳为两条规则:第一为"中央—地方"规则,国家监察委员会领导地方各级监察委员会的工作,地方一切监察委员会都必须接受和服从国家监察委员会的领导。确定如此的央地监察关系,能够保证全国监察机关统一领导,确立国家监察委的绝对权威,大力提升监察工作效率。第二为"上级—下级"规则,上级监察委员会领导下级监察委员会,确立这样的监察机关上下级领导关系,有利于地方各级监察委员会在实际工作中减少或排除各种干扰、依法行使职权。本条所谓领导,包含着教育、管理和监督三层含义,意味着领导者可以直接干涉和要求被领导者按照其意志行事,且在被领导者出现工作纰漏时,领导者可直接下场进行批评纠正。因此,本条应属于赋权性条款,表面上说明监察委之间的关系,实质上赋予国家监察委对地方监察委、上级监察委对下级监察委的领导权,为国家监察委、上级监察委的监察管理与监督提供明文依据。

第11条是对总则第3条监察委员会职责的细化。按照第11条的规定,监察法赋予监察委员会监督、调查、处置职责,具体包括(一)监督权力:

对公职人员开展廉政教育,对其依法履职、秉公用权、廉洁从政从业以及道德操守情况进行监督检查;(二)调查权力:对涉嫌贪污贿赂等职务违法和职务犯罪进行调查;(三)处置权力:对违法的公职人员依法作出政务处分决定;对履行职责不力、失职失责的领导人员进行问责;对涉嫌职务犯罪的,将调查结果移送人民检察院依法审查、提起公诉;向监察对象所在单位提出监察建议。监督权、调查权和处置权三者复合形成监察职权的有机体。这三项权力中,监督权是发现违法乱纪的关键,调查权是确认核实违法乱纪事实的手段,且可保障无辜者免受枉法裁判,处置权是保障国家监察工作免受抵制与对抗的强制力手段,为有效行使监察权,三者缺一不可。毫无疑问,这一条为监察法至关重要的赋权性规范。

第12条、第13条规定,各级监察委员会可以向本级党委机关、国家机关、法律法规授权或者委托管理公共事务的组织和单位以及所管辖的行政区域、国有企业等派驻或者派出监察机构、监察专员。并且,派驻或者派出的监察机构、监察专员根据授权,可依法对行使公权力的人员进行监督,对可能违法犯罪的进行调查、处置并提出监察建议。将这一条规定理解为赋权性规定而非陈述性规定是重要的,因为本条规定并非强调监察委员会与监察机构、监察专员的关系,而是明确监察委员会有权派驻机构或专员到各组织和单位,各组织和单位不得以其他理由推脱或拒绝,而只能接受监察委员会的监督、调查与处置。通过派驻机构和专员,监察全面覆盖的目标才得以实现。

第16条、第17条规定监察管辖的相关事项,具体的规定内容基本借鉴了刑事诉讼法中法院管辖的相关规定,与之有着高度一致性,比如规定了指定管辖、协议管辖等方式。当然,与上下级监察委之间领导与被领导的关系相适应,此处再次明确上级监察委可以办理下一级监察机关的监察事项,必要时候可以办理所辖各级监察机关的监察事项。关于监察管辖的这两条规定,表面上是对管辖制度的规范,似乎应归类为陈述性条款,实质上是正式规定监察委的管辖权利,应认定为赋权性条款。能够证成其是赋权性条款的,也有条款中使用的"可以""由其共同的上级监察机关确定"等词语。

第四章监察权限共有19条法律条文,其中第18条至第32条都是赋权性条款,规定了监察委员会履行监察职责所必备的各项权限。具体而言,有权依法向有关单位和个人了解情况,收集、调取证据(第18条);直接或者委托有关机关、人员进行谈话或者要求说明情况(第19条);要求被调查人就涉嫌违法行为、犯罪行为作出陈述,对犯罪人可以进行讯问,要求其如实供述涉嫌犯罪的情况(第20条);询问证人(第21条);留置被调查人(第22条);查询、冻结涉案单位和个人的存款、汇款、债券、股票、基金份额等财产(第23条);搜查(第24条);调取、查封、扣押用以证明被调查人涉嫌违法犯罪的财物、文件和电子数据等信息(第25条);直接或者指派、聘请具有专门知识、资格的人员在调查人员主持下进行勘验检查(第26条);指派、聘请有专门知识的人员鉴定(第27条);采取技术调查措施(第28条);通缉(第29条);限制出境(第30条);建议从宽处罚(第31条、第32条)。

可以看到,第四章中除了诸多赋权性条款之外,还包括各种"半软性条款"与"硬性条款"。这些条款或是规定其他机关组织和个人应当配合监察机关开展监察工作,或是规定监察机关在行使职权时必须履行相应义务,或是赋予其他机关、组织或个人以权利或必要义务来监督监察机关,避免监察权对他人合法权益的不当侵害。比如监察机关进行搜查时,可以根据工作需要提请公安机关配合。公安机关应当依法予以协助;监察机关调查涉嫌贪污贿赂、失职渎职等严重职务违法或者职务犯罪,查询、冻结涉案单位和个人的存款、汇款、债券、股票、基金份额等财产时,有关单位和个人应当配合。这些条款中,其他单位和个人被要求配合监察工作,但是缺乏明文的法律后果要素规定义务违反的不利后果,故都被归入半软性规则,诸多以监察委为权利主体的赋权性条款都搭配此种半软性规则。再如由于留置严重限制被调查人的人身自由,《监察法》第22条就严格规定了采取留置措施必须满足严格的适用条件,以及依照国家有关规定来确定留置场所的设置、管理和监督,这是对监察机关行使监察权的明文限制。同样的限制可见于搜查权,限定搜查仅适用于职务犯罪调查,且必须出示搜查证,并有被搜查人或者其家属等见证人在场。或是如监察机关指派、聘请有专门知识的人进行鉴定的,鉴定人进行鉴定后,有义务在出具的鉴定意见上签名以确保鉴定的真实性和可信度。

第45条规定监察机关履行处置职责的方式,是对监察机关处置权的细化,故应当归入赋权性条款。根据监督、调查结果,监察机关可依法作出五种类型的处置决定:一是对于公职人员有职务违法行为但情节轻微,可以免予处分或承担其他法律责任的情形,对轻微违法行为人进行提醒、批评教育和诫勉。二是公职人员有比较严重的职务违法行为,但尚未构成犯罪的情形,对普通职务违法的行为人作出政务处分决定。三是对负有责任的领导人员作出问责决定或向有权机关提出问责建议。四是在完成职务犯罪案件调查后将案件移送检察机关处理的情形中,将涉嫌职务犯罪的人员移送检察机关依法审查并起诉。五是针对监察对象所在单位廉政建设和履行职责存在的问题等,向有关单位提出积极整改、自觉整顿的监察建议。

第49条授予了监察对象对监察处理决定不服申请复审、复核的权利。规定复审、复核的权利,可为监察对象提供权益受侵犯的救济机制,是纠正错误或不当的监察决定的重要渠道。这种做法也有利于督促监察机关依法监察,依法行使职权。根据本条规定,监察对象对监察机关作出的原处理决定不服的,可以申请复审。监察机关在依法受理监察对象的申请后,对原处理决定进行审查、核实并作出复审决定的活动。如果监察对象对监察机关的复审决定不服,则可以申请复核。上一级监察机关在受理监察对象的申请后,对下级监察机关作出的复审决定进行再次审查、核实,并作出复核决定的活动。不过,考虑到监察决定与国家利益、公共利益紧密相关,复审、复核阶段以不停止执行为原则,尊重监察行为效力及权威性。

第53条是关于监察委员会接受人大及其常委会监督的规定。反过来说,本条赋予人大及其常委会监督监察委的权利,并规定监督权的行使方式为专项工作报告、组织执法检查、行使询问、质询四项。鉴于监察机关监察一切公职人员的职务这一特殊性,行政机关和司法机关不适合充当监督监督者的角色,因而监察法特别强调人大的监督。由于监察机关由人大产生,对人大负责,受人大监督,故本条规定是再次强调人大具有监督权的注意性规定,仍可归为赋权性条款。

第58条规定监察工作的回避制度,赋予监察对象、检举人及其他有关人员以申请回避的权利。为树立监察机关公正执法的良好形象,必须保证监察者不偏不倚的中立性,防止因人情、利益等因素影响监察工作的公正合法。为此,需要避免和切断监督者与被监督者之间任何影响公正合法的利害关系,回避制度正是重要的手段之一。本条规定在以下四种情形下,若监察人员应当回避而不回避,则监察对象、检举人及其他有关人员可以自行申请回避:(一)是监察对象或者检举人的近亲属的;(二)担任过本案的证人的;(三)本人或者其近亲属与办理的监察事项有利害关系的;(四)有可能影响监察事项公正处理的其他情形的。

第60条规定了监察机关及人员侵害被调查人合法权益的申诉制度。如果监察机关采取不当的或者违法的留置等调查措施,对被调查人的人身、财产权等合法权益造成的侵害常常是巨大的。而调查工作又对于查明被调查人是否构成违法犯罪至关重要,不可一概废弃禁止。因此,本条为强化对监察机关调查工作的监督管理,授予被调查人及其近亲属向监察机关就该监察机关或监察人员侵犯被调查人合法权益的违法操作提起申诉的权利。并且,本条规定申诉权的权利救济机制,受理申诉的对象为原监察机关,监察机关必须在受理申诉之日起一个月内作出处理决定。若申诉人对受理申诉的监察机关作出的处理决定不服的,可以在收到处理决定之日起的一个月内向上一级监察机关申请复查。上一级监察机关的复查决定具有最终效力,被调查人及其近亲属对于上一级监察机关复查结果不服的,不能提起行政复议或者行政诉讼。

四、陈述性条款:监察制度的体系建构

第7条、第8条、第9条规定了国家监察机关的机关体制与人员组成。按照以上三条规定,我国国家监察机制由国家监察委员会和地方各级监察委员会组成,国家监察委员会是最高监察机关,负责全国监察工作,省、自治区、直辖市、自治州、县、自治县、市、市辖区设立监察委员会,负责本行政区域内的监察工作。国家监察委员会与地方监察委员会一样,都对同级人民代表大会及其常务委员会负责,并受其监督。不过,地方监察委员会还要额外对国家监察委员会负责,受其监督,这表明地方监察委员会与国家监察委员会之间为领导与被领导、监督与被监督的关系,与第11条的规定相适应。第7条、第8条、第9条还对监察委员会的主任、副主任以及委员的选举产生作了详细规定,确定人大常委会对监察委员会的任免权。通过对监察委员会的机关构成、机关体制以及人员条款的陈述,基本勾勒出监察体制的样

貌,是对宪法中监察组织相关上位规定的细化。

第14条确立了监察官制度,并设置相应的登记设置、任免考评和晋升等制度。本条仅使用陈述性条款,对监察官制度作总体性规定,具体的制度细节交由监察法规予以明确。这种做法也符合在法律中使用陈述性条款的一般规律。由于制度规则的数量极多,在法律中予以详细规定不具有可操作性,概括地以陈述性条款为制度的具体建构指明方向与体系,既可节约立法资源,又可指导下位立法。

第15条是对监察范围的"列举＋兜底"式规定。监察对象包括公职人员和依法履行公职、行使公权力的有关人员,也就是说,判断是否为监察对象,实质标准是审查其是否从事公职或经授权行使公权力。值得注意的是:以村干部为代表的基层群众性自治组织管理人员一律纳入监管范围,说明在立法者看来,基层自治组织在某种程度上代行国家公权力,也需要接受监察委的监察监督。这一"列举＋兜底"式规定只能归入陈述性条款,以说明国家对监察对象的列举,基本达到充分的程度,对于兜底条款的适用,应当保持谨慎并予以说理论证,否则将导致通过兜底条款随意扩张监察范围、滥用监察权力。

在监察机关的监察权限部分,已经就留置权的内容予以充分说明,第44条是对留置措施的补充规定。留置措施是监察机关独有的调查措施,公安机关没有使用此措施的权限,从措施的渊源来看,留置措施脱胎于原来纪检监察部门适用的"双规""两指",在监察法中设置留置措施,意在将其纳入法治的轨道中来。对于留置的性质,如果在违法违纪案件中使用了留置措施,此时留置具有行政属性;如果是查处职务犯罪案件,则留置具有刑事属性。同时,在案件性质转变的情况下,行政留置亦可转化为刑事留置。而留置措施是一种在判决执行前、针对被留置人员人身的强制措施,虽然为保证调查工作顺利进行所必需,但客观上也产生了限制人身自由的效果。因此,《监察法》才在第44条设置留置刑期折抵规则。第44条第3款明确规定被留置人员的刑期折抵规则,为了避免违反"一事不二罚"的基本法治原则,应当通过刑期折抵实现刑事实体救济,将审前留置与审后刑罚进行对等抵扣,从而填补审前限制人身自由的损害。同样的规定可见我国《刑法》第41条、第44条、第47条,对于拘留、逮捕等"判决执行以前先行羁押"的期限可以折抵管制、拘役和有期徒刑的刑期。本条旨在设定刑期折抵的基准,故属于陈述性条款。

第47条第1款和第4款规定,监察机关移送案件正式进入刑事诉讼程序后,检察机关应当严格按照《刑事诉讼法》规定对案件进行审查逮捕与审查起诉。决定逮捕和起诉的,必须符合《刑事诉讼法》所规定的适用对象、条件及程序。例如,逮捕犯罪嫌疑人应当符合《刑事诉讼法》第79条有关证据条件(即"有证据证明有犯罪事实")和社会危险性条件(即"采取取保候审不足以防止社会危险性")的规定,并应当遵循相应的审批程序,由检察长决定逮捕,重大案件还应当提交检察委员会讨论决定。并且,鉴于反腐败案件的特殊性,检察机关对于监察机关移送的案件,如要作出不起诉决定,应当适用比普通刑事案件更加严格的审批程序,即必须经上一级人民检察院批准。本条两款旨在说明监察机关移送案件的审查标准,属于陈述性规定。

第50条规定了我国反腐败国际合作的主体为国家监察委员会,国家监察委员会负责统筹协调我国与其他国家、地区、国际组织开展的各种反腐败交流合作工作。长期以来,大批腐败分子利用不同国家间的制度差异逃往海外,并将涉案赃款赃物一并转移出国,追逃追赃防逃成为我国党风廉政建设和反腐败斗争的重点、难点。明确由国家监察委员会统筹协调我国反腐败国际合作工作,也有利于避免地方国家机关在标准、尺度、要件等方面的不统一与冲突,提高反腐败国际合作的效率,也有利于加强反腐败工作统一领导,代表国家出面协调。本条是对国家监察委员会统筹协调反腐败国际合作职责的规定,明确了反腐败国际合作的主体、对象和内容,属于陈述性规定。

第四章

《监察法》"软性条款"的成因考察

第一节 《监察法》立法特色

一部《监察法》,就是一部反腐败治理法治化现代化的"宣言书"。同时,反腐败治理法治化现代化也具有同国家治理能力与国家体系现代化一样"与时俱进"不断进化、细化、深化的共性。2018年3月20日,第十三届全国人大一次会议表决通过《中华人民共和国监察法》(下称《监察法》),昭示着我国反腐治理与监察制度步入制度化、规范化、法治化要求更高的全新阶段。在体例上,《监察法》共计9章69条,首章总则开宗明义以凸显良法善治立法精神之"精良",第二章监察机关及其职责保障定位"精确",第三章明确监察范围和管辖保障精准着力,第四章与第五章篇幅占比近51.7%,对监察权限与监察程序进行规定以追求程序之"精密",第六章反腐败国际合作以更宏大视角对接国际反腐败治理倒逼规则"精通",第七章对监察机关和监察人员的监督与第八章法律责任篇幅约占比20.5%,对责任过错进行"类型化"区隔以追求"精细"。

一部凸显"软法之治"的《监察法》,有助于更好实现反腐败治理的"前端治理",达到有的放矢、标本兼治的效果。毕竟,任何制度设计离开特定的时代与国情语境,就会失去"地方性知识"的给养。"硬法"服务于也受制于传统的"管理"思维,而"软法"才是"治理"的"搭档"。[1] 或者说,一种呼应"四

---

[1] 罗豪才、毕洪海:《通过软法的治理》,载《法学家》2006年第1期。

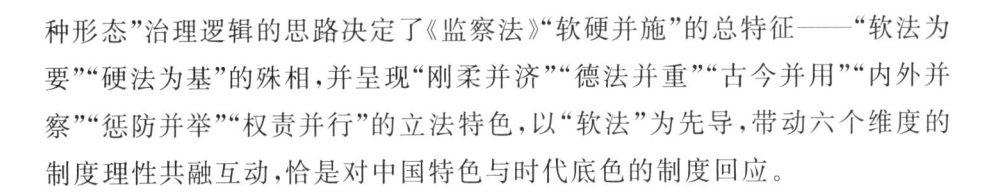

种形态"治理逻辑的思路决定了《监察法》"软硬并施"的总特征——"软法为要""硬法为基"的殊相,并呈现"刚柔并济""德法并重""古今并用""内外并察""惩防并举""权责并行"的立法特色,以"软法"为先导,带动六个维度的制度理性共融互动,恰是对中国特色与时代底色的制度回应。

一、软硬并施

无论是第 1 条"深入开展反腐败工作,推进国家治理体系和治理能力现代化",还是第 6 条以"构建不敢腐、不能腐、不想腐的长效机制"煞尾,抑或是第 5 条规定的"惩戒与教育相结合",均昭示中国特色反腐败治理的现代化具有系统化、多元化、柔性化、主动化的特点:不敢腐、不能腐、不想腐三者之间形成了一种梯级递进关系——"不敢腐"是硬性震慑,比如在第 15 条体现监察"全覆盖",又如在第 22 条规定留置措施提升调查措施的力度;"不能腐"是刚性制度;"不想腐"则既是初衷又是旨归,更是反腐败治理的最高形态,恰恰体现了一种软性激励的"软法"之治。毕竟,纯粹的"不敢腐"的"硬法约束与惩处"仅仅是一种末端治理方式且"沉没成本"过高,"不能腐"的制度约束的"硬效果"也是基于"全覆盖"的"软性条款"的逻辑展开,并赋予正当性基础。而一种发自于监察对象主动的"不想腐"才是成本最低、效果最好的反腐败治理形态。一言以蔽之,如果说"硬法约束"搭建了《监察法》的"四梁八柱",那么"软法之治"则铸就了《监察法》的灵魂。

二、刚柔并济

反腐败治理是一项系统性工程,特别是《监察法》所追求的清正廉洁的政治生态,绝非纯粹刚性打击所能成全。恰恰是"软法之治",通过理念进入观念层面实现内化,让习近平新时代中国特色社会主义思想中"把党的政治纪律政治规矩挺在最前面""系好第一粒扣子""抓早抓小""防微杜渐"等管党治党理念成为现实。相反,刚性约束作为具有被动性、触发性的治理手段。在反腐败治理这一特殊时空场域中,"软法"所能达成的"自动地监督",是"硬法之治"所无法比拟的优势。唯有柔性的教化手段,才能促进自主自觉地守纪守规成为一种制度自觉。不仅如此,"刚柔并济"在《监察法》中又衍生出"宽严相济"的精神并奉于第 5 条之中,以"宽"解济"严"的偏向,追求出一种"当宽则宽""当严则严""严中有宽""宽中有严""宽严有据"的理想形态,实现一种内在稳定功能。《监察法》第 31 条规定了"主动认罪认罚可以建议从宽处罚"并在第 32 条规定:"职务违法犯罪的涉案人员揭发有关被调查人职务违法犯罪行为,查证属实的,或者提供重要线索,有助于调查其他案件的,监察机关经领导人员集体研究,并报上一级监察机关批准,可以在移送人民检察院时提出从宽处罚的建议",成为《监察法》立法中凸显刚柔并济、宽严相济特色的制度设计。实际上,这种运行机理与"惩前毖后,治病救人"所包含的"不偏不易"的内蕴具有异曲同工之处。1942 年《整顿党的作风》强调"惩前毖后、治病救人",其文本自始便具有谦抑性特征,而"四种形态"在内在逻辑上也显现出一脉相承的特点,在制度上对应《监察法》第 11 条确立的监察委员会的三项职能的具体适用范围,以及第 45 条规定的类型化处置规则,通过层层递进的治理逻辑"刚柔并济"实现对违法违纪者的教育挽救、对犯罪者的打击。

三、惩防并举

"预防腐败,出生产力。"作为一部反腐败专门立法在预防方面突出"软法之治"格外重要,并呈现出一种"前法律功能"(a pre-law function)的必要性。时针拨回到 2013 年 3 月 8 日,习近平总书记参加江苏代表团的审议,在听取职务犯罪预防主题发言后指出,"预防职务犯罪出生产力,我很以为然。"从特殊性来看,唯独反腐败治理必须以一种惩防并举、"惩防并重"的立法思路来设计制度规范。对一般法益保护而言,惩治本身就能够产生一种震慑与预防,然而《监察法》却绝不能止步于"以惩代防"。《监察法》适用时空领域的特殊性决定了其功能有别于一般意义上的惩罚性的"硬性条款",如果《监察法》立法特色中忽视了预防的功能与必要性,就会产生因"温水煮青蛙"而集聚的"灰犀牛"效应。虽然《监察法》并未直接嵌入"预防"二字,但第 11 条规定的监督职责中"廉政教育"的本质就是预防的先导,第 45 条中规定的廉政建设《监察建议》的实质就是一种预防层面上的制度强化。从经济视角来看,预防腐败从根源上减少了"沉没成本",抓在抓小防范"温水煮青蛙式堕落""养痈遗患"的治理思路上也耦合了"边际递减"规律,换言之,成本的"最小化",就是反腐败治理效果的"最大化"。从刑法古典主义视角来看,《监察法》第45条中"谈话提醒、批评教育、责令检查,或者予以诫勉"产生的"脸红出汗"效果与治理及时性与有效性的"正相关"规律相契合。显然,在反腐败治理语境中,"预防的泛在"远比"罚责的泛化"更为经济。

四、德法并重

德法共治是中国特色社会主义法治之精髓所在,也是"软法"与"硬法"同频共振的制度表现。没有德治教化促进"日迁善,而不知为之"潜移默化的内生性,就没有法治保障的有效性。换言之,德治不仅是一种良法的"果",更是善治之"因",是一种"中国之治"的制度智慧的集中体现。一旦失去德治的"前端治理"与"柔性治理",那么"末端治理"就极易被泛化,进而层次性、有效性缺失,甚至导致权威性的丧失。《监察法》作为一部对"人"监督的反腐败专门立法,在立法特色上突出道德自律,甚至在社会公德、职业道德、家风层面形成他律,是由特定的制度语境与特殊的规范对象和调整范围所决定,进而形成"纪、法、德"三维共治的独特格局。《监察法》第11条中规定"对公职人员开展廉政教育,对其依法履职、秉公用权、廉洁从政从业以及道德操守情况进行监督检查",将德治的"软"要求楔入了法治的"硬"手段,而《监察法》第6条"加强法治教育和道德教育"作为"软性条款",将德治教育放置于与法治教育并驾齐驱的重要位置,并且为刚性监督检查制度构建奠定了可行性前提。此外,"打铁还需自身硬",作为被誉为"监督官员的官员"的监察官,德行要求势必更高。2021年8月20日,十三届全国人大常委会第三十次会议表决通过了《中华人民共和国监察官法》(下称《监察官法》)作为配套立法对监察官的道德义务作出了更高要求,在第10条中强调监察官不仅要"严守纪律",更要"恪守职业道德",并在社会公德和家庭美德方面行为世范。当然,无论中西、古今,对监察官的品德、能力、素养的要求均远高于一般公职人员。例如英国地方监察专员也需经过女王任命,在德行、声望与名誉方面有极高的资格要求。

五、古今并用

中华传统优秀法治文明是一座宝矿,中国古代监察制度的精华也在当代《监察法》中得以续造。在德治特色中,《唐律疏议》曾有"德礼为政教之本,刑罚为政教之用"之论,《钦定台规》曾明确有"明目达聪,责在御史;彰善瘅邪,整纲饬纪"之责。不仅如此,《监察法》规定在监察对象和范围上也与中国古代监察制度相通,"纠劾百司,辨明冤枉,及一应不公不法事""刑狱出入,无所不当问"突出对司法活动的监督。这一内容则体现在《监察法》第 34 条互涉管辖上"被调查人既涉嫌严重职务违法或者职务犯罪,又涉嫌其他违法犯罪的,一般应当由监察机关为主调查,其他机关予以协助"。

习近平总书记指出:"要注意研究我国古代法制传统和成败得失,挖掘和传承中华法律文化精华,汲取营养、择善而用。"中国古代监察制度的一个重要启示就是加强对监察权运行机制的监督。中国古代监察制度在解决"谁来监督监督者"的问题上,既有不得"不实奏事",防范诬告陷害的职业伦理约束,也有不得徇私结党的硬性制裁,如有"庇护党类,不肯纠参",则会遭受"定行重罚"的加重处理。在《监察法》第七章、第八章中专门规定了对监察机关的监督与法律责任。不仅如此,《周礼·秋官》中关于"肺石"制度的规定蕴含监察制度以"人民为中心"的品格。"以肺石远穷民,凡远近茕独老幼之欲有复于上,而其长弗达者,立于肺石三日,士听其辞,以告于上,而罪其长。"即允许弱势无助的百姓在遭遇冤屈时直诉中央,越过地方官并追究地方官违法责任的制度。而《监察官法》在对监察官的职责和义务、任职资格和任免程序中,更明确"监察官维护国家和人民利益"的要求,凸显了"以人民为中心"的发展思想。

六、权责并行

《监察法》第 5 条中明确"权责对等"并在具体制度安排中体现了一种权责并行的动态形态,只有权责之间保持一致、保持平衡,才能确保权力行使过程中在主观上审慎。没有责任约束的权力就失去了边界感。习近平总书记曾指出"必须切实加强党的领导,牵住责任制这个'牛鼻子'"。换言之,只有责任落实到人,才能将"软法之治"的引领作用落到实处。颇具特色的是,《监察法》中第七章"对监察机关和监察人员的监督"实际上是第八章"法律责任"的前置程序。换言之,如果没有全方位的权力监督,就无法实现责任的落实。而且此章节中的"软性条款"表述非常丰富。第一,第55条规定监察机关通过设立内部专门的监督机构等方式,加强对监察人员执行职务和遵守法律情况的监督,建设忠诚、干净、有担当的监察队伍。其中"建设忠诚、干净、有担当的监察队伍"作为一种"软性条款"在一定程度上增加了责任的要求,提升了责任的标准。第二,第54条规定监察机关接受更为广泛的监督,一方面应当"依法公开监察工作信息",履行主动接受监督的义务;另一方面,还应当"接受民主监督、社会、舆论"的被动式监督。这一条款虽然具有一定的宣告性且没有对应的法条嵌入法律后果为配套,但却能够产生"软法之治"的实效,主动公开范围会以此为底线,在实践中"行动中的法"会不断延展,促进"后法律功能"(a post-law function)发生,产生新的解释与规范。

《监察法》一方面在授权赋权给监察机关的同时,也在另一方面同步设计了责任要求,以保障监察权在合理区间运行。值得注意的是,《中华人民共和国刑事诉讼法》在对权力运行的合理性施控的方法是监督制约,而并未直接将责任制列入其中。《监察法》是将责任制直接列入立法之中,在第65条以一种对领导人员和直接责任人员"双罚制"的方式进行责任落实,以倒逼的方式促进规范文明执法,"以纪代刑""矮化处理"以及"有案不立""不该立案而立案""跑风漏气""不文明执法""违规处置财物""违规留置"等风险防范内容,虽然未在程序中予以直接规定,却在责任追究上得到了强化。

七、内外并察

国际层面的合作对话框架是"软法之治"的典范,虽无法实现"强制力",却能产生"执行力"。2005年10月27日,全国人大常委会审议并批准加入《联合国反腐败公约》,框架下的成员国会议在议事协商、促进合作、经验分享等方面扮演着重要角色。《监察法》第六章专章规定了反腐败国际合作内容,其中第50条规定了国家监察委员会在反腐败国际交流、合作,组织反腐败国际条约实施方面的统筹协调职能;第51条规定了国家监察委员会在加强反腐败执法、引渡、资产追回、信息交流等方面的组织协调职责。在国际合作方面的相关规范并不产生直接的法律后果,但却在实践中产生积极的效果。2019年10月16至20日成员国在阿布达比召开的第八次成员国会议,各方聚焦财产追回程序展开研讨,对各成员国在交互实践中产生的问题进行了总结。值得关注的是,2019年10月17日,中华人民共和国国家监察委员会与联合国签订了打击腐败的《备忘录》。新的协议框架将加强联合国毒品和犯罪问题办公室与我国在执行《联合国反腐败公约》方面的合作,特别是犯罪预防、刑事司法以及财产追回等方面,并且将搭建对话平台来促成对话机制。2023年,中央反腐败协调小组国际追逃追赃和跨境腐败治理工作办公室启动"天网2023"行动,将推动一体构建追逃防逃追赃机制。

第二节 《监察法》出现"软性条款"的现实动因

在监察实务中可发现,国家监察机关提高监督者素质应作为自我监督的基础,明确监督对象"全覆盖"下强化自我监督工作的重点。不仅要合理构建工作机制,而且关注纪法衔接中的党纪、国法执行的制度规范性和法治化程度。同时,同步形成监察工作中自我监督机制的制度保障,加强自我监督工作调适以不断提升自我监督工作实效。[1]

一、纪检监察廉政文化形成的现实需要

由于反腐败的形势所需,"软性条款"能实现柔性反腐,有利于引导廉政风气的养成,"软性条款"和"硬性条款"共同配合,一起作用于反腐事业。

---

[1] 潘春玲:《国家监察体制改革背景下纪检监察机关自我监督的现实环境、困境与调适》,载《广州大学学报(社会科学版)》2021年第4期。

"软文化",也有学者将其定义为"廉政文化",主要指廉洁从政的价值取向、意识理念等,它主要通过舆论引导和警示教育来实现,是开展反腐工作的"软力量"。所谓"软法治",则主要是指"监察法"体系中的"软性条款"(从外延上看,其范围要大于《监察法》中的"软性条款"),此类条款仅是为了就反腐败工作的开展进行情况说明、权利宣示,无须设定过多的强制性义务或者否定性后果,它是进行反腐倡廉的"软规范"或"软规则"。通过"软文化"和"软法治"的"双软"组合使用,有利于实现反腐文化的法治化和反腐法治的文化化。就理论动因上而言,《监察法》首先是作为一部国家反腐败基本法而凸显其定位的。作为国家反腐败法律体系中的"龙头",《监察法》并不过分追寻微观的适用性价值,而是要试图确立、明晰新型国家监察制度的基本法律构架,从而建立统一度高、更权威的国家监察体系。因此,《监察法》出台的理论意义即在于"名正""言顺"和"事成"。所谓"名正",就是赋予中国特色监察体系以法律名分,所谓"言顺",即确保各项监察职能的顺利实现,而所谓"事成",则指的是该部立法必然会将中国反腐败工作推向成功。

二、纪检监察"合署办公"中的审查调查与刑事司法衔接的制度需求

监察工作有别于刑事司法工作,前者在"集中、统一和高效"的法治反腐路径设定中,《监察法》对于12种监察措施的设定即已体现思想工作与刑事司法之间的差别。以谈话措施为例,《监察法》和《监察法实施条例》均规定了监督执纪执法"四种形态"的衔接转换,允许谈话的存在。甚至,在被调查人成为犯罪嫌疑人、被告人乃至罪犯之后,还可以以涉案人的身份接受监察谈话。在谈话过程中,既可以在工作场所由所在单位领导负责谈话,还可在被采取留置措施后接受监察谈话。在《监察法》与《刑事诉讼法》的衔接过程中,《刑事诉讼法》第170条的"退回补充调查"以"软硬共治"的方式实现了监察程序的"回转"。能否顺畅回转,取决于监察机关对于职务犯罪案件移送审查起诉阶段退回补充调查的态度。该态度的形成并非以"硬法"条款的规制效果来约束监察机关的自由裁量权,而是体现为监察机关对"纪法衔接,法法贯通"的"全过程监督"科学定位和正确理解。因此,在询问、讯问和谈话过程中,不可避免地运用思想政治工作方法,不断寻求监察谈话中拉近

与被调查人距离的谈话点。此充分体现了"软性条款"对于监察制度设计独有的价值诉求与程序理念。

三、"软法条款"与"硬法规定"协同"共治"的实践逻辑

在国家监察体制改革以来,"软法条款"的生成与"硬法规定"之间互为支撑,共同塑造了纪检监察法的规范体系。不论效力性还是半效力性硬法条款,均体现了监察机关在"纪法衔接,法法贯通"过程中的程序法定原则。即监察机关作出监察建议、启动立案审查调查程序、移送提起公诉以及提出从宽处罚建议等方面,均应恪守《监察法》《监察法实施条例》的程序底线。而在这基础之上,监察机关基于"党政合署"办公的实践逻辑,必须将党内法规作为监督执纪执法的重要依据之一。由诸多学界对党内法规性质的探讨可知,相当一部分观点认为,党内法规具备了"软法"的性质。[①] 循此推断,《监察法实施条例》当中将党内法规当中的部分"软性条款"通过列举予以细化,使得其作为党的监督保障法规部分延伸至国家监察领域时,具备了效力性规范或者半效力性规范的特点。此实践逻辑表明,监察立法有别于刑事司法中对于追诉犯罪涉及程序性事项的效力性规范,而着重凸显党员干部、公职人员的"全覆盖",将具备"软法"性质的"党纪"挺在硬法效力的国法前面。这不仅是党纪严于国法的生动表达,更是将国家法律对责任后果评价的要件内容前置于党纪审查的程序前端,便于"四种形态"之间转换过程中明确程序衔接的标识。尤其是对于不需要追究刑事责任的被调查对象,"软性条款"的科学配置可将"惩前毖后,治病救人"的政策贯彻于"硬法责任"之外的思想政治工作方法全过程,使得被调查对象接受党纪处分、政务处分等处置时,知晓其行为的非罪性质并在主观态度上提高将来工作中的自省自觉,避免未来因违反党纪和职务违法滑向职务犯罪的深渊。

---

① 刘长秋:《党内法规为什么是一种软法》,载《人民法治》2018年第15期。

四、立法者"有所为"与"有所不为"的内在动因

《监察法》中之所以出现如此众多的"软性条款",并非完全是立法的"失误",相反,其恰有可能是立法者有意为之的产物。诚如部分学者所言,"国家层面与社会层面在公共治理领域中的良性互动推动了'软法'概念在国内法领域的蔓延",《监察法》中大量"软性条款"的存在,也不是与现代法治精神相背而行,而是与"硬性条款"一道,共同"完善了中国特色反腐败制度,使中国特色反腐败机制的建立取得充分进步,标志着中国特色反腐败工作进入依法反腐和依宪反腐的新阶段"。概言之,《监察法》中之所以出现诸多"软性条款",在逻辑动因和实践动因的维度中予以阐释。从逻辑动因上来看,由于反腐败工作的特殊性,必须为其设置"软硬兼施"的行动方案,所谓"软",既包括"软文化",也包括"软法治"。基于此,《监察法》无意过多涉足细化性规定,而是将这些"微观"事务移交给配套性立法或者下位立法来进行规范。通过权力传导和权力移转的方式,配合"有所为、有所不为"的立法理念,《监察法》不但实现了高屋建瓴之立法初衷,也有效节省了中央立法资源,通过宣示性条款、陈述性条款的交替使用,能够表明国家开展反腐败工作的坚定决心,此乃"有所为",通过授权性条款和倡导性条款的联合使用,只对监察机构的"权能"进行"前期规训",而并不过多配备细节性要素,此乃"有所不为"。

第三节 "软性条款"存在于《监察法》的理论根基

一、"软硬混治":监察法治对于"软性条款"的内在需求

领域法学理论最早由财税法学者刘剑文提出,此后迅速崛起,在多个领域取代传统的部门法视角,解决了新兴学科的性质界定难题。所谓领域法

学,是以问题为导向,以特定经济社会领域全部与法律有关的现象为研究对象,融经济学、政治学和社会学等多种研究范式于一体的整合性、交叉性、开放性、应用性和协同性的新型法学理论体系、学科体系和话语体系。[1] 领域法学与部门法学同构而又互补,有机结合于中国法学自主知识体系。就监察法而言,少有学者关注其"领域法"特性,大多将其定位为宪法性法律,属于国家监督领域的基本法。[2] 实际上,监察法学的身份属性极为特殊,其与财税法学、环境法学一样,具有某种"领域法"特性。从监察法的规范整体来看,监察法是以监察事务为调整领域,融合程序法与实体法、本体论与方法论为一体,围绕国家监察这一中心问题构建法律体系。也就是说,监察法的内核是监察领域法,而非部门法。如果按照传统部门法分类,监察法将"无家可归"。显而易见,监察法不同于行政法、民法、刑法等部门法,其调整对象包括国家监察机关与监察对象的关系、国家监察机关与人民代表机关的关系、国家监察机关与党的纪律检查机关的关系、国家监察机关与司法机关的关系以及国家监察机关内部的关系,即监察机关与一切国家权力机关,迥异于其他部门法。同时,监察法具有与时俱进的开放性特征,这主要表现在调整对象方面。无论是新设的国家机关,抑或是新成立的国家权力组织,都需要接受监察机关的反腐败监督,监察对象的范围始终处于变动和发展之中。因此,应当从领域法视角来切入,将监察法归至"领域法"序列,从领域法的调整方法来理解"软性条款"存在的必要性。

在传统部门法之中,为了法律明确性与安定性的考虑,立法者设置大量"硬性条款",以发挥法律规范作为行为规范与裁判规范的应有功能。相较于"软性条款",要素齐全的"硬性条款"也更适宜于直接调整法律关系,给予司法者以明确的裁判依据。但是,在领域法中则不然,虽然"硬性条款"仍然占据一席之地,但是"软性条款"的数量与比例大幅度提升。相较于部门法,领域法具有鲜明的问题导向与实践旨趣,主要围绕社会现实问题进行概念建构,其行动逻辑的"务实性"十分显著。这就要求领域法的法律规范要以

---

[1] 刘剑文:《论领域法学:一种立足新兴交叉领域的法学研究范式》,载《政法论丛》2016年第5期。

[2] 姜明安:《国家监察法立法的若干问题探讨》,载《法学杂志》2017年第3期。

开放性姿态来回应更新的社会事实,满足时代的现实诉求,因而自立法之初便具有包容和开放特征。而"软性条款"与此种"领域法"特质一脉相承,于是从立法模式的选择来看,"软法"就成为"领域法"所普遍采用的一种立法模式。通过大范围设置"软性条款",能够实现对领域事务的"统筹化"处理,而无需对具体法律事务作出细化规定,这有利于阐释新兴法律领域的形成轨迹,揭示新兴法律领域的运行实质。并且,从"部门法"到"领域法"的转变,标志着从"法制"到"法治"的应用逻辑变化,法律治理成为国家重大命题。法律治理是一项复杂的系统性工程,不仅要依托于"硬法"的强制规范效力,还要侧重发挥"软法"的软性引导功能。反映到立法层面,即是促成领域法中"软性条款"的广泛存在,为软性治理的合法性确立明文依据。

如前所述,监察领域的业务特质,直接造就了《监察法》的"领域法"属性,并且要求在监察领域应用"软硬混治"的领域法治理逻辑。从监察领域的总体目标来看,监察领域运用"软性条款"要实现"刀刃向外"和"刀刃对内"的双维效果。具体有以下两层内涵:第一层是监察反腐针对国家公职人员展开外部监管活动,同时促成内部道德品质的自觉提升;第二层是监察反腐既针对监察对象进行外部监察,又实现监察机关作出内部检省,努力提高监督者的公信力。以上目标的现实追求,决定着监察法治必然走向"软硬混治","软性条款"与"硬性条款"共生共治。对于外部行为调整方面,"硬性条款"的预期效果较为可观,可通过对行为的合法性与否作出评价判断来约束国家公职人员依法办事。必要时候,还可通过监察法律责任、刑事法律责任等方式保障"硬性条款"的效力。不过,"硬性条款"在内心道德自律的作用则相对有限,只能以一种"威慑""恐吓"的方式,对行为人施加心理强制,让行为人遵从经济理性选择有利于自身的行为模式。以往犯罪学的研究数据显示,这种心理威慑对于违法犯罪行为的抑制效果并不明显,理性的功利犯罪人往往只是一种假设,真正的犯罪常常出于冲动和激情之下,不会顾及惩罚性法律后果。所以说,在监察领域中,"软性条款"更适宜于解决"监督者受监督"的道德自律难题,以及规范监督对象的道德水准,进而从根本上遏制腐败犯罪、违法乱纪等现象的发生。就监督者自身的道德自觉而言,《监察法》第56条规定,监察人员既要自觉遵守法律法规,发挥好先锋模范作用,具有良好的政治素养,又要忠于职守、秉公执法、清正廉洁,具有高尚的道德品质。也就是说,监察法使用"必须"一词设置宣示性"软性条款",表明立法者对于监察人员道德要求的立场与态度,通过在实践中构建常态化的党内教育、法律培训机制,时刻警醒监察人员遵守党纪法规。就被监督者的道德教育而言,按照《监察法》有关规定,监察人员有权对监察对象开展廉政教育,并监督检查其道德操守情况。这就意味着,监察人员在法定的监督监察职责之外,还负有道德层面的教育规训职责,应当主动督促国家公职人员自觉遵守道德规范、提升自身道德素养。同时,一旦发现监察对象存在违法乱纪的情形,理应优先进行廉政教育与训诫,择情追求法律责任,以落实惩戒与教育相结合、宽严相济的监察政策。

此外,依托于"软性条款"的软性治理有助于消除监察对象的警惕心理,增强监察规范的适用实效。通过制定《监察法》,立法者意在加强反腐败工作的深入开展,为所有行使公权力的公职人员戴上"权力的枷锁"。有鉴于此,监察权以外部强制为权力特征,监察对象被动接受监察机关对于履职情况、廉政状态以及从业道德状态等事项的监督调查。所以,作为法律监督的重要方式之一,监察权的实际运行难免会与既有权力制度产生抵触,甚至于导致被监督者产生严重的抵抗心理。在实践中,哪怕并无违法乱纪行为,一些机关也"闻监察色变"。一旦听闻监察机关将来访调查,这些机关立刻内部通告来访信息,严加要求机关人员做好应对,采取一切措施"防御"监察机关的监察活动。很明显,这种抵触不利于监察工作的顺利进行。"软性条款"正是为了解决监察权力运行模式中的防御心理问题而存在,通过创造一个"中立区",来缓冲监督与被监督之间的不适感和冲突。"硬性条款"的"命令—控制—制裁"的"刚性指导"固然能够规范监察机关正确行使监察权,但是无疑是将弦"拉得紧绷",而"软性条款"的"引导—鼓励"的"柔性治理",使《监察法》与监察工作之间张弛有度,以此作为监察工作早期阶段的立法模式是更为合适的。通过"软性条款"的"柔性治理",引导监察机关工作人员和国家公职人员自我实施、自我约束、恪尽职守,形成对公职工作的归属感和荣誉感,最终塑造出廉洁从政的价值取向。

二、政治法律化:《监察法》中"软性条款"的双面属性

"软性条款"融入《监察法》的外部动因在于监察领域的政治导向,"软性条款"先天附有政治属性与法律属性的双重属性。法律与政治在事实和内在逻辑上存在着客观的密切联系,共同面对着社会公共利益的要求而担负起建立和维护安定的社会秩序的责任。可以说,法律的存在与运作始终无法摆脱政治逻辑的主线,即政治作为法律的存在根基、现实目的、实践背景和发展动因。[①] 当然,绝不能把法律简单等同于政治,更不能把法律看作是政治的附庸。[②]《监察法》虽然承载着较高的政治职能期待,但是监察法治的有效实施是通过相对超然于政治的法律机制来实现的。因此,只存在政治规范法律化的趋向,而不存在法律规范政治化的提法。在监察领域,政治规范法律化表现为法律政策法律化以及纪律规范法律化。无论是法律政策,抑或是纪律规范,都具有高度的政治性特征,从一般意义上而言不属于法律体系的组成部分。由于其内容的灵活性、权威意志的主导性以及利益的偏向性,以上政治规范难以转化为"硬性条款",而只能选择以"软性条款"的方式进入法律之中。因此,《监察法》中的"软性条款"具有实质上的政治属性和形式上的法律属性,从而使其获得政治与法律的双重价值。

(一)法律政策的法律化

法律服从政策、依赖于政策曾是建国初期确立的一项法治基本原则。在法律体系不完备的情形下,司法机关的办事原则是有法律的,从法律,没有法律的,从新民主主义政策。[③] 进入法治现代化进程以来,我国倡导依法治国的根本方略转变,以法律取代政策。但是,政策对于法治建设造成的消极影响依然存在,政策也不再被视为法治的"靠山",但也不应被视为法治的

---

① 姚建宗:《法律的政治逻辑阐释》,载《政治学研究》2010年第2期。
② 杨建军:《法治国家中司法与政治的关系定位》,载《法制与社会发展》2011年第5期。
③ 蔡定剑、刘丹:《从政策社会到法治社会——兼论政策对法制建设的消极影响》,载《中外法学》1999年第2期。

阻碍。面对诸多新兴法律领域和法律问题的出现,政策以其灵活性的优势,可以在前期介入干涉并依据实践理性修正政策内容,成为一种主要的治理手段。不过,政策的本源属性是政治性而非法律性,让政策过程在法治轨道上运行,是依法治国的基本要求。政策法律化是对这一要求的现实回应。所谓政策法律化,即是将公共政策转化为法规范的这一过程及其结果,通过这种过程,立法者将政策分别转化为政策性、原则性与规则性条款三种模式。① 政策法律化起初呈现为司法裁判中的政策考量,后来由尤里乌斯·科恩将其引入立法,使得立法活动与政策活动形成良性互动,既凸显立法特性,又不至于忽视立法可行性。在当代,几乎绝大多数的立法过程,或多或少都将法律政策转化为法规范,以立法的形式加以明确。监察领域中,在《监察法》立法之前已经存在反腐败政策,此后被确立为成文的"软性条款",证成反腐败政策的合法性与法律根据。制定监察法的初衷在于推动监察体制改革,整合反腐败资源,这与反腐败政策的方向不谋而合。于是,作为对国家监察工作起统领性和基础性作用的法律,《监察法》运用"软性条款"的立法形式,全面规定了反腐理念目标、基本原则、组织职责以及程序机制等内容,以确保监察范围全覆盖、无死角,实现监察过程与反腐败治理的无缝对接。通过反腐败政策法律化,以监察法为中心,其他规范性文件为辅助,初步形成了规范统一、体系完备的反腐败立法体系。

(二)纪律规范的法律化

在长期革命、建设和改革的实践中,中国共产党逐渐形成了以实事求是、理论联系实际、密切联系群众、批评和自我批评、严明党的纪律等为主要内容的党内政治生活基本规范,并总结形成规范性文件,即党内法规。推进监察体制改革的核心环节,正是推动腐败治理体系中党纪规范系统与监察法律系统的协同。纪法协同的根本遵循是以监察法律为核心的法治规律,由此产生的影响是双向性的,既导致党内法规带来文本表达形式的"去法律

---

① 肖恒:《立法法理学视野下政策法律化的证成》,载《福建师范大学学报(哲学社会科学版)》2022年第5期。

化"与文本结构规范的"法律化"趋势,[1]又导致监察法律与纪律规范的交互融合,形成独特的《监察法》"软性条款"。如此一来,纪委的执纪问责与监委的监督调查处置共同服务于反腐败总目标,再加上纪委与监委在对象上有重合,指导思想、基本原则上也是高度一致的,所以数量较多的纪律规范入法,促成纪法同源新格局的出现。纪律规范入法后,或是监察法律认可已有举措,再次强调纪律精神,以实现纪法互相衔接、互为补充、内在一致,或是监察法律否定已有规定,依据法律价值创设新的处置程序。举例而言,纪律检查机关的调查组曾有权按照规定程序,要求有关人员在规定的时间、地点就案件所涉及的问题作出说明,即曾经的"双规"措施。对此,《监察法》以留置取代"双轨",设置科学合理的构成要件,以摆脱纪律规范与法律规范的兼容困境。无论是肯定还是否定,监察法律对待纪律规范的态度必须保持必要的柔和,通过"软性条款"来确保监察法律的有效落实,尽量避免使用"过硬"的"硬性条款"引发纪法衔接冲突,增大监察法律的适用阻力。

三、功能定位:《监察法》中"软性条款"的实践动力

萨维尼曾指出,法科学同时是完备的历史科学和哲学科学,法学的哲学性是指通向法学赖以为前提的内在的统一性,即体系性。正是存在于普遍意识中的鲜活的"法律制度"的"有机"脉络,而非法律规则之间的逻辑关联,才使得法体系得以存在。[2] 抛开存有争论的部分,至少可以确定的是:法律是一种"体系",体系性是法律的核心特征,任何对法律的理解都必须从法律脉络中出发。出于效率性的目标,最为理想的法律,当然是全部由"硬性条款"组成的法律。但是,这只是一种美好的幻想,是一种极度抽象化的理想模型。所有的法律,在"硬性条款"之外,必然还有些"别的规范",它们不符合"硬性条款"的规范构成,也不直接干涉法律关系的调整,却对于法律脉络有着决定性的价值。归根到底,法律是给人们用以阅读、理解、遵守和适用

---

[1] 蒋凌申:《论监察体制改革中的纪法协同》,载《南京大学学报(哲学·人文科学·社会科学)》2020年第3期。

[2] [德]卡尔·拉伦茨:《法学方法论》,黄家镇译,商务印书馆2020年版,第40页。

的。因而,法律不仅要告诉人们"规则是什么",还应当告诉人们如何解读到"规则是什么"。关于如何解读"规则是什么"的问题,本质上是法律方法论的范畴,关乎到法律目的、法律体系、法律原则以及立法语言等诸多事项。所以,除法律规则的内容之外,法律的目的、精神、解释方法,也应通过立法予以明确。从立法技术来看,指向构成要件与法律效果之间的因果关系的"硬性条款"显然不足以胜任此种任务,毕竟上述等并不会直接产生任何法律后果。相反,"软性条款"以叙述、宣扬、授权等方式,就立法的目标、宗旨、任务或立场等予以引导和诠释,其看似不符合法律规则的一般构成,实际上却是法律体系必不可少的组成部分。

《监察法》中"软性条款"的首要功能,是作为规范性效力的法律依据。所谓规范性效力,是法律规则所具有的规范价值,即构成要件的"应然效果",具体又可分为依据性规范效力和解释性规范效力。[①] 而《监察法》中出现诸多的"软性条款",与监察法律规范的依据性规范效力来源之间存在密切关联。各种类型的"软性条款"功能互补,共同促进监察规范的依据性效力。如陈述性条款更易表达"确认"功能,宣示性条款更易抒发"宣示"功能,通过陈述性条款和宣示性条款的叠加使用,《监察法》的依据性规范效力可得到有效释放。"软性条款"之所以能够赋予依据性规范效力,一是因为其规定了基本政策、基本原则、基本目的、基本制度等监察领域基本制度,形成对于下位规范的"上位确认",为监察事项的规范属性奠定合法性基础;二是因为其与《宪法》以及其他法律相联结,成为法律体系各制度之间的联结纽带,从而在整体层面赋予监察法律规范以体系性的合法基础(或称合宪性);三是因为其直接描述的对象并非法律规则,而是悬于规则之上,立法者所理解和追求的"正义"。在某种程度上,假如承认立法者有限的认知含有正确成分,这种正义价值赋予了所有法律规则以实质合理性,使得法律在形式合法性之外,获得有力的正当性来源。可以看到,作为依据性规范效力保障的"软性条款",终极的价值来源是法律体系,终极的价值目标也是法律体系。通过法律脉络的合法性传递,监察法律体系的内生形态呈现为"软性条款—硬性条款"的上下位阶状态,并借助"软性条款"与外部法律规范体系、社会

---

① 郑毅:《〈民族区域自治法〉序言效力论》,载《法商研究》2017年第4期。

规范体系等形成共鸣,从而反哺整个法律体系以应然效力。

"软性条款"在《监察法》中的大量存在,也是立法旨趣之使然。作为基本法律之一,立法者制定《监察法》的初衷,旨在确立我国监察制度的基本法律框架,并不过分追求微观维度的规则适用价值。一个完整的法律制度,必然由法律法规、部门规章、地方性法规等法律渊源组成科学而系统的有机体系。具体到监察法律体系中,《监察法》在宏观层面对各项制度与原则加以把控,《监察法实施条例》以及各地方性监察法规则从微观层面规定细节和办法。换言之,《监察法》将微观事项统一交给其他立法主体来解决,其他主体也更了解微观事项的运转机制及其实施手段,更适宜于具体事项的设计与执行。通过权力传导与移转的方式,《监察法》实现了高屋建瓴之立法初衷,有效节省了中央立法资源,并妥善处理中央统一与地方个别化的立法冲突。在此过程中,使用大量的授权性条款和倡导性条款是立法的必然选择。通过授权性条款的使用,能将包含立法权在内的部分"权能"转移给其他立法主体,通过倡导性条款的使用,则能对这部分即将转移的"权能"进行实时规训,监督权力的合理行使。所以,从法律体系的内部构成来看,在"国字号法律"使用"软性条款"以完成顶层设计,是合理且高效的立法模式。

最为重要且最容易为人们所忽略的是,"软性条款"给予人们正确解读法律、适用法律的可能。一般而言,法律规则指向具体的法律关系,规范法律关系的基本内容。此处所说的法律规则,更多是指满足规则三要素的"硬性条款"。法律规则自立法之初,便以文字的形式存在于纸面之上。由于法律适用的需求,法教义学的法律解释应运而生,并得到普遍倡导。否则,人们对着一堆条文苦思冥想的结论,谈不上法学的知识理论,最多是语言文字的游戏罢了。如何解释和适用法律,被视作法学的核心议题。有疑问的是,除了法学理论的卓越贡献之外,立法是否以某种形式明示或暗示解读法律规则的正确答案?实际上,"软性条款"正是立法者埋下的"伏笔",是法律为认识和解释自身指明的正确路径。作为体系的重要组成部分,"软性条款"的规范对象与其说是法律关系,不如说是抽象的法律规则。如《监察法》第1条明确指出,制定监察法的目标位阶依次是深化国家监察体制改革、加强对所有行使公权力的公职人员的监督、实现国家监察全面覆盖、深入开展反腐败工作和推进国家治理体系和治理能力现代化,在相关监察体制建构和运行中必须坚持上述目标位次。质言之,"软性条款"的效力表现方式有二,一种在于直接调整人们的日常生活行为,授权性条款是此类条款的主要部分;另一种则是通过规范和约束人们解释法律规则来间接调整人们的行为,宣示性条款、陈述性条款的功能主要集中于此。

第五章
《监察法》"软性条款"的效能分析

博登海默指出,"法律的有效性表现在法律被人们所普遍遵守,且人们对法律有一种认同感。"[①]《监察法》中"软性条款"具有实效,这是确定无疑的。除了实效外,"软性条款"是否具有规范上值得遵守的力量？其效力能否被评价为法律上之效力,而不是道德效力、政治压力？更进一步,"软法"的规范效力通过何种方式得以呈现？这一问题是至关重要的,"软法"一旦没有效力,则没有自成一体的"软法"秩序,则"软法"概念沦为空物。然而,摆在面前的难题是,一般而言,"软法"的确缺乏国家强制力的保障,常常只起到辅助、补充"硬法"的作用,如果"软法"是有效的,这种效力具有何种内容和性质,是否以国家强制力为要件？《监察法》中的"软性条款"带来独特的解读视角,其具备了独特的双重属性,即形式上的"硬法"属性和实质上的"软法"属性,从中可窥见"软性条款"效力的一般规律,为"软法"效力的证成提供新的契机。本章拟从法律的有效性问题出发,反思传统法律效力理论的局限性,借助分析《监察法》中"软性条款"的效力来源及效力机制,为"软法"的效力及其内涵探寻一条出路。

第一节 《监察法》"软性条款"是否有效

法律效力的存在与否,外在表现为法律能否约束人们的行为,反过来

---

① [美]博登海默：《法理学：法律哲学与法律方法》,邓正来译,中国政法大学出版社1998年版,第332页。

说,也就是人们"为什么要遵守法律"。对这一问题的回答,始终是分析实证主义法学派的主要任务。他们坚持法律的"社会事实命题",认为实在的真正的法律与道德无关,让法律的有效性与崇高的道德观念划清界限,由此也直面"为什么要遵守实在法事实"的质问。"软法"也是实践生成的法律,如同实在法一样是存在于社会中约束人们行为的事实。探究《监察法》中"软性条款"的效力来源,可借鉴分析实证主义法学派的理论观点,从中寻求可以汲取的知识营养。同时,不同于其他"社会软法",《监察法》中的"软性条款"属于"国家软法",不仅具有"软法"色彩,还具有"硬法"背景,呈现出"软硬混合"的内在品质。而传统法律效力理论几乎大多是"国家中心主义"的法律效力理论,认为法总是与国家强制性、制裁性相联系,只有国家的法才是真正的法,分析实证主义法学派是这一理论的主要支持者,其法律效力理论或许也可能成为证成"国家软法"有效性的思路之一。因此,本章拟先从分析实证主义法学派的法律效力理论出发,思考《监察法》中"软性条款"的效力来源,综合我国现有"软法"效力来源的研究,试图解决《监察法》中"软性条款"特殊的效力问题。

一、奥斯丁的"命令说"

首先,让我们回到分析实证主义法学派的肇端,看看奠基者奥斯丁对于法律效力的看法。奥斯丁的法学理论是围绕法律效力展开的,对法律及其效力的认识,其最为经典的理论总结是"法是主权者的命令",即命令说。[①]对命令说及其重要价值的理解,不能脱离奥斯丁的时代背景。奥斯丁生于传统自然法一手遮天的时代,法律与道德相互混淆,自然的本质无人可以言说,实在法只能附庸于自然法。但奥斯丁突破了传统自然法理论的陷阱,主张实在法是自然法外独立的存在,法律与道德必然相分离。顺着这一思路,奥斯丁继承休谟的观点,主张事实与价值分离的二元论,区分"实然"与"应然",并且将法学的研究对象限制在实在法,这一进步是具有时代意义的。

---

① [英]约翰·奥斯丁:《法理学的范围》,刘星译,北京大学出版社2013年版,第20~24页。

法理学研究的对象,是指那些我们习惯在某种类型后面加上"法"字样的规则,或者是居于统治地位的政治党派对不占据统治地位的其他社会组织的命令。[1] 如此一来,对法律效力来源的追问从自然领域拉回到实在领域,转化为实在法效力的来源,即人们生活中服从的法律究竟是什么,又为何会服从法律。经过奥斯丁经验的观察和提取,实在领域的法就是主权者的命令形成的规则。

"命令说"主张法律是主权者以国家制裁为后盾,使社会民众普遍服从的命令,法律效力的本质是国家强制力。何谓命令?命令就是对他人的希望(wish),服从命令是义务,不服从命令则会面临惩罚与制裁等不利后果。当一个命令可以约束任何人,且这种对大众的约束具有普遍性,即任何人在这个规则面前都是平等的,我们就称这个命令为法,或者是规则。为明确命令与法律的区别,还需要附加两个条件,才能真正让命令成为法律:"主权者的权威"和"为国家而设置"。"为国家而设置"这一条件很大程度上决定了法律不是某些临时的、随意的想法,而是经过仔细斟酌,能够反映社会现实,切实解决社会问题,解决法律适用争议的,针对所有人的普遍命令。主权者这一角色更为重要,主权者是发布命令的人,且主权者的权力是不受限的,"主权能被想象得有多大,它就有多大"。[2] 命令的制定也可以说是主权者内心意志的外在体现,因为主权者不可能制定不符合自己心意的命令,也不可能使其制定出的命令反过来成为约束自身的工具,就算主权者规定某些自己亦受约束的条款,这类条款也只是形式上的,实施阻力会很大。所以法律不能强迫主权者低头俯首,反而要承认法律层面主权者享有至高无上的"优势"。"'优势'这一术语像其他术语一样,往往承载超越字面意思的内涵,对于'命令'这一术语而言,优势恰恰反映了命令的主观性。意志的表达或宣布,以及强制实施意志的力量和目的,都是一个命令的要素。"[3] '优势'在奥斯丁看来是经验的事实,是主权者与公民之间悬殊的力量对比,实际上成为强制公民服从主权者的力量源泉。奥斯丁借助经验性的现象描述

---

[1] [英]约翰·奥斯丁:《法理学的范围》,刘星译,北京大学出版社2013年版,第15页。
[2] [英]托马斯·霍布斯:《利维坦》,黎思复、黎廷弼译,商务印书馆1997年版,第161页。奥斯丁受到休谟、边沁、霍布斯等人的影响,命令论中可看到他们的影子。
[3] [英]约翰·奥斯丁:《法理学的范围》,刘星译,北京大学出版社2013年版,第35页。

主权者"优势"的存在,即社会公众的"习惯性地服从"。公民自出生之日到死亡之时,总是"习惯性服从"于主权者及其命令,正如出生在我国的人们习惯性地服从中华人民共和国的领导与中国的法律制度。综上,奥斯丁借助主权者、命令、"优势"等,构建了以命令为核心要素的法律规则,以主权者的"优势"为保障,以制裁为强制手段的法律效力理论。

奥斯丁的命令说不能妥善解决《监察法》中"软性条款"的效力来源问题。命令最核心的要素之一是制裁,依赖主权者实施制裁,命令才被服从。被服从的命令,才是有效的命令。这种服从是事实上的强制,是行为人不按照主权者的期望作出预期的行动,就必将被施与恶害。"软性条款"正是欠缺命令所必需的制裁要素而形式上变"软",否则就应当归类为"硬性条款",不符合命令说的法律结构。命令说的命令由"希望+制裁"组成,而"软性条款"或是由"希望+好处",或是单由"希望"组成,没有制裁的恐吓,按照命令说的观点就是没有义务,命令也就失去效力。命令说由于时代局限,只注重以制裁为法律效果的义务性法律,更接近于原始的以暴力手段为保障的刑事法律,却没有关注到授权性法律、宣示性法律等非制裁性法律的重要价值。因此,奥斯丁的命令说尚且不足以解决"软法"的效力来源问题。

不过,命令说也给我们以启发:一方面,法律需要对应的制裁机制,"软性条款"虽然不具有显性的制裁机制,但是否具有隐形的制裁机制,或者在事实上非法律的制裁机制,以辅助其法律效力的生效?另一方面,法律源于主权者的命令,而不是某种道德观念或"自然法",法律的效力也当然地来源于主权者的"优势"权威。这种"优势"或许隐含一种威胁,优势者对弱势者的威胁,同样也可被认为是命令的强制手段。由此或许可以得出如下结论:所有出自有立法权的机关的规则都暗含"主权者"的威胁,当然具有效力。从这个维度出发,我国《监察法》由立法机关制定并颁布,直接体现国家主权者自我净化、自我约束的意思和要求,其中的"软性条款"与"硬性条款"同属法律内容的一部分,似乎可以不加区分地认定具有效力。需要避免误会的是,主权者的权威是否可以为法律效力背书,与法律有无软硬是两个领域的问题。虽然由主权者制定的法律看起来不能对主权者形成很好的制约,但是针对主权者的制约可以通过道德、舆论等其他非法律要素来实现,其作出的命令可软可硬,是主权者根据时宜作出的选择。

二、凯尔森的"纯粹法学说"

奥斯丁命令说符合近代民主的体制需要,其后几百年内,后来者最多只是在奥斯丁的理论上小修小补,没有根本性的创新和变革。直到现代,凯尔森、哈特等新晋学者的出现,才彻底地突破奥斯丁的理论,在奥斯丁的基础上推动分析实证主义向前迈进一大步。无论是法律实施还是法律理论研究,都不能逃避的一个问题是法律的正当性基础是什么,通俗来讲,也可以说是法律凭什么要求人们放弃自己的利益或者通过牺牲自己的某种利益去遵守法律的规定这种正当性基础的论述,往往是比较困难的。[1] 正是由于凯尔森和哈特等在正当性基础领域构建了各自的学说,该学术阵营才得以存续。其中,凯尔森借助纯粹法理论论证效力概念,将法律效力概念的理论实体化推向了最高点,且凯尔森试图只在法律秩序内证成法律效力,这种努力和尝试是珍贵的,在此先就其理论作出阐明。

对奥斯丁的"命令说",凯尔森几乎是全盘否定,给予了十分激烈的言辞批判,并在批判的基础上开创出全新的法律规范与法律效力理论。"命令说"强调法律是"以威慑为手段,以强力为后盾"的命令,凯尔森承认强制是法律不可或缺的要素,在其理论中也认可国家强制力是法律秩序区别于其他秩序的要素,法律秩序以强制性为主要特征。但是,关于法律究竟是什么这一根本问题,凯尔森给出了完全不同于奥斯丁的答案。在凯尔森看来,法律不是主权者的命令,单凭人的意志表达不能也不应成为法律。命令说将法律效力建立在"优势"施加的强力,以达到命令所带有的"必须"或"应当"的效果,完成创设义务的任务。凯尔森认为,这种做法完全混淆了"强制的命令"与"有效的命令"这两个概念,事实上的强制力不能推导法律上的有效性。执法官要求他人交出违法财物的命令和强盗要求受害者交出钱财的命令明显是不同的,前者才是被认可的"有效的命令",后者只是一种暴行。甚至说,执法官的要求甚至不能算作"命令",哪怕他代表主权者,也依然不能代替主权者作出命令。究竟是什么让人们在此时要服从非主权者执法官的

---

[1] 范立波:《分离命题与法律实证主义》,载《法律科学》2009年第2期。

命令？凯尔森趁此提出他的观点,是"规范的存在"而不是强制的命令,赋予执法官以根据法律约束他人的权限,命令之所以具有约束力,正因为命令出自于有约束力的规范授权。

当然,凯尔森虽然批判了"命令说"种种不合理之处,但还是继承奥斯丁实证主义法学的立场,提出了最为人熟知、也最为人称道的"纯粹法学说",旨在让法律完全独立于政治、道德、经济等领域,建构一种不掺杂其他任何非法律因素的实在法律秩序。在纯粹的法律规范体系基础上,凯尔森就效力这一概念作出了专门的界定。凯尔森坚持区分"是"与"应当",法律的"效力"(或称法律的有效性)是"应当"的效力,不是"是"的效力。法律效力意指法律规范规定人们应当如何作为,人们根据法律规范的要求作出符合法律预期的行为,也就是说,法律效力的有无就是人们对法律是否能够自觉遵守,是一种"应当"的效力;法律实效是一种理想状态,指的是人们按照法律规定的那样去行事,法律规范实际上被适用和服从。法律效力与法律实效是不同的,一个属于应然范畴,一个属于实然范畴。[①]"当规范属于某个确定的体系,且在整个体系中能够发挥作用,那这个规则就是有实效的。"[②]简而言之,凯尔森主张规范的实效与效力是两个层面的问题,彼此关联,但绝不相等。实效不是效力的理由,而只是效力的一种可能条件,这就意味着:规范的有效性源于规范本身的效力,而不是规范的实效存在。当然,如果一个规范在其所属的秩序中,被认为是至高无上的代表,并且人们也按照该规则行事,那这个规则在这个秩序中就是有效力的。凯尔森所言的"应当"与其对"规范"的定义有关。按照凯尔森的看法,规范是一种应然状态,即人们应当按照这种规则作出正确的行为。此处的"应当"对应的是不仅仅是命令(command),还包括"可以"(may),即允许(permission),包括"能够"(can),即授权(authorization)。归纳来说,规范就是一个意志行为关于命令、允许、授权特定行为的意义。[③] 这种对"应当"意义的延伸与扩大,无疑是超越

[①] [奥]凯尔森:《法与国家的一般理论》,沈宗灵译,中国大百科全书出版社2003年版,第42页。

[②] [奥]凯尔森:《法与国家的一般理论》,沈宗灵译,中国大百科全书出版社2003年版,第45页。

[③] 转引自沈岿:《论软法的有效性与说服力》,载《华东政法大学学报》2022年第4期。

奥斯丁命令说的进步,将法律从制裁规范的泥泞里拔出,为纯粹的法律规范体系打下基础。

上述"应当"意义的拓展是在一般规范层面的,是一般规范授权执法者作出命令。伴随而来的问题是,如何理解规范的"应当"意义,以及规范为何具有"应当"意义?对这个问题的回答,还需要回到凯尔森对规范的定义中:"法律规范是意志行为的客观意义。"上文已提到,凯尔森否定奥斯丁所言主权者的意思表达就是法律,实在法不是主观的意志,但是,凯尔森承认:规范一定在某种程度上表达着主观意志,但这只是规范的内容,而不是规范的存在。实在法的存在必须是客观意义,否则便只是任意的、虚假的幻想。因此,规范兼备主观性和客观性,在内容上表达出调整社会公众行为的主观属性,在形式上以客观的意义方式存在着。在此时,法律规范的存在就是法律效力。也就是说,只要法律规范被制定并实施,其存在就当然地具有约束力。

回到法律效力的本原问题上,凯尔森所言的效力的"当然存在"和追问的"应当"意义都来源于其所设定的基础规范。按照凯尔森的观点,法律规范体系中存在两种规范:基础规范和普通规范。基础规范是指再也没有比基础规范更加简洁直接的规范,基础规范可以组成普通规范。基础规范绝对不是一个实在法律规范,不具有约束行为的主观意志,而是一种假定性的规范,可以赋予其他规范以效力。凯尔森也承认,为避免追问"应当"来源的无限回归,基础规范是一种功能性的思维构造物,用于确立法律规范的最高权威,从而为法律规范的效力提供逻辑原点。有效规范指的是不同于自然事实,并且其存在方式独特,但是被社会普遍认可的规范。凯尔森运用逻辑分析的方法层层建构了纯粹的法律规范体系,即下一级的规范之存在被上一级规范所规定着,上一级的规范被再上一级规范规定着,追溯到法律体系最上之规范,正是基础规范之存在。由此。凯尔森的法律效力理论展露了全部面貌,法律的效力是"规范的存在",法律的效力本原是"基础规范之存在"。

凯尔森的法律效力理论对于《监察法》中"软性条款"的效力来源研究,同样兼具价值与遗憾。一方面,《监察法》中"软性条款"作为制定法的法律规范,同属于最高规范(宪法规范)的领导之下,"软性条款"的效力来源可追溯到宪法的有效性。在肯定我国宪法规范有效性的共识下,"软性条款"可被默认为有效。另一方面,凯尔森虽然解决了法律规范的效力来源的问题,却也强调了法律秩序作为强制秩序的属性和意义。作为强制秩序的要求,凯尔森区分了主要规范与次要规范,前者规定不利后果,后者规定法律所要求的行为。制裁是法律的主要内容,"法律是制定制裁的主要规范"。这种强制性也赋予一般规范以实行的"有效性",或者说,它保障了"有效性"真正得以有效。可以说,强制力在"有效性"与"实效"之间架起了一座桥梁。如此一来,《监察法》中"软性条款"的确具有"有效性"与"实效",但是其中"桥梁"为何物,又为何能跨越"应然"与"实然"的沟壑,值得做进一步深究。

三、哈特的"法律规则说"

同样是顺承着奥斯丁的思想,哈特经过尝试与努力最终还是否定了奥斯丁的"命令说"。就奥斯丁提出的"习惯性服从"成为人们服从主权者权威的依据,哈特批判地指出"习惯性服从"不能解决法律效力的连续性问题。当政权更替,主权者更换,没有理由说明对前一主权者的习惯性服从,会被后一主权者继承,甚至没办法说明这种习惯性服从可能会被继承。所谓的习惯性服从,只是特定时间和空间内一种经验上的直觉,一旦扩展到整个历史,就不再存在连续的服从。因此,与凯尔森一样,哈特也强烈反对法律效力来源于主权者命令的观点,力图从法律本身寻找到效力的本原。与凯尔森不同的是,哈特意识到对法律有效性的讨论,不仅只着眼于法律体系的内部规范性,更重要的是关注作为事实的法律规则的存在,从日常语言认识法律规则。也就是说,以一种经验的视角分析人们生活中运用和遵循法律规则去行事的事实,从而解答"法律究竟是什么"与"法律是否有效"的问题。哈特将法律的概念与法律的效力关联起来,通过构建一系列法律规则来显示法律的主要特征,反映出法律效力的内在构成,其对于法律效力的独到的视角给我们以重大启发,在此就该观点作深入分析。

要想理解哈特的法律效力理论,首先要理解哈特对法律概念的总结提炼——"法律规则说"与认识与分析法律的工具——语义分析方法。其中,语义分析方法是哈特梳理经验世界人们生活中使用的各种规则,区分习惯、社会规则与法律规则的重要方法,"法律规则说"则是在语义分析基础上,客观地描述出人类世界中法律规则的主要面貌。如哈特在《法律的概念》后记中所说的那样,他所追求的是能够为法学理论界提供一种通俗易懂的、具体化的描述,这种描述使人们可以轻易理解法律是什么。从而对具有政治属性和规则治理面向的法律含义进一步阐述和澄清。而哈特的法律效力理论建立在语义分析方法和"法律规则说"之上,相应地也是一种描述的、规范的效力理论。

哈特转变了研究视角,从法律的语义与语用入手,找到现实世界的法律规则,并给出这些法律规则的不同使用方式,形成了特殊的"内在观点说"。社会生活的标准就是一个合规定的行为产生后,依据这一行为,评价其他的行为是否符合标准。① 日常生活中,人们对法律规则的表达可分为外部陈述与内部陈述。外部陈述表达的是陈述者的"外在观点",即以对某种行为规律的观察后作出某种结果将会发生的预测性结论;内部陈述表达的是陈述者的"内在观点",即自己行为及评价他人的确定的理由。"外在观点"的表达,是行为人站在社会规则之外,对社会规则作出可被观测的描述,如"某国的法律规定了杀人者死";"内在观点"的表达,是行为人将规则视为反省自身行动之标准,接受和运用这些规则作出举动,如"我实施杀人行为可能会被判定死刑"。外在陈述和内在陈述都表明法律规则的客观存在,在这一点上,两者是相同的。但是,关于究竟何者是指导人们行为的法律规则,内在观点是更为重要的,内在观点的表达才能真正传递法律规则的核心特征,即人们接受法律规则的约束。这种对法律规则的接受外在表现为对同辈压力的克服,人们不但自己接受规则,接受他人的监督,也希望他人能够同样按照既有规则规范自己的行为,且共同将这种规则当作自己行事的参照。② 也就是说,人们对其所接受的法律内在方面的态度是审慎的,并且表现在批评及自我批评、要求服从以及对这种批评、要求之正当性的承认之中。哈特认为,如果没有"内在观点",外在陈述仅以习惯等经验方式出现,就不能被

---

① [英]哈特:《法律的概念》,张文显等译,中国大百科全书出版社1996年版,第87页。
② [英]哈特:《法律的概念》,张文显等译,中国大百科全书出版社1996年版,第255页。

称为法律规则。"内在观点"使得法律规则成为规则,是法律规则的核心特征。

秉持着法律"效力"(validity)与法律"实效"(efficacy)二分的立场,哈特进一步提出,"内在观点"是人们自觉地接受规则,并站在规则之内作出行为,将规则当作行为的正当性标准,由此才产生法律上的义务。哈特赞成"命令说"的理论起点:人们的法律行为是受约束的,或者说"义务性的"。但是,这种义务不能如奥斯丁所言来自于主权者的强力,因为"被迫做某事"与"有义务做某事"明显不同;这种义务也不能如现实主义法学派所言来自于人们对行为与不利后果之间因果关系的预测,因为有时违法却不用接受处罚,这种现象直接违反了因果关系规律。解释义务的合理来源必须借助"内在观点",回到法律规则被有效遵守的事实中找寻答案。内在观点表达了人们自愿接受规范的态度,是对符合自身理性的法律规则的选择。当人们外部陈述法律规则时,他们仅仅就"法律是存在的"这一事实作出陈述,并未涉及到是否遵守法律规则,以及就该规则是否有效表明态度。只有当人们接受法律的内在方面、表达出内在观点时,才意味着法律规范成为人们指导生活行为的标准,成为人们作出主张、要求、评判或惩罚的理由。换句话说,法律规则是有效力的,人们需要服从法律设定的义务。只有承认法律规则的"内在部分"被人们赞同并接受,由此持有"内在观点",才能解释人们为何会出于强力以外的原因承担法律上的义务。毫不夸张地说,"内在观点说"突破了法律内部的逻辑游戏,从法律规范的经验语用出发,为法律规则的效力寻找到人类理性的支撑,找到了法律有效性的关键因素——内在观点。

通过"内在观点",哈特区分了习惯与规则,让法律规则具备独立的语用学特征,进而提出法律概念的一般组成:第一性规则与第二性规则,两者构成了整个法律体系的大厦。"第一性规则"要求人们按照外在的规则行事,而不能按照自己的意愿随意为之,接近于与奥斯丁所说的主权者命令,是以制裁为手段要求人们做什么或者禁止做什么的规则;"第二性规则"则是赋予人们废除旧规则、为旧规则限定适用范围、创设新规则的权利,一定程度上尊重了人们的个人意愿。第一类规则设定义务,第二类规则授予权力。单纯的第一性规则具有不确定性、静态性、无效性等特征,它们的共同点很少,除了二者都是大家必须遵守的规则外,再也找不出任何相似点,因此,二者不具备成体系的必要条件,仅能被视为零散的独立规则。① 故而,哈特引入第二性的"承认规则""改变规则"和"审判规则",最大程度地弥补第一性规则的不足。其中,承认规则(rule of recognition)的作用是确认某一规则,为其设定合法性的地位以及统一整个法律制度;改变规则(rule of change)承担的职能是新规则的创设和旧规则的废止;审判规则(rule of adjudication)指导着司法实践活动中具体规则的适用。由此,哈特的法律规则体系既有"坚固的筋骨"——第一性规则,又有"鲜活的血肉"——第二性规则。

接下来的关键是,第一性与第二性法律规则的"效力"如何认定?哈特对这一问题的回答是一种巧妙的转化。在语义分析的语境下,法律效力的判断有了更加具体的规则。即当某一法律体系包含第一性规则和第二性规则的有机结合时,法律的效力问题转变为人们在真实意愿下对法律效力的认知问题。这种转变使法律效力这一难题的答案变得清晰明了。正如哈特所言,法律规则的效力其实是一个内部问题,即当某一法律规则需要达到什么标准才能够进入某个法律体系。如果某一规则被法律确定为是有效的,这也就意味着这个规则通过了某一法律体系的考核,并且为承认规则所认可。② 至于"这个规则具有有效性"的说法,是内在观点所特有的对法律语言的规范用法。即便没有说明接受承认规则的事实,当我们言称"这个规则是有效的",承认规则仍然是被接受,且被运用于这一语境中的。承认规则如同法律规则的度量衡一样,是无需声明而随着认可法律规则效力的实践活动自然得到接受的事实。这时,关于承认规则的陈述是内部的而非外部的,法律的效力就源于对承认规则的内在陈述,"有效"和"无效"也由此成为根据承认规则评定某种法律规则的效力所用的语言。总结而言,承认规则经常被用来检验法律规则的效力。只有当一个法律制度体系中所有的法律规则都有效时,才符合承认规则的要求。承认规则与被承认的各种规则组合成有效的法律制度。

---

① [英]哈特:《法律的概念》,张文显等译,中国大百科全书出版社1996年版,第93页。
② [英]哈特:《法律的概念》,张文显等译,中国大百科全书出版社1996年版,第104页。

按照哈特的法律效力理论,"第一性规则"与"第二性规则"(除承认规则外)的效力没有差异,不存在效力位阶,两者都是普遍被服从的,符合承认规则标准的。既然"第一性规则"与"第二性规则"的效力没有差异,那么作为检验二者效力的承认规则的效力又当如何呢?承认规则更像是一个标准,它不存在有效与无效的区分,仅仅是一种度量衡。对于承认规则,哈特认为承认规则存在与否以及它的具体形态是什么,这些都是一个复杂的事实问题,既然是一个事实问题,那么事实只有存在与否的差别却无需证明。对于承认规则而言,它的效力并不那么重要,重要的是它作为一种检验效力的工具已经成为事实(这也正是内在观点所陈述的事实)。不管规则的内容如何,只要满足一定的形式事实,就可以认定规则有效。值得注意的是,虽然哈特主张对承认规则的内在的陈述才是规则有效性的来源,但是哈特也承认,社会现代化使得规则的广泛承认成为奢望,要求社会公众认识并接受每一个法律规则是不现实的。因此前述提到的"这个规则是有效的"可能仅是官方用法,只有官员可能接受并使用这一制度的法律效力标准。[1] 也就是说,社会民众只需要接受"法律",而法官及公务人员承认和接受法律,并根据法律作出判令,就足以说明法律体系的有效性。

以"承认规则"为标准判断规则的效力,法律效力也就无需以规范具有制裁措施(或者说强制力)为前提。以往奥斯丁和凯尔森就法律效力与制裁必然联系的论述,在哈特转向"承认规则"寻求效力本源后,似乎无关紧要了。哈特明确地指出,奥斯丁、凯尔森以"制裁"为威胁,延伸制裁至每一条法律规则,将法律规则的结构加以窄化,以便排除授权性规则等非制裁性规则,使之成为法律零碎的片段。这种做法即便揭露了一些法律规则的特征,却遮蔽了法律的本来面目,简单化地统一法律形式。法律的效力体现在人们义务性地服从法律,无论有无恶害的威胁、有无不利后果的影响或者有无其他一切法律效果的设定,只要法律被实践性地服从,就意味着人们接受承认规则的约束,也就可以确认法律体系内的该条法律规则就是有效的。对于法律的有效性,恶害、压力等因素不再是效力的来源,即便它们是人们服

---

[1] [英]哈特:《法律的概念》,张文显等译,中国大百科全书出版社1996年版,第117页。

从法律的现实动因。可以说,哈特运用承认规则延伸出法律规则的效力特征的做法,颠覆了奥斯丁、凯尔森以制裁为要件的法律理念,重构了以义务为中心的法律效力。

正是看到了"法律的一个区别特质,就在于它融合了不同类型的规则",哈特的法律效力理论极大程度上解决了"软性条款"的效力来源问题,诸多的第二性规则指向了与"国家软法"相同的对象,对于"国家软法"的研究具有重要意义。《监察法》中的"软性条款"属于我国法律体系内的法律规则,在满足法律体系具有实效的前提下,法律规则只需满足承认规则规定的形式,即可认定具有效力。根据我国《宪法》与《立法法》的规定,《监察法》系立法者经立法程序制定并公布施行,可以被承认为"法律","软性条款"也因此具有法律效力。质言之,《监察法》中"软性条款"的效力来源于法律制度的形式事实——承认规则。不过,为何形式事实可以使得规则获得效力?虽然哈特辩护称这是不应被提问的事实,但是答案其实正是哈特默认的事实之一——国家权威,后文将对此予以展开。

四、我国现有"软法"效力理论分析

我国对于"软法"效力理论的研究成果也较为丰富,代表人物也十分突出,值得作出一定回应。占据"软法"效力研究主流的,依然坚持施耐德教授所言"软法原则上没有法律约束力"。与之相对应,部分学者反思我国软法实践,提出了不同看法:有周佑勇、罗豪才教授等人主张,"软法"既有"硬拘束力",也有"软拘束力",即是说,"软法"作为"法"除了具有"软约束力"之外,也能够借助于某种"硬法"保障方式或机制发挥"硬"的作用。从法与国家强制力的关系来看,"依靠国家强制力保障实施不再成为法律实施的一个必备要件",由此,"国家立法显然并不全是硬规则,还有软规则,很多是不依赖国家强制力保障实施的但具有实际效力的规则"。

沈岿教授反思了此前将"软法"效力等同于实际效力的做法,重新证成了"软法""有效性"的价值。在他看来,"软法"普遍而广泛的实效,是思考和探索其是否具有"有效性"的事实基础。从这一点出发,自然法学派和实证法学派的看法有些理想化,都试图论证"软法"规则的有效性具有一个最终

来源于可靠的、不容置疑的基础。其实,如现实主义法学所主张的那样,软法的"有效性"无非包含两个要素:可以通过外部观察加以确定实际发生效果的规则;该规则被体验为具有社会约束力。因此,之所以说"软法"是应当被遵守的、有效的,不是法律强制的力量约束,而是因为对规范内容的"社会认同"。这种"因社会认同而自发约束自我"的力量是存在的,它正是"软法"的效力。

江必新教授从传统法律效力理论入手,将"软法"效力界定为"软法"规范在时间、地域、对象、事项等维度中所具有的作用力。"软法"效力是一种客观的力,而不是效力范围或效力时间。这种法律效力可以统摄并衍生"实际效力"或者"道德效力",无异于法律的生命力。江必新教授指出,"软法"作为法规范体系的一部分,与其他规范的效力本源是一致的,"主要依靠成员自觉、共同体的制度约束、社会舆论、利益驱动"。不过,不同于沈岿教授所言的"社会认同"说,这种效力驱动的背后,是"软法"规范的利益导向机制。"软法"之所以"有效力",之所以能够在现实社会中"拨动人的心弦""左右人的行为",正是因为法律通过利益导向机制表达了利益、平衡了利益、重整了利益。

总结我国已有研究,"软法有效"的论证十分充分,基本上推翻了"软法没有规范效力而仅有实际效力"的看法。但是,如此前所提到的,"软法"的约束力究竟具有何种本性,即软法的效力本源为何处?在这一问题上,各个论者的观点有着实质性的不同,且或多或少有一定缺陷。罗豪才教授的观点固然认识到国家立法的"软硬"之分,率先证成"软法是有效的"这一规范命题,但是,在以下方面或许有所不足:第一,国家立法的"软规则"并非由国家强制力保障,可国家法律制度却被国家强制力整体性地保障着,哪怕针对不同的法律规范,国家强制力的保障力度强弱不同,这都与"软法"与"硬法"的区分标准是否由国家强制力予以保障相矛盾。一条条的法律规范虽然看似割裂,仿佛是国家法律制度整体的独特的部分,实际上却是相互紧密联系,甚至于作为制度整体的一部分不可或缺。如果对某个法律规范进行删除,法制度将不再是此前的那个整体,它将成为新的法制度,并且依旧保障着制度的每个部分——每条法律规范。第二,"地方软法"的有效性依赖于公众的自觉服从来保障,那么"国家软法"是否也依赖于自觉服从呢?地方软法与国家软法在效力本源方面是否会有所不同？既然"软法"分为"地方软法"和"国家软法"，而"法"是制定主体意志的体现，制定主体的不同势必会影响"软法"的效力来源。对于这一问题的深入，将促使我们认清国家法中"软性条款"的有效性问题。

沈岿教授同样没有在其理论中仔细地对"地方软法"与"国家软法"的区别加以审视，其依赖于现实主义法学的阐释，只会最终走向批判反思的起点"具有实际效力的软法是有效的"。按照其思路，有效性论证的逻辑起点，正是"软法"作为一种现实的规范，被普遍地遵守着，产生约束人们行为的实际效力，这也正是构成判断科学的有效性的第一维度。第二维度即是社会而非个人之于规范的认同，这一结论回答了个人为何在不愿意服从的情形下仍然要服从"软法规则"约束的问题。不过，让我们仔细观察这两个维度之间的关联，"社会认同"实际上被"软法具有实效"包含了！对社会认同与否的判断标准，自然不能追寻国家意志的代表，也不能追求伦理正义的自然引领，而只能回到自身所处的特定的历史和规则来判断。这岂不意味着，如果社会认同该规则，则社会遵守该规则——该规则具有实效；如果社会声称不认同该规则，只要社会没有采取某种明确的方式反对该规则而是仍然现实地遵守规则，则依然可认定该规则是被认同的，毕竟个体的反对是无效的，社会的普遍反对才是否定该规则有效的决定因素。所以，关于社会是否认同的判断，看规则的实效就好。如此一来，"软法"所谓的规范效力，兜兜绕绕又回到了实际效力。

针对江必新教授的观点而言，观点之间似乎也存在自相矛盾，不能妥善解决"软法"的规范效力来源问题。如其所说，"软法"效力绝不是实际效力，而是统摄实际效力和道德效力，这种看法是正确的。但是，江必新教授又主张，软法的效力来源是一种利益的导向——无论是物质利益还是精神利益，终归是对现实利益的功利主义衡量。那么，与沈岿教授观点相同的缺陷在此处暴露：功利主义利益衡量所产生的效力与实际效力有何区别？为何前者可以统摄后者，成为我们所言的规范效力？当现实的利益判断主导"软法规则"的效力有无，"软法"的有效性讨论岂不依然按照这一逻辑展开：如果利益判断为有利的，则"软法规则"被遵守，且被称为"有效"，如果利益判断是不利的，则"软法规则"不被选择和服从，且成为"无效"规则。以利益导向为"软法"的效力来源,固然符合一般的"软法"效力经验,但是此种效力的属性仅是实效,而非规范的效力。原因在于,利益导向终究是个体的实然判断,而非规范的应然判断,"软法"的有效性只能寻求规范层面的来源。

总的来说,我国主流观点虽然认识到"软法有效"并加以肯定,却大多按照社会主义法学和现实主义法学的思路来考量"软法"的效力问题,最终都落入"软法效力就是实际效力"的窠臼之中。这并不意味着要放弃"软法有效"的结论,退回"软法没有约束力"的传统看法,而是让我们反思出路,重新回归自然法与实证法追求规范有效性的思路:为"软法"的规范效力找到一个坚实的、可靠的价值基础,论证这一价值的绝对性并且建构法律规范的效力体系。

经过上述分析实证主义法学法律效力理论的梳理,可以得到以下几点结论:第一,现代法律并非以制裁性规则为主的单一化法律体系,而是义务性规则与授权性规则等多种规则混合的多元化法律体系,应当重视和认可授权性规定等"第二性规则"的价值与意义,承认"第二性规则"的效力。《监察法》中"软性条款"既包含授权性规定,又包含未规定相应制裁措施的义务性规定,对"软性条款"的研究要立足于现代化法律体系的基点,肯定其存在的价值。第二,应当区分法律效力与"实效",不能将两者混同。要坚持实证主义而非现实主义的立场,不能因为出于多种原因作用下人们像法律规则一样行为,就认定法律的实效是其效力体现。现实主义法学派和社会法学派都在此处跌了个跟头,对法律效力的论述只停留在行为观察的经验层面,没有论及法律规范的效力来源。强调这一点在我国软法研究中是必要的,我国常见对"软法"效力的论证都是从实效出发,以实效代替法律效力,模糊了法律效力概念,最终可能导致"泛软法化"的恶果——一切有实效的规则皆为有效力的"软法"。第三,实在法的效力问题要追溯到法律本身给出答案,应当在法律体系内证成法律的有效性,在法律体系外部只能观察到法律的实效。这一点之于《监察法》"软性条款"的效力来源及实效机制都极具启发性意义。《监察法》是我国特色法治体系的一部分,在宪法的领导下,以彻底的反腐反贪为目标,与党内法规协力监督公职人员,《监察法》中"软性条款"的相关内容也应被置于中国特色社会主义法治体系的背景下予以观察。第四,基本可以形成共识的是,即便"软性条款"缺乏法律规则的逻辑要素,由于《监察法》满足立法形式的要求,具备法律效力,其中的"软性条款"也应具有效力。类似地,哪怕"社会软法"的效力有待再作进一步论证,所有"国家软法"都具备法律效力,这一结论理应是共识性的。不过,如果承认《监察法》中"软性条款"具有效力却不具有强制力,有必要进行进一步的追问:《监察法》中"软性条款"的效力有何特性? 又以何种方式得到实施? 这些问题的回答才是至关重要的,具有指引实践的意义,将在第二节和第三节分别予以讨论。

第二节 《监察法》"软性条款"的效力内容

经过哈特的努力,非制裁性规则的法律地位与法律效力问题被解决,自然就可以得出《监察法》中"软性条款"具有效力的结论。在肯定有效性的情况下,如何理解"软性条款"的效力内容,"软性条款"与"硬性条款"在效力内容上又存在哪些不同,这个问题构成了本节内容的出发点。对这一问题的回答,既涉及到"软性条款"与"硬性条款"的性质区分,又关联到"软性条款"的实效机制。本书主张,"软性条款"的效力本源是具备正当性、实践性的国家权威。受国家权威的正当性约束,"软性条款"以拘束力的形式在内、外两个维度发挥效力。同时,"软性条款"的特殊之处还在于,相比"硬性条款"更适宜于主体间的交往情境,因而更适合也往往更常见被用于综合法律领域之外的手段共同参与社会治理。

一、"软性条款"的效力本源

《监察法》中"软性条款"的效力来源于国家权威。纵观凯尔森、哈特等后继者对奥斯丁的批判,都停留在对命令说的反对,而不是对国家权威的反对。哪怕凯尔森的基础规范与哈特的承认规则,乃至于后来者拉兹的最初承认规则与最初裁量规则设计得非常精妙,在面对"法律与道德、宗教有何不同"的诘难时,仍然要回到实在法的根本:由国家制定,以国家承认的方式施行,传达国家意志,即国家权威。如同哈特也不得不承认的,道德规则、宗教规则等文化规则也具有"内在观点",法律规则与它们的不同之处仅仅在于:"内在观点"出自国家。这种看法暗含国家权威在法律规则与道德规则的区分中起到了决定性作用,民众服从的规则内在方面也来源于国家权威。因此,为避免"泛法化主义"和"法律虚无主义"的倾向,同时立足于实在法的客观存在,《监察法》中"软性条款"的效力本原应准确解读为国家权威。

国家权威是一种实践权威、正当性权威。所谓权威,指的是改变行为(做或不做某件事)理由的能力。从政治学角度讲,权威分为"权"和"威","权"指的是某种权利,比如行政机关管理国家事务的权利;"威"则代表一种威望,也可以说是一种社会地位,比如行政机关天然具有地位上的优越性。这种被赋予的权利以及独特的社会地位就构成了权威。只有权利没有威望,或者只有威望没有权利都不能被称作权威。[①] 比较容易达成共识的是,国家权威是一种指引实践活动的实践权威,而不是作用于人们的思想与观念的理论权威。法律规则正是国家权威指引实践所采取的一种方式,直接作用于人们日常行为,规范和引导人们按照合法的形式,或者说,按照给定的法律理由从事社会活动。然而,为何国家权威是正当性的权威,可以制定理性的法律原则"在实践询问中取代了诸如自然或上帝一类的物质原则"?[②] 这一问题关乎到国家权威为何有能力保障法律效力,以及人们是否要服从国家权威的指挥,因此最为引人关注和争议。自社会产生国家之日起,国家便是暴力机器、意识形态、政府意志与人民意志的复合体。国家权威因而先天地具有奥斯丁所言的"优势",这种优势是客观的、形象的,可以让社会公众以各种方式感受到其威力的,比如强制措施、国家政策宣传等方式。法律的角色,正是建立国家权威和传递国家意志的工具。所以,在传统社会中,法律被用以压迫和统治人民,维护少数群体的特殊利益,法律效力的面孔表现为严厉的制裁。国家权威在此时很难谈得上是正当的,至少在实质层面是这样。随着时代的进步,法治的口号被提出,人们开始追求自

[①] 陈秀萍、郁兴艳:《权威合法化与现代国家的正当统治》,载《广西政法管理干部学院学报》2009年第6期。

[②] [德]哈贝马斯:《交往与社会进化》,张博树译,重庆出版社1988年版,第100页。

由、平等的法治理想,国家权威被当作法治约束的对象。可是,法治的理想内含深层次的二律背反,即建设法治以限制国家权力,却又始终为国家权力服务,遵从国家意志的指挥。在此情况下,人们也存在着矛盾的实践理念:既尊重和信赖国家权威,遇事不决则寻求国家权威的庇护,又恐惧和怀疑国家权威,忧心国家权威损害自身权益或是偏袒他人不当利益。由此,国家权威作为法律效力来源的宝座时刻面临崩塌的危险,证成国家权威的正当性迫在眉睫。

"主体间性"的提出,为国家权威的正当性证成指引了一条出路。对国家权威的解读,必须要回到社会交往中的主体间性。将主体间性引入国家权威的存在问题,国家与个人视为动态交互的主体存在,由此重构国家权威的实践特性并证成其正当性。首先,按照主体间性的观点,国家不再是压抑在个体头上的磅礴乌云,不再是象征统治与压迫的"利维坦",而是一个十分强力的主体。这绝对是一个特殊的主体:因为它由很多个体组成,国家工作人员都可以代表着它,以它的名义与其他主体进行交往活动。不仅如此,国家与组织的区别还在于,它设有独立的暴力组织:军队。无论从事何种活动,国家这一主体总是暗含暴力色彩(或者称强制力,哪怕源于军队的强制力是隐形的),其他主体或多或少地意识到这种暴力所在,并且出于自保的本能下意识地遵循和服从。仅仅如此,尚且不能说明国家与劫匪在暴力压迫方面的区别。国家权威的正当性来源于国家暴力以保障其他主体的权益为主要目标,以保障"国家"自身存在为次要目标。以保障其他主体的权益为主要目标,就意味着这种暴力不是刀剑的威胁,而是刀剑的守护。至于以保障"国家"存在为次要目标,这是最低限度地保全国家,从而最大程度地保护其他主体。并且,不可能要求国家完全无视自身利益,甚至放弃自身的存在,转而走向毁灭。倘若如此,这将同时对其他强力的主体,如社会组织、跨国公司等提出舍弃自身利益的要求,这将违反我们对主体自保本能的设定。因此,国家的强力在于保障人民利益,服从人民需要,这将是正当的国家权威拥有的最显著、最重要的主体特征。

其次,国家遵循其制定的规则参与交往,从而获得其权威的正当性,赢得其他主体的尊重与服从。抛开基本的交往活动准则暂且不谈,国家必须制定一定的自身活动准则,限制和约束自身的交往行为,比如《法官组织法》

《公务员法》等。通过自我设限,国家建立起较为和谐的社会活动秩序,避免代表其行事的人员损坏其自身权威。仅仅如此尚且不够,更关键的是,国家需要自觉地遵守其制定的规则,也就是国家工作人员内在地参与规则,依据规则去批评与自我批评。对于国家,自觉遵守规则是比制定规则更高的法治要求。如同上述法治理想忧心的那样,制定规则的国家很可能放弃自我限制,"法"外行事,这就使得国家权威丧失公信力,不再被看作公正的形象。因此,国家若想保持其正当性,必须自觉接受和遵守规则,按照规则行事。唯有如此,人们才会承认国家的规则正当性,进而自发地接受和认同规则,毕竟规则的制定者率先服从于规则之下。

最后,正当的国家权威必须在实践活动中生成。主体间性只是给予国家权威一种可能的获得正当性价值的路径,如果国家权威不想停留在宣称正当的境地,或者强制他人接受自身"似乎是正当的",那么国家权威必须在实践交往中展现自身价值,调整和修正以容纳正当性的价值。离开交往实践,国家权威不能说服其他主体服从法律规则;离开交往实践,其他主体只能认识到法律的概括形象,不能现实地领悟法律的内容并遵从法律的指引。在实践中生成国家权威的正当性质,是一种自我约束的实践,是所谓的"规则之治"。国家开展实践活动的方式、手段、结果等诸多因素在交往中都至关重要,它们会被完整地呈现给其他主体,在其他主体的观念中形成对国家的印象,进而改变其他主体与国家进行交往的态度。举例来说,一个经常采用刑罚手段治理社会的国家,在人们的心中当然是威武的、强大的,同时人们也会"偶然间"地发现,如此频繁的刑罚很可能加诸于自身。最终,其他主体依然习惯性地服从国家权威,却逐渐改变对待国家及国家事务的态度,乃至于采取谨慎交往甚至拒绝交往的态度。也就是说,由于主体的特殊性,国家实践活动的形式会影响到交往实践的存在,某些时候这种影响可能是决定性的。如果国家权威的正当性不单单是一种口号的话,那就必须走上"规则之治",以恰当地维持国家实践的渠道。这种"规则之治"仍然只是一种社会事实,而无关乎道德价值或伦理价值,道德和伦理没有成为评判正当性的标准,即便国家权威先天地持有一定的道德观念和伦理观念。通过实践,国家可以探索出"规则之治"的现实方法,以保证与其他主体的良性互动。这种能力既可以是国家意志的主动追求,也可以是国家意志被动地自我提升。

后者指的是：当国家不采取这种形式，其就会被变革乃至于被推翻，出于保全主体的本能不得不走向革新与提升。

有一个重要的时间节点，也是哈特质疑奥斯丁所提出的，当国家更替时，国家权威能否维持其正当性？这一问题的答案是否定的。若只是国家的领导机构变革，尚且仅是国家内在的部分主体被更换，不影响国家的整体意志与整体形象。但是，若处于旧国家消亡、新国家诞生的时机，旧的国家权威跟随着旧国家这一主体一起归于消灭，新的国家权威跟随着新国家主体降临世间。无论如何，两者也是没有本质上的关联的，不可能发生权威正当性的继承与被继承。并且，旧国家的消亡往往源于国家权威的非正当性，国家早早就丧失其权威，才会被彻底地推翻。因此，新的国家权威自国家建立之日起，必然面临着向其他主体证明其正当性的实践需要。此时的国家最多以武力威胁其他主体的服从，将其他主体当作被统治的对象看待，根本上不具有正当的权威。反观我国历史，新中国建立以后，国家虽历经风雨，但始终全心全意改善民生、服务人民，虽在发展道路上犯过错误、跌过跟头，却始终能爬起来继续向前走，知错就改、知错能改。正是通过长时间的国家实践活动，国家在社会公众心中树立起正当的权威形象，法治社会才有了坚持的政治基础与社会基础。在实践之前，国家不是国家，只是挥舞着旗帜的人群。

综上，国家权威始终是实在法最有力也是最根本的效力来源，我国的国家权威坚持以人民利益为中心，建设社会主义法治国家，具有正当性和实践性。《监察法》中"软性条款"先天自带实在法的法律背景，继受国家意志的背书，自然从国家权威处取得效力。直至今天，哪怕《监察法》仍然有是否存在"软性条款"的争议，《监察法》的效力从未被质疑和否定过，这种法律效力源于国家实践出的正当性权威，"软性条款"也不例外。

二、"软性条款"的效力属性

一项法律规则没有国家强制力作为后盾，并不必然意味着强制力的必然丧失，如果它有强制，它的这种强制力可能不是来源于外部，而源于人们普遍认可的社会规范自身。狄骥还提醒我们：我们也不能将法律规则的强制力与社会为确保它实施而组织起来的强制力相混淆。据此可知,法律规则存在着两种并行的实施方式,其一,依靠法律规则所具有的强制力(拘束力);其二,依赖于社会为保障它实施而组织起来的强制力,俗称为"国家强制力"。需要说明的是,并非所有法律规则都会同时采用这两种实施机制,部分法律规则只需要满足其一即可获得运行,要么通过自身所产生的拘束力来获得生效,要么则依靠国家强制力来觅得生存契机。对于大多数国家法中的法律规则而言,主要采取的是后一种路径,即依靠国家强制力来进行运行。而对于"软性条款"而言,它主要不是依赖国家强制力获得实施,而是依靠这些条款所营造出的拘束力。总结来说,"软性条款"的效力实质上是拘束力,而不单单是国家强制力。

法律涵括义务性、授权性等多种类型的法律规则,不同的法律规则的功能是不同的,有的依靠国家强制力保证实施,有的不需要依靠国家强制力,因此,法律效力不能直接等同于国家强制力。理论界混淆两者观点的看法并未触及法律效力的本质,只是旁观者视角下观察经验的规则实效机制而得出的结论。拘束力与国家强制力不同,国家强制力侧重于强调法律的制裁效果,法律的效力集中体现在违法行为的强制,仿佛法律视为统治者统御被统治者的马鞭,用以训诫不听话的马儿;拘束力则强调一种法律约束行为的作用力,法律的效力集中体现在指引人们实践,约束人们在法律秩序之内行事。正如哈特指出的那样,除制裁性规则外,法律还由承认规则、改变规则和审判规则组成,它们没有对应的制裁性措施,却依然是法律的重要组成部分,重要性的程度甚至超过了制裁性规则。因此,将法律效力等同于强制力的做法是片面的,将视野扩大到所有的法律规则,我们将发现法律效力的真正性质是拘束力。

从效力本原出发,法律规则的效力取得方法不是一种"命令",也不是一种"授权",而是一种主体间的"交互"。为体现法律效力的事实存在,国家权威的确可以采取直接强制的保障方式,可以采取主客体式的"希望＋强制"的规则结构,可以授权或者赋予他人以立法的权力。这些常见的"希望＋强制"形式的确最为直接表现出国家巨大的强制力量,让社会公众最为直观地领悟法律的"威力"。但是,正如凯尔森、哈特对奥斯丁的"命令说"批判一样,这种境况下的国家强制力只是一种暴力形式,与手拿砍刀的抢匪没有任何区别。同样,授权这种和平的形式也会遭遇合法权力与非法权力的质疑,根本原因是授权和强力一样,都只是国家权威借以实现目的的手段,不是国家权威有权施加手段的理由。手段和理由是不同的,关乎效力属性的是有效理由,而不是生效的手段。正当国家权威使得法律有效的理由,是"国家—个人"主体间性的"主体+希望"权威模式。这种模式表现为交往实践中,国家向其他主体表达"希望"的请求,并且通过实践筑牢"希望"请求的权威基础,赢得其他主体的信服,因此使得"希望"取得效力。换言之,无论是制裁性规则还是授权性规则,国家意志都通过该规则传递了"做什么以及如何做"的希望。单凭希望当然不足以赋予规则以效力,起到关键作用的是国家的主体权威,正当的实践权威赢得民众的服从与信任,法律规则被视为国家权威的外在形式而获得效力。所以,法律的效力本质上正是国家权威对社会公民与国家自身的交往行为的拘束力。

当然,拘束力的取得需要满足两个条件:第一,作为规则制定主体的国家认同和接受制定出来的规则。规则成为国家实践行为的标准,国家可根据规则评价公民的行为和自我评价。这就意味着,国家的强力不仅仅是对外的,同时也要是对内的,可以进行自我规训与自我拘束的。第二,被制定出的规则得到普遍的事实服从。如哈特所意识到的那样,现代社会法律逐渐精细化、专业化,不能奢求民众认识并服从每一条法律规则,也不能期待他们参与每一条法律规则的制定与商谈。普遍的事实服从只能是法体系层面的要求,只需要人们"模糊地"认识到法律体系的效力,默示地赞同法律体系的存在,再加之以国家工作人员自觉遵守法律,就可以认定规则得到普遍的事实服从。

由此看来,制裁只不过是对违反国家权威的惩戒,硬性的制裁规则仍然要回归其效力本原国家权威,来考察规则效力的正确定位。"硬性条款"的规则范式为:国家权威表达不希望某事发生的意思,如果其他个体不听从该意思,则承担不利后果;"软性条款"的规则范式为:国家权威表达希望某事发生,或者某事可以自由发生不受阻碍的意思,其他个体可以听从该意思并予以配合。综上,"硬性条款"和"软性条款"的效力性质实际上都是国家权威的拘束作用,只不过前者以某些强制措施为后盾,容易形成法律压力,发挥的拘束作用较强;后者以鼓励措施或非法律措施为后盾,不容易形成法律压力,只能借助其他压力,能够发挥的拘束作用往往较弱。

当我们着眼于《监察法》中"软性条款"的效力性质,会发现某些更为奇妙的结论:《监察法》中"软性条款"的拘束力似乎不"软"反"硬"。传统上,国外学者们不但不认可"软性条款"的"法律强制力",对于"软性条款"的约束力也多持怀疑态度。例如,哈格教授曾指出,"软法"是缺乏法律约束力的,即便其具有某种约束力,这种约束力也是最低层次的,要大大弱于传统的法律约束力。① 另外,在对《欧盟条约》中的一般行动纲领、意见、建议等进行评价时,姜明安也曾认为,"软法具有一个共同的特征:不具有完全的法律上的约束力,但也并非完全没有效力"。② 按照软硬法律规则的分类,《监察法》中"软性条款"没有配套的法律责任条款,没有制裁机制的法律规则的效力当然是"软"的,似乎也应如此前学者所认为的那样,只能发挥不完全的弱拘束力。然而,实践中,《监察法》"软性条款"的实际效力超乎想象,具有相当显著的拘束效果,甚至远超"硬性条款"的拘束力作用。这不得不让我们反思,究竟是某些特殊因素的影响导致《监察法》中"软性条款"的实效意外出现,还是《监察法》中"软性条款"的确拥有独特的效力性质有待分析? 回顾我国监察法律法规的发展可知,我国纪检监察实为一体,《监察法》是国家法与政党法律的结合,是一门具有高度政治属性的法律。并且,《监察法》规范的对象为国家公务人员,且监察部门更是直接监督从事公务的人员。这一特殊的法律背景是我国其他法律所不具有的,笔者曾分析过《体育法》《档案法》中的"软性条款",这两部法律的"软性条款"同样属于形式较"硬"、实质较"软",效力作用局限于法律的引导和社会组织的自我压力,的确符合"软性条款"效力较"软"的结论。而《监察法》中的"软性条款"可充分利用政治机制、行政机制形成压力,拘束作用远超其他法律内的"软性条款",以至于出现"软性条款"不"软"的奇特现象。究其原因,一方面,国家工作人员本就代表国家权威开展交往活动,国家公务人员对法律规则的承认与接受必须是全面而完整的,对"软性条款"也不能例外。另一方面,从事国家公务的

---

① See Jaap Hage, "*What is Legal Validity: Lessons from Soft Law*", in Pauline Westerman, Jaap Hage, Stephan Kirste & Anne Ruth Mackor eds., *Legal Validity and Soft Law*, Springer International Publishing, 2018, p.20.

② 姜明安:《完善软法机制,推进社会公共治理创新》,载《中国法学》2010年第5期。

人员处于政治体制之内,受政治目标与政治系统的极大影响,来自于政治体制与行政机制的压力时时刻刻提醒着:"软性条款"的违背意味着政治上的错误,虽然没有法律上的责任,却有政治上的强制。因此,《监察法》中"软性条款"具有特殊的效力性质,表面上虽"软",实际上极"硬"。

三、"软性条款"的效力特征

"软性条款"的拘束力具备以下特征:第一,拘束力是一种作用力。第二,拘束力的作用维度分为法律内外两个维度。第三,拘束力的作用机理为混合态势。现就以上特征逐一分析:

第一,拘束力是一种作用力。所谓作用力,要求拘束力经验地作用于人的行为,形成对自我行为以及他人行为的评价标准。质言之,拘束力是使行为发生法律效果之力,是法律上之力。拘束力的来源是法律规则,不是道德准则或伦理观念,由此区分了拘束力和道德效力。拘束力是法律上的效力而不是实际效力,法律上的效力存在于现实世界,且普遍地作用于现实世界,但是并不必然在个别的行为中产生现实的效力。同样,个别的现实效力也不能推出法律上的效力,实际效力只是一种与法律效力追求的结果相似的事实状态,而非使得法律结果发生作用之力——法律效力。因此,首先可以明确的是,拘束力必然是法律上之力,存在于法律规则,旨在发生法律效果。

拘束力作为一种作用力是经验性的。称拘束力是经验性的,不等同于拘束力是实际效力,而是强调拘束力存在于并作用于经验世界。拘束力和法律规则一样,都是一种社会事实,而非思维构造假定之物。凡是内在地认可法律规则的观点者,都因参与和接受法律规则而受规则之约束。当然,这种拘束力只象征着法律效果发生之可能,而非法律效果发生之必然事实(实际结果或实际效力)。举例来说,支持"杀人者死"的行为人实施了杀人行为,但是他选择逃亡躲避法律的追究。由于行为人内在地接受法律规则,可以认识到行为的法律效果——死刑,法律规则对他的行为就产生了拘束力。至于行为人最终选择逃亡,这只是法律效果是否发生的结果问题,也就是实效问题,与拘束力无关。此时或许会有人质疑,既然拘束力仅仅意味着一种可能性,为何其仍然是经验性的作用力?实际上,拘束力的存在是以规则与交往为前提的。国家制定实在法,并依据实在法开展主体间交往活动,获得公民的认可,这种规则被国家权威赋予效力且对公民产生效力的过程完全是经验性的。因而,存在于规则实践中的拘束力也是经验的事实,不以规则是否实际生效为要件。

拘束力作为一种作用力也是普遍的。拘束力的作用受到时间、地点、范围的限制,毕竟规则是现实地存在于特定时空场域之下,这就是效力范围的问题。不过,拘束力普遍地作用于每一个主体,平等地产生法律效果之可能。这就意味着,无论是谁,只要认同象征国家权威的法律规则存在,拘束力就必然伴随而生。当然,这种法律规则必须是现存的实在法,且国家权威也同样现存于世,否则不可能存在"国家—个体"的交往情境。如此一来,一些属地管辖上的问题就获得了新的解释理由。比如甲国的公民进入我国,其进入国土并进行社会活动的行为被视为默认我国法律的存在,自然应受到我国法律的约束。而代表甲国的外交人员则有甲国的国家权威为支持,在我国的活动可被视为国家与国家的交往,自然需要新的活动规则而不适用我国的法律规则。还要避免混淆过去法律的影响力与实在法的拘束力。比如罗马法已经过去上千年之久,却可以因某种美好品质而被假想是有效的,从而产生一种拘束力。这种说法明显是荒谬的,没有人应受"不存在的法律"约束,只有实在法才能现实地拘束人们的行为。

第二,拘束力的作用维度分为法律内与法律外两个维度,即法律效力既是国家权威的自我约束,也是国家权威的外在约束。其中,法律外的效力维度是国家权威对外在社会的约束,也就是法律效力所及之范围,即法律作用于何时何地何人何事。要想规范人们的行为,就应为人们的行为方式提供全方位的参考手册。[①] 因此,法律外的效力维度是面向社会公众,规范公民个人的行为的。传统法律范围的讨论已经就该方向的问题作出深入阐释,在此无需重复。

值得关注的是"软性条款"效力的法律内维度。法律的概念由义务性规

---

① [奥]凯尔森:《法与国家的一般理论》,沈宗灵译,中国大百科全书出版社1996年版,第45页。

则、权利性规则、宣示性规则等诸多类型的法律规则集合而成,"软性条款"作为第二性规则,在法律体系内部起到关键作用。当社会结构仅由第一性规则构成时存在明显缺陷,这种缺陷体现在三个方面,分别是模糊性、滞后性和无效性。首先,模糊性是指当人们对某一规则产生异议或者司法机关对某一规则持有不同见解时缺少权威的机构及时作出解释。其次,滞后性是指当社会情况与立法时的情况产生区别时相应的法律规则却不能及时作出改变。最后,无效性是指当相应的公认规则被违反或者发生争议时,缺少强制性的处罚措施来保证规则的执行,也缺少解决争议的手段。针对于此,引入第二性规则("软性条款")补救第一性规则的缺陷是必要的。承认规则可以确认某些规范特征的规则,使它们成为这个社会所要遵循、有社会压力支持的规范规则,从而弥补法律的不确定性;改变规则可以授权个人或者群体,以废除旧规则或引入新规则,从而弥补法律的静态性;审判规则可以针对个人特定情况作出判决以确立一般的规则,既包括审判的主体方面的规则,也包括审判程序的规则,从而弥补法律的社会压力无效性。在《监察法》中,"软性条款"也发挥着类似的作用。单纯的制裁性规则不足以胜任反腐倡廉的重任,唯有运用"软性条款"统筹第一性规则,表达和宣传法律的目的与精神,《监察法》的确定性、动态性才能得以维持。

深层次来说,"软性条款"法律内的效力维度也是国家权威正当性的内在要求。传统法律效力观下,法律规则仅仅对外产生效力,主张法律作用于公民的行为。而现代社会中,法治还要求国家自我规范,法律规则不仅对外有效力,对内更要有强力。《监察法》作为监督之法,某种程度上就是法律规则对内有效、国家遵循制定规则的重要保障。不过,监察人员也是国家公务人员之一,一举一动象征着国家权威,监察人员监察其他公务人员,自身又受何者监督?这正是"软性条款"意图回答的问题。监察人员受《监察法》中"硬性条款"的强力制裁,更受《监察法》中"软性条款"的感化教育。通过设置"软性条款"并执行相应效力机制,监察人员同时接受自律与他律,促成其自觉遵守法律并严格按照法律行事。如此一来,一个完整的国家权威正当实践体系才得以构建。

第三,"软性条款"的拘束力采用混合作用机理,既有软硬混合,又有法内外混合。社会治理视域下,"软性条款"与"硬性条款"、"软性条款"与社会规范等彼此之间存在"关联性"和"互补性","软法"的局限性恰恰在另一层面上成为"硬法"等规范的优势,而"硬法"等规范的弱点恰恰又可以为"软法"所弥补。虽然规范的性质各不相同,各自独立,却可以彼此促进,共同作用于社会治理。因此,在肯定"软性条款"具有独立的法律拘束力的前提下,可以发现软性条款特殊的软硬混合、法内外混合的效力机理。

就软硬混合的作用机理方面,"软硬混合"构成了《监察法》生效机制的基本维度。事实上,在《监察法》的运行过程中,由"软法"所衍生出的"软性条款"或"半软性条款",是一种建立在"软法"基础上的治理模式,在治理过程中,它会贴近"民意",并且以动员、宣传和鼓励为主要手段,从而实现法律的"软性着陆"。而建立在"硬法"基础上的"硬法治理",则是一种传统的治理模式,它多表现为义务性规范和禁止性规范,在治理过程中,它力求凸显"国家法"的唯一权威性,并以国家暴力机关为后盾,从而实现法律的"硬性着陆"。显然,软法效力机制与硬法效力机制存在着功能上的互补性。"软法治理"具有协商民主、充分动员的优点,但法律拘束力强度不如"硬法治理";"硬法治理"虽然效力位阶较高,但却不能充分体现法律共同体的"社会意志"。因此,不管是"软性条款",还是"硬性条款",都应该成为《监察法》中的重要因子,两者缺一不可。"软硬共治"成为法治现代化语境下《监察法》中"软性条款"效力机制未来发展的基本面向。

就法内外混合的作用机理方面,"法内外混合"构成了《监察法》中"软性条款"效力机制的特色路径。《监察法》与党内法规、社会规范等非法律规范共同作用于公务人员的廉政建设,《监察法》中法律规范是明确的、直接的、严格的限制,而党内法规、社会规范等非法律规范则是温和的、间接的、概括的限制。相较于"硬性条款",《监察法》中的"软性条款"协商民主的特点更切合混合治理的需要,更适宜于推动自律型廉政建设。又因为《监察法》的性质极为特殊,政治属性过于突出,政治体制、党内法规与监察法的联系十分紧密,《监察法》的"软性条款"于是以高度政治性为法律背景,以协同治理为目标,给其他社会规范的参与留下充足的空间。因此,《监察法》中"软性条款"的效力机制将与非法律效力机制一并运行,共同作用于国家治理现代化建设。"法内外混合"成为治理现代化语境下《监察法》中"软性条款"效力机制的中国特色。

第三节 《监察法》"软性条款"的效力保障

作为新中国在反腐败领域的第一部基本立法,《监察法》在实践中发挥着"实验性效力"。这集中表现为,监察法的出台为我国反腐败工作起到拨乱反正的作用,能够推进反腐败工作更加深入地展开,使掌握公权力的公职人员不能腐,不敢腐,不想腐。《监察法》作为我国法治体系的必要组成部分,对于全面推进依法治国有重要作用。[①] 与此相关联的是,"实验性效力"的发挥,也必然隐含着约束力的实效机制问题,即为了发挥"实验性效力",就需要通过"软法优先—硬法跟进"的模块设计,为"硬法"探路。因此,在文本构成上,大量使用"软性条款"也就在所难免,对此,有学者指出:"在一元多样的混合法治模式中,软法的功能主要体现在如下几个方面:一是弥补单一硬法之治的结构性缺陷,补充硬法的不足;另一方面,软法可以引导硬法,即通过先行先试为硬法探路。"[②]有鉴于此,笔者认为,《监察法》中的"软性条款"有国家权威的背书,也应具有法律拘束力。利普塞特曾说:"一再地或长时期地缺乏有效性,将危及合法制度的稳定。"[③]"软性条款"不仅有效,更要转化建立长效机制。结合《监察法》近三年的实践运行状况来看,这种拘束力的发挥,主要外化为二种特殊的执行机制,分别是"权力监督型"实施模式和"党规辅助型"实施模式。其中,"权力监督型"实施模式主要是用以生成"内在拘束力","党规辅助型"实施模式主要是得以形成"外在拘束力",两种实施模式协同发力,共同演化出"软法"不"软"的效力格局。显然,不同于传统"软法"的"自律"机制(在实践中,这种自律机制主要表现为"资源引导

---

① 马怀德:《〈国家监察法〉的立法思路与立法重点》,载《环球法律评论》2017年第2期。
② 汪全军:《民间法 软法 地方法制:三种新兴法学理论的比较研究》,载《民间法》2019年第1期。
③ [美]利普赛特:《政治人——政治的社会基础》,刘刚敏译,商务印书馆1993年版,第56页。

型"实施模式),《监察法》中的"软性条款"主要依靠"他律"得以实施。据此可知,《监察法》中的"软性条款"并非真的"软",虽然在逻辑要素上缺乏"罚则"机制,无法通过国家暴力机关来为其"保驾护航",但它在传统的"软法"的"自律"机制基础上,通过两种"他律"机制来完成"自我救赎",即权力监督型实施模式和党规辅助型实施模式。

一、"权力监督型"实施模式

由于监察委员会为《监察法》所新设的国家机关,因此,监察委员会的管理体制必须在这部法律中得到明确,《监察法》第8条、第9条、第10条共同勾勒了我国监察机关的管理体制,即"国家监察委员会由全国人民代表大会产生、负责全国监察工作""地方各级监察委员会由本级人民代表大会产生,负责本行政区域内的监察工作""国家监察委员会领导地方各级监察委员会的工作,上级监察委员会领导下级监察委员会的工作"。通过以上法条可知,事实上,普通监察机关是受到内、外部双向制约的,就内部而言,它会受到上级监察机关的领导,从外部来看,它会受到本级人民代表大会的监督。《监察法》中的诸多"软性条款",是被置于这种"领导—监督"框架内而进行实施的,其自然也就具有了规范效力。例如,当监察机关工作人员违反《监察法》中"软性条款"时,他极有可能招致上级监察机关的不满,并同时面临同级人民代表大会的权力监督。这时,对于监察机关工作人员来讲,《监察法》中通过"软性条款"所确立的"法律任务"即转化为政治职责而获得执行,这种"监督—被监督""领导—被领导"的体制设计,在一定程度上推动了《监察法》中"软性条款"的实施。

(一)权力监督型实施机制的实施主体

权力监督型实施机制的主体在内有上级监委会,在外有人民代表大会,各自承担不同的监督职责。根据《宪法》第172条,监察委员会依法独立行使监察权,专门监察所有履行公职的人员,监察权成为一种独立的监督权力。党的十九大报告提出:"要加强对权力运行的制约和监督,让人民监督权力,让权力在阳光下运行,把权力关进制度的笼子。"[1]监察权是一把双刃剑,既可以"打老虎""拍苍蝇",也应关进制度的笼子里,自觉接受党和人民的监督。因此,《监察法》规定监察委员会应当接受本级人民代表大会以及上一级监察委员会的监督,从而深化监察体制改革,健全党和国家监督体系,让"软性条款"受到监督体系的保障。

上级监察委员会的监督,主要形式为内部的"领导—被领导"体制。这种体制使监察委员会的内部监督更具有实效性、更契合国家监察工作的专业特性以及监督机制运行成本低廉等实践优势。[2]上级监察委对下级监察委的监督对象主要是监察官是否依法依规履职,是否遵纪守法,具体包括:是否及时履行监察职责,监察程序是否符合法定要求。监察委的内部监督集中于《监察法》"硬性条款"的实施,侧重于监察业务的合法性检验,对监察人员的违法行为与监察委的失职,直接依据《监察法》相关规定予以处理,实现监察委内部自我净化和自我约束,提升监察效能。同时,还应注意运用好惩戒与激励相结合的领导监督模式,对监察委工作突出、贡献重大的个人进行物质和精神奖励,对履职期间有严重失误、重大过错的个人严肃追责,并追究负有责任的领导干部的政治责任。

人民代表大会及常委会的监督,主要形式为外部的执法检查制度——一种人民监督制度。根据《监察法》第53条的规定,各级人民代表大会及其常务委员会可以通过以下四种方式对本级监察委进行监督:听取和审议专项工作报告、组织执法检查、对监察工作中的有关问题提出询问或者质询。其中,监察委员会也要接受同级人大常委会的执法检查。人大常委会因此享有一项新型的监督权力。这种来源于外部的人民监督是有力的、应当发挥制度功效的,尤其对于"软性条款",执法检查制度能够给予巨大的外在政治压力,提供效力上的支持与保障。组织对监察委员会执法检查,可以激发监察机关的监察工作动力,及时整改监察不作为、监察乱作为的乱象。相较于听取审议报告或者就有关问题提出询问或者质询,作用于内部的执法检

---

[1] 习近平:《在中国共产党第十九次全国代表大会上的报告》,《中国共产党第十九次全国代表大会文件汇编》,人民出版社2017年版,第54页。

[2] 谢汶兵:《监察委员会内部监督的实践优势与强化路径》,载《党政论坛》2023年第2期。

查可以更全面地监督监察行为,并且这种对监察行为的监督具有主动性,监督的时间跨度与内容跨度更加显著,更有利于发现监察工作中存在的真实问题,切实就有关问题展开深入调研。当然,执法检查还可与其他的监督方式相配合,比如人大代表及常委会中参加执法检查的工作人员在发现监察问题后,有权就发现的问题进行专项调查,有关人员有接受质询的义务。

要注意的是,为确保监察工作的有效性,除了被监察者需要接受监察外,监察机关以及监察机关的人员同样要接受监督。即人大代表及人大常委会委员是否应接受监察监督？我国《监察法》中并没有人大常委会委员及人大代表应接受监察的规定,但这是否意味着人大常委会委员及人大代表不需要接受监察？事实上,许多人大常委会委员都兼具公务员的身份,既然是公务员,掌握公权力,就应当接受监察法的监察。本书主张,为避免监督工作相互掣肘,除上述具有公务员身份外的人大常委会委员及人大代表,不应当作为监察对象,监察机关的监察范围应当受到合理限制。一方面,监督者与被监督者的关系不应形成循环。在人民代表大会与监察委两个相对方之间,不应存在被监督的监督者,否则监督体制将沦为彼此利用完成政绩的工具,互相监督不过是"纸上谈兵",不能期待在受监察委监督的情况下还能对监察委开展公正严明的执法检查。另外,我国的一切权力属于人民,人民代表大会及人大代表是我国的权力机关,下级机关对权力机关职权领域的干涉本就是个伪命题。因此,人大代表与人大常委会委员执法检查过程中不应被归入监察对象一列,监察机关不享有对其的监察权力。

(二)权力监督型实施机制的运转机制

权力监督型实施机制的监督是全面而深刻的,所监督的对象是《监察法》法律条款是否得到贯彻落实。监督事项可分为监察委员会与监察官两个主体、监察实效与监察业务两个方面。

在监察实效方面,应着重监督的重点是《监察法》的法律规范是否得到严格执行。《监察法》出台后,监察工作的首要任务应是落实监察条款,提高监察实效。通过对监察工作的内在考核与外在评价,促使监察机关深入落实监察条款,使监察法中的"软性条款"得到有效发挥。具体反映监察实效的事项有:职务犯罪的发生率;监察对象的日常监督记录与汇报;职务犯罪主动投案和自首情况等。对于监察机关监察时效的考核,要避免走向两个极端,既不能夸大监察工作的效果又不能使监察工作"悬于空中",应当结合各地区开展监察工作的实际情况,综合该地区政治、经济和社会环境,做到既体谅难处,又不偏袒一方。监委会的工作本就是监督国家机关依法履行公职,是保障民生、建设法治的重要防线,这其中一定会遇到诸多困难有待解决,对监委会的监督要讲实事求是,发现真问题、解决真问题,科学公正客观地进行评价,既不能"大事化小、小事化了",也不能遇到问题就扩大化、全面否定监察工作。通过监督监察实效,可以结合实践中发现的真问题,改良和完善监察体制,并且就《监察法》相关规定进行细化、修改和补充。

在监察业务方面,着重监督的是监察官的监察能力与监察态度,监督监察官是否自觉履行监察职责,对国家与人民永葆忠诚。《监察法》要求公职人员保持廉洁的道德品质,监察官更要以身作则,拥护党的领导,自觉维护清正廉洁的守法秩序。如《监察法》多处提及"加强法治教育和道德教育,弘扬中华优秀传统文化""构建不敢腐、不能腐、不想腐的长效机制",《监察法》内含对公职人员以及监察人员的道德要求。这种道德要求往往在法律条文中未设置相应的制裁机制,属于"软性条款",效力的保障有赖于内外双重监督。通过监督监察官开展监察工作的方式(包括是否开展廉政教育、是否宣扬理想信念、是否主动提出监察建议等)以及外界对监察委员会的评价(包括监察对象的评价、监察对象之外的社会组织、民众对监察工作的意见等),权力监督可以促成监察机关主动依法行使权力、开展道德、文化和伦理教育,从根本上预防和治理腐败问题。

二、"党规辅助型"实施模式

党的十八届四中全会通过的《中共中央关于全面推进依法治国若干重大问题的决定》明确了党内法规的法律地位,并提出党规国法"衔接与协调"的重要论断。[①] 新时代下,党内监督体系和国家监察制度相互呼应,共同致

---

① 《中共中央关于全面推进依法治国若干重大问题的决定》,载《人民日报》2014年10月29日,第2版。

力于国家反腐败工作的开展,是监察工作的核心,也是制度核心。自监察工作的核心法律文件颁布以来,相关监察工作的配套实施方案齐头并进,共同为我国反腐败工作保驾护航。① 党内监督法规与《监察法》同为调控"监察事务"的重要规范供给,两者具备内在机理和外在表征上的双重"相似性"。从要素配备上来看,党内监督法规与《监察法》主要以"软性条款"为主,这些条款并不必然涉及惩处性机制,从外在表征上看,党内监督法规与《监察法》同属政治性规范,监察法中的许多条款在党内法规当中均有显现。因此,党内监督法规与《监察法》共同成为了发端于中国本土的、具有鲜明中国特色社会主义的解决中国腐败问题的基本规范。运行过程中,党内监督法规与《监察法》的这种双重"相似性",将会演化为一种"协同机制",这种"协同"关系主要体现在制度设计、实施原则两个层面。也有学者将这种"协同性"表述为"融贯性",即这种融贯性是由我国党内监督与国家监督有机统一的体制决定的。② 在制度设计上,在党内法规与国家法律相融合的大背景下,《监察条例》与《监察法》在具体的制度设计和条款制定上表现出相互借鉴的特点,二者积极吸收对方有效的、成熟的监督经验,致力于提升党内外公共权力监督的实践效能。《监察法》将《监督条例》中道德教育和个人感化部分借鉴过来,并将"监督"置于"处置"之前,使监察工作以廉政教育为基础而展开。③ 因此,《监察法》中"软性条款"的落实,无法脱离《监督条例》的配合而运行,党内法规对于促进"软性条款"的实施发挥了正向作用;而《监察法》中"软性条款"的实施,也为以《监督条例》为代表的党内法规的推行创造了可行性条件。

(一)党规辅助型实施机制的法治底色

党规辅助型实施机制是中国特色社会主义法治的重要组成部分,是《监察法》中"软性条款"的特色效力机制。新时代下,党内法规被纳入中国特色社会法治体系之中,与法律规范体系、法治实施体系、法治监督体系和法治

---

① 冀明武:《论党内监督法规与国家法律制度的衔接》,载《江汉学术》2020年第2期。
② 段鸿斌:《基于党和国家监督体系的监察法规的类型化构造》,载《人大研究》2020年第6期。
③ 冀明武:《论党内监督法规与国家法律制度的衔接》,载《江汉学术》2020年第2期。

保障体系等具有同等层面与价值的重要地位。① 依据外在表现形式的不同,党内法规可分类为"三级结构":第一层是具有最高效力地位的党章,第二层是占据主要内容的多元化的准则、条例和规则,第三层是作为基础层级的规定、办法、细则等。② 党内法规的"三级结构"构成了科学的系统的党内法规体系,与法律规范体系并存,共同服务于法治建设的总目标。党内法规调整的是党内关系,即客观存在于党员之间、上下级之间、党员和党组织之间的一种正式的组织关系,这三种具体的组织关系是党内法规所着重规范的客体。党内法规自诞生之初,就被认定为一种特殊的"软法",先天性附带有"软法"色彩。不过,党内法规的规则体系中,存在着大量党纪规则,它们具备完整的"假定条件—行为模式—规范效果"等法律规范三要素,对党内组织关系一般会通过设置权利性规定和义务性规定的方式加以规制,与国家法对权利义务关系的规制具有形式上的相似性。就党内法规的内容而言,部分党内法规与《监察法》的规制对象有着高度重合,如共同追求确保党员领导干部廉洁从政,用制度规范从政行为、按制度办事、靠制度管人,从而加强领导干部廉洁自律工作和干部队伍建设,深入推进反腐倡廉建设。此外,由于我国宪法确立的中国共产党的特殊领导地位,党内法规对党务的调整与国务有着必然联系,党内法规的拘束力由此远高于其他组织规章等"软法"、社会法。因此,以党规辅助《监察法》中"软性条款"发挥实效是符合法治目标、促进法治建设的科学方案。

(二)党规辅助型实施机制的纪律特征

党的全面领导和监督是监督机制运行的前提,党对国家监察委员会的领导是最有力的领导,对国家监察委员会的监督是最有效的监督。《监察法实施条例》第 2 条明确规定,要"坚持中国共产党对监察工作的全面领导,增强政治意识、大局意识、核心意识、看齐意识,坚定中国特色社会主义道路自信、理论自信、制度自信、文化自信,坚决维护习近平总书记党中央的核心、

---

① 张文显:《论在法治轨道上全面建设社会主义现代化国家》,载《中国法律评论》2023 年第 1 期。
② 廉睿、卫跃宁:《党内法规的法学逻辑及其与国家法的契合路径》,载《学习论坛》2017 年第 4 期。

全党的核心地位,坚决维护党中央权威和集中统一领导,把党的领导贯彻到监察工作各方面和全过程",并且,要"依纪监督和依法监察、适用纪律和适用法律有机融合"。这就意味着:党对监察工作的领导是全方面、全过程的,监察工作必须以党的领导为前提,实现依法监察与依纪监察相结合的新时代党的领导下监察工作新模式。

具体来说,党对监察工作的领导具有以下纪律特征:第一,党的领导是绝对的、无条件的。党作为领导主体,享有最高的政治力量,监察机关必须无条件服从党对一切工作任务的领导,从逻辑上不存在任何对党与监察机关的职能冲突或内在矛盾。监察工作必须符合党的标准,体现党的意志,跟从党的追求,才能有序推进反腐倡廉工作有序进行,保证监察工作朝着正确方向前进。第二,党的领导是全过程、全方面的。党的领导贯穿于监委会工作人员的思想树立和作风建设中,也体现在具体的监察执法工作中,还体现在留置、衔接司法各个环节。在监察工作的任何时刻、任何环节,党的领导都是确保国家权力行使的方向正确、立场正确、意识正确的根本保证。脱离党的领导的监察工作无法开展,也无法获得其他部门的有效配合,党对监察工作的领导是贯穿始终的。第三,党的领导是有拘束力的。党的领导意味着党的监督,党与监察机关形成"领导—监督"关系,监察机关自觉接受党的监督。党引领着国家监察工作的内部决策与政治导向,同时又承担监督监察工作的重要责任。党的监督为监察工作提供外在保障,使监察工作始终沿着正确的政治方向走下去,做到不偏位、不乱跑,给"软性条款"的实施带来硬性的政治保障。

(三)党规辅助型实施机制的运转程序

党规辅助机制主要是通过强大的组织强制力和部分的内心强制力来保障"软性条款"执行生效。党内法规的生命力在于实施,只有付诸实施,才能发挥其在规范党内权力运行和政治生活等方面的应有作用,不会成为说在嘴上、写在纸上的摆设。现如今,我国党内法规已经形成有体制的、有组织的、有监督的实施机制,可以有效运转和实施,所有的监察人员必须是党内人员,遵守党的纪律成为考察是否有资格成为监察人员的第一道门槛。因此,监察人员的日常生活与监察工作都受到党内法规的组织强制力与自我的内心强制力的约束。

所谓组织强制力,是指由组织或社团内部的有权机关或部门对其内部成员所作出的否定性评价或惩戒性处罚,并由组织或社团来监督这些处罚性措施的执行。党规辅助型实施机制所具有的组织强制力具体表现为:党的纪委部门可以对监察干部违反党内法规的行为(往往也是违反《监察法》中"软性条款"的行为)进行查处,并视情节轻重作出相应处罚。党组织的监督涉及到诸多事项:监督监察委员会是否始终坚持党的路线方针政策,严格遵守党章和党内法规;监督监察委员会是否遵守宪法和法律规定,依法监察;监督国家监察委员会是否贯彻执行党的组织原则与根本制度;监督监察委员会是否严格依据党的标准选拔干部,监察干部是否道德良好、作风端正等内容。通过党组织的日常教育与培训,"软性条款"的宣示性精神与陈述性内容得以深刻印入监察干部心中,监察干部也将受组织的强制遵守"软性条款"的规定。

与此同时,受党内法规教育,监察干部的内心强制力也对"软性条款"的平稳运行起到了助推作用。现行的监察法规和党内法规体系中,存在着大量道德性训诫规范和道德性原则,更设有长期常态化开展思想政治教育的规章制度,督促监察人员自我反省错误、自我改进工作作风。如《中国共产党廉洁自律准则》中,就倡导性地要求中国共产党党员要做到廉洁与自律,讲究公私分明、崇廉拒腐、尚俭戒奢、吃苦在前、廉洁从政、廉洁用权、廉洁修身、廉洁齐家等。这些具有强烈道德属性的条款从程序上难以通过严厉的惩处性措施来保障,更多依赖于党员个体的内心强制力来执行生效。当然,这些道德性条款的存在本就发挥着教育党员干部,提醒党员干部自觉遵守党规监规的道德感化作用。同时,每个党员干部经历严格的入党程序,对党的理论和党的思想有着清晰的认识,选择入党就代表着高度认可党的事业、理想和追求,其内心就会把无产阶级事业作为自己的内心信仰,于是在党内政治生活中就会不断警醒自己,时刻把党的道德作为自己的行为准则,由此形成自律性的自我约束。因此,组织强制力和内心强制力就构成了党规辅助型效力机制的主要组成,对监察干部产生强大的政治拘束效果,督促他们自觉遵守监察法规和党内法规。

三、"资源引导型"实施模式

在现实层面,"软法效力的本源,也就是法律效力的本源,是利益导向机制"。[1] 由于"软法"的内在特性,资源利益的外在引导更有利于激发"软法"的规范效能,对保障"软法"实效而言起到举足轻重的作用。所以,为强化"软法"效力,应明确利益导向机制,使"软法"施行具有足够的外部激励条件。[2] "国家软法"中,也常常可见"软性条款"资源引导型实施机制的法律依据,比如《环境保护法》第 11 条就明确规定"对保护和改善环境有显著成绩的单位和个人"给予奖励。通过给予资源上的奖励,激励行为人自觉遵守"软性条款",以柔性手段实现"软性条款"的拘束效力,这正是最具有代表性的"软性条款"资源引导型实施模式。通过这种"柔性执法",不但使得法治时代的社会治理更有温度,也能提升部门法中的"软性条款"的"落地"效能,使这些"软性条款"从"书本中的法"走向"行动中的法"。

具体到监察领域,利益导向机制也是《监察法》中"软性条款"实施的一种重要途径。利益是监察委员会作出角色的激励因素之一,"软法"为监察委员会设定符合其精神追求的可得利益,且这种利益满足国家反腐败工作的要求。监察委员会遵守"软法"在本质上是为了获得这种利益,也是为了获得社会对监察委员会反腐败工作的高度评价。在具体从事监察工作的过程中,监察委员会经常会有意识地按照"软法"的规定从事监察工作,保证监察业务正常开展。反之,若没有遵守"软法",虽然不会形式上违背法律法规,承担相应法律责任,监察委员会却会面临丧失信誉,失去在监察工作中获得群众支持、机关配合的机会,甚至存在引发工作冲突的风险。因此,资源引导型实施机制作为"软法"的典型效力机制,同样可用于《监察法》中"软性条款",且在其中发挥着重要的引导与感召作用。

---

[1] 江必新:《论软法效力:兼论法律效力之本源》,载《中外法学》2011 年第 6 期。
[2] 江必新:《论软法效力:兼论法律效力之本源》,载《中外法学》2011 年第 6 期。

(一)资源引导型实施机制的利益导向

在利益导向机制的类别上,又客观存在着物质利益导向机制、精神利益导向机制和方法利益导向机制的类型区分,三者分别对应着物质类引导资源、精神类引导资源和方式方法类引导资源。物质类引导资源,即是通过物质奖励、物质激励的途径,引导有关主体自觉遵守《监察法》中的"软性条款"。例如,在实践中,部分监察委员会通常会对采取依法履行反腐倡廉职责,且成效显著的机关和监察官给予物质奖励。此外,除等级津贴外,监察官还享受其他津贴、补贴、奖金等福利待遇。如按照国家规定享受地区附加津贴、艰苦边远地区津贴、岗位津贴等津贴,以及在年度考核中被确定为优秀、称职的,按照国家规定享受奖励性工资。这些物质奖励措施的使用,对《监察法》中"软性条款"的实施起到一种引导作用。

精神类引导资源,主要表现在监察工作领域的荣誉性奖励层面,又细分为对个人的荣誉奖励和对单位的荣誉奖励,前者包括颁发奖状、会议表彰、先进工作个人等数种类型;后者包括颁发锦旗、授予荣誉称号、通令嘉奖等诸多形式。这些措施对于唤起监察官的监察职责意识,激励监察官自觉遵守《监察法》中的"软性条款",起到了十分重要的作用。

在物质奖励和精神奖励之外,还存在着方式方法类引导资源,它主要指向的是"以人性化、调动当事人遵从接受的恰当方式方法作为引导性资源保障实施的软法"。[1] 通过监察领域的"柔性执法",不但使得公务员廉政工作监管更有温度,也能提升《监察法》中的"软性条款"的"落地"效能,使这些"软性条款"从"书本中的法"走向"行动中的法"。

(二)资源引导型实施机制的内在逻辑

资源引导型实施机制有其内在合理性,符合一般人的理性需求与国家治理的需要。"软性条款"与"硬性条款"共存于《监察法》之中,两者并非处于相互对立的地位,而是互相补充、相辅相成,形成一种互相促进、互相转化的良性互动关系。"软性条款"可以作为过渡性规范,弥补"硬性条款"在含

---

[1] 方世荣:《论公法领域中"软法"实施的资源保障》,载《法商研究》2013年第3期。

义准确性、执行确定性方面的不足,并且作为新型制度内容的法律依据,支撑实践工作的积极探索。为此,采取资源引导的手段,而非国家强制措施,更利于应用"软性条款",实现"软硬法并举"的混合治理。

一方面,监察人员与国家机关全心服务人民,同时,监察人员妥善行使监察权力,做好监察工作的动因还包括其自身的政治追求。监察工作人员会结合现实制度和社会状况来衡量遵守"软性条款"的收益与成本,若收益大于成本,国家工作人员就会受利益驱使,选择遵守"软性条款",所以资源引导型实施机制符合个人的利益需要,"软性条款"的效力得以实现。在现行公务系统考评体系下,当监察人员与国家机关面对其他平级机关的竞争时,将会产生一种内部竞争机制,使得一定区域内各级监察人员与国家机关形成横向比较。即便获得的奖励资源数量不多,也很少有人员愿意失去获得利益的机会,而是选择为了自身利益的最大化而认同"软法"和尽可能执行"软法"。由此,监察人员与国家机关内在的利益诉求转化为对"软性条款"的外在认同,并以此作为自身行为的正当性标准,形成一种内在约束力来指导和评价自身行为,"软法"不但发挥了社会治理的工具属性,也成为了社会公众内心尊崇的道德标准。

另一方面,"软性条款"可作为"硬法"的初步试验,为"硬性条款"的转化与创制提供先导性经验和调试空间,从而选择一个更加合理的制度方案。这不是在否定"软性条款"的独立性地位,或者认为"软性条款"是低级的、初级的规则,而是就发生学的角度来看,诸多"硬性条款"的出现是以"软性条款"的实践积累与不断完善为基础的。不妨说,"软性条款"可被用于"实验试错"或"想法证伪"。通过"软性条款"的先行创设与实践,产生一定的影响并积累一定的数据,供立法者选择合适时机和合适手段,或者仍然维持"软法治理",或者经正式立法程序转化为"硬法治理"。无论是选择何者,立法者都有较为充分而全面的考量,作出的判断也更为理性和可信,出错的可能性也相对较小。此时"软性条款"采用资源引导型实施机制,哪怕"试验"失败,所需付出的代价往往只是一定数量的财产与效率,不会造成严重的社会秩序紊乱,是国家与社会可以承受的试错成本。再次澄清的是,"软性条款"与"硬性条款"具备相同的法律地位,甚至某种程度上"软性条款"的法律形态更为高级。合理的有效的法律实施机制,"软性条款"与"硬性条款"必须

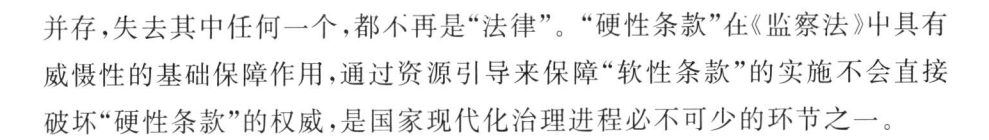

并存,失去其中任何一个,都不再是"法律"。"硬性条款"在《监察法》中具有威慑性的基础保障作用,通过资源引导来保障"软性条款"的实施不会直接破坏"硬性条款"的权威,是国家现代化治理进程必不可少的环节之一。

(三)资源引导型实施机制的运转程序

作为"软法"的典型运转机制,资源引导型实施机制的运行条件呈现为一种"由下而上"的生成逻辑,即"软性条款"若要生效,必须首先获得社会层面或者个人层面的认同。只有"软性条款"体现充分的公共协商精神,并满足社会需求,才有可能获得生效的基础运作条件,并被社会大众所接受。此种运作逻辑是社会内生秩序的有效体现,《监察法》中的"软性条款"虽然具有国家法的"硬"形式,但也具备此种"软"实质。

基于"自上而下"的"软性条款"生成逻辑,资源引导型实施模式更多的是通过约谈、自愿适用等柔性手段而得以应用。究其原因,第一,资源的引导不完全具备强制性。"软性条款"从逻辑上缺乏强制力手段,哪怕有着权力监督以及党规辅助,毕竟在强制力程度上远远弱于"硬性条款",因而国家暴力机关无法保证其得以实施,只能设置有利条件吸引他人自愿遵守。这种有利条件的吸引是否成功取决于监察官与监察委员会的主观意愿,即便监察工作人员采取相对懈怠的态度,只要没有违法履职触及法律底线,就难以从法律层面采取强制措施。第二,《监察法》中的"软性条款"也是国家尊重社会自生秩序所演化出的产物,其运行必须要以维护良好的廉洁秩序为首要目的。而约谈、自愿适用等柔性手段,不但不会过度破坏既存的工作秩序,尽可能维护群众利益的稳定保护,还有利于督促公务人员与时俱进,自我醒悟。尤其是在当前社会转型期,众多国家工作人员的工作态度与工作作风有赖于通过"软性条款"而得以治理,"硬性条款"的威慑力有余,感召力和感化力不足。

资源引导型实施模式还可表现为制度惯性和舆论压力,这两种实施机制与资源引导的手段相互配合,以促成主体不受强制而自主服从"软性条款"为目的。所谓制度惯性,是指当《监察法》中所规定的某种制度经过多年实践,演变为惯例后,即便缺乏国家强制力的保障,该制度也能有序运转下去。制度惯性是通过由内而外的主观意识推动所实现的,老牌监察官与新晋监察官之间"传帮带",廉洁守法的监察精神也被传承下来。而舆论压力之所以能够督促《监察法》中"软性条款"的落实,是因为它将外在的舆论压力转化为人内在的精神压力,从而最终提升人的主观意识,这是一种被动式的执行。在现代社会,随着反腐事业的大力推进,清正廉明的氛围也正在逐渐形成,公民的公权力监督意识被高度激活,社会舆论由此而成为监督《监察法》实施、促进监察法治进程的支配性力量之一。一旦个人、组织违反《监察法》中的"软性条款",将有可能面临着公众舆论的谴责,这种舆论压力在无形中提升了违法成本。并且,《监察法》中的诸多"软性条款"以国家机关为规制主体,对于这类型的"软性条款",它还通过"从众压力"而获得实施。当大多数国家机关均遵守《监察法》中的相关规定,自觉反腐倡廉,而只有个别机关违反《监察法》中相关规定贪污犯罪时,个别机关势必会遭受"从众压力"。这种"同类一致"的无形压力也有利于提升"软性条款"的可实施性。

第六章
《监察法》"软性条款"的未来面向

第一节 中国式法治现代化语境下的"软性条款"

一、"软性条款"在中国式法治现代化中的基本内涵

(一)中国式法治现代化:"良法"指引"善治"

《中华人民共和国监察法》第1条指出,"为了深化国家监察体制改革,加强对所有行使公权力的公职人员的监督,实现国家监察全面覆盖,深入开展反腐败工作,推进国家治理体系和治理能力现代化,根据宪法,制定本法"。可见,在现代国家,法治不仅是国家治理的基本方式,也是国家治理现代化的重要标志,无论是体制改革,还是监督保障,都离不开法治建设。因此,国家治理法治化,是国家治理现代化的必由之路。[①] 2022年10月16日,习近平总书记在党的第二十次全国代表大会上作出题为《高举中国特色社会主义伟大旗帜 为全面建设社会主义现代化国家而团结奋斗》的报告,全面阐述和揭示了中国式现代化的基本理论和本质要求,明确指出中国式的现代化道路是一条"人口规模巨大、全体人民共同富裕、物质文明和精神

---

① 张文显:《法治与国家治理现代化》,载《中国法学》2014第4期。

文明相协调、人与自然和谐共生、走和平发展的现代化道路"。① 这一现代化道路,与法治密切相关:一方面,法治为中国式现代化提供支持与保障,在实现现代化道路的过程中发挥着指引、规范、筑基的作用;另一方面,实现中国式现代化也促进了法治的规范化与科学化,逐步构建了具有中国特色的现代化法治体系。总之,法治与现代化相互成全,协同共进,具有密切的关系。国家治理体系和治理能力现代化作为当前和未来一个时期"治国理政"的宏伟目标,对"治理主体、治理机制、治理技术都赋予更高的要求。……要全面提升治理主体的法律素质,其次要健全治理体制机制,最后要创新治理技术,引进多元治理手段"②。总而言之,法治是国家治理体系和治理现代化建设过程中不可或缺的元素,没有法治,就不存在国家治理现代化。因此,要建设中国式的法治现代化,再通过中国式法治现代化作用和推动国家治理的现代化,强调法作为推动国家治理现代化的工具功能。正如党的十八届四中全会明确指出"法律是治国之重器,良法是善治之前提",这意味着我国的现代化建设必须注重法治建设,从简单的治国理政转变为"治好国""理好政",③以"良法"引导"善治"。

所谓"善治",是指追求公共利益最大化社会管理过程的最理想状态。这既要求构建和谐有效的社会秩序,还要求激发社会的活力,探索出社会治理的新路径。④"善治"蕴含在中国式现代化建设的理路中,习近平总书记明确指出"中国式现代化的本质要求是要坚持中国共产党领导,坚持中国特色社会主义,实现高质量发展,发展全过程人民民主,丰富人民精神世界,实现全体人民共同富裕,促进人与自然和谐共生,推动构建人类命运共同体,

---

① 习近平:《高举中国特色社会主义伟大旗帜 为全面建设社会主义现代化国家而团结奋斗——在中国共产党第二十次全国代表大会上的报告》(2022年10月16日),人民出版社2022年版,第22页。
② 俞可平:《走向善治》,中国文史出本社2016年版,第58~59页。
③ 汪习根等:《中国特色社会主义法治道路的理论创新与实践探索(第三卷)》,人民出版社2021年版,第13页。
④ 俞可平:《走向善治》,中国文史出版社2016年版,第75页。

创造人类文明新形态"。① 正如前文所言,善治的实现,前提要求是有良法作为保障,因此法治现代化是中国式现代化的题中应有之义,也是中国式现代化顺利推进的重要保障。

从宏观维度上看,中国式现代化与中国式法治现代化之间在内容上是包含关系,即法律作为一种规范和指引的象征符号,本身蕴含于中国式现代化的要求中,为中国式现代化提供制度保障与价值指引,保持我国的基本道路不变,维护我国的政治局势稳定。从微观维度上看,中国式现代化与中国式法治化之间实则是纲领与内容、目标与保障之间的关系:其一,中国式现代化,需要中国共产党领导实现,所代表的是中华民族、全国各族人民的集体利益,需要通过全过程人民民主参与的方式实现,这就需要"国家根本大法"宪法的明确规定,通过宪法代表的国家和人民的权力"象征力"和强制力引导中国式现代化建设的"社会行动",起到纲领性的作用。其二,中国式现代化的推行,涉及到经济、民生、生态、科技、文化、教育等方面的内容,还包括建设善治政府、善治乡村等。在上述具体领域中,需要以民法、商法、经济法、科技教育法、文化法作为"社会行动"的引领,同时也需要刑法、行政法、诉讼法对"行动者"的社会行为进行保护,可见法的功能在于起保障作用。其三,中国式法治现代化,需要长远思维与较强的立法技术,在各种新兴领域都必须时刻保持改进的态度,并致力于使法趋近于完善。且由于中国式现代化是全体人民共同富裕的现代化、是人与自然和谐共生的现代化,因此需要推进法治现代化,完善生态环境立法、食品安全法,贯彻"为人民服务"的民生法律观、构建"以人为本"的新生法律领域、维护"可持续发展"的基本国策与社会价值。其四,中国式法治现代化,必须推进政治体制改革与基层组织建设,正如董仲舒所言:"当更化而不更化,虽有大贤不能善治也",法治现代化必须重视引导政治体制改革、法治、服务型政府以及国家人才干部的培养和建设,还要推进乡村"善治"机构建设、促进乡村振兴战略传播和"扎根",实现乡村"产业兴旺、生态宜居、治理有效、乡风文明和共同富裕",而法

---

① 习近平:《高举中国特色社会主义伟大旗帜 为全面建设社会主义现代化国家而团结奋斗——在中国共产党第二十次全国代表大会上的报告》(2022年10月16日),人民出版社2022年版,第23~24页。

治现代化正是推进体制改革与乡村振兴的必然道路。其五,规范群体社会行动的"公序良俗"、道德规范以及能够俨然助力乡村治理、乡村善治的"村规民约""仪式过程"等非国家权力机关立法形成的"社会软法",也是推进乡村振兴、助力中国式现代化建设成功推进的宝贵的法治资源。

(二)中国式法治现代化的基本向度:"软法"补充"硬法"

纵观中国式法治现代化的演进路径,对于"普适化"与"本土化"的争论在学术界始终尚未盖棺定论,且争鸣一直持续着。持"普适论"的学者坚称,需要博采众长,借鉴融合,即将西方国家的法治文明"移植"到中国的法治本土,或者在中国法治模式的雏形上"嫁接"西方的法治文明,形成西式化的中国法治体系。"本土论"者对此持反驳意见,他们立足于本我,认为中华民族伟大复兴的使命、中国司法文化的历史传统以及复杂多样的国情等多元因素共同决定了中国式的法治现代化必须从内部出发,挖掘具有中国"符号"的地方性法治资源,即强调走"本土化"的法治道路。然而,文化是包容的,法治文化建设亦是如此。作为"中国式现代化"在法治层面的具体实践,"中国式法治现代化"更加彰显了"海纳百川"的包容性,既对西方法治经验进行"本土化"改造,又融入了传统中国社会"规约"与法治元素,实现了专业司法与大众司法之间的有机结合,在法治功能上做到内在统一,在克制与能动之间实现外在转化,集中彰显了中国式法治现代化的自身特色。更重要的是,通过吸纳西方法治经验融入到中国"本土化"的法治资源中,将二者进行有机转化,走出具有中国特色的法治道路,这种方式不仅可以用于民商、刑法等领域中,在监察法法域生态中亦同样适用。对此,正如有学者指出的一样,"中国式法治现代化是马克思主义法治理论与中国法治建设实际相结合、与中华优秀传统法律文化相结合的重大成果"。[①] 作为崛起中的大国,我国法治体系内部本就持有法治的传统以及地方性的法治资源——"软法",而"软法"在形式上和实质上都能与上述情形产生耦合。

"软法"在"中国式法治现代化"这一语境下的作用发挥,主要体现在与"硬法"的调和之上。若将法律简单地分为"硬法"和"软法",所谓"硬法"是

---

① 沈岿:《论软法的有效性与说服力》,载《华东政法大学学报》2022年第4期。

指权力机关根据公共利益和公共秩序的需要，按照特定流程形成的、公民及社会团体所必须遵循的行为规范。"硬法"由有立法权的国家机关制定，具备国家强制力保障，依靠国家力量的推动而运行。所谓"软法"则是指法律逻辑结构相比"硬法"更为松散、不依赖明确的刑罚来保障实施却能产生现实规范效力的法律形态。[1]相较于单一的"硬法"形态，"软法"具有更灵活多变的样态，在生成机制上更为多元和包容，不仅具备一定程度上的民主协商价值，[2]还可以解决"硬法"无法解决或不便处理的问题。"软性条款"亦是如此，其源于国家法，却具有"软法"的特征与本质，以压力传导型、司法说服型等软性实施机制，[3]处理中国式现代化建设过程中在各个领域中出现的各种社会矛盾，补充了"硬性条款"所无法触及的领域。在中国式法治现代化中，"软性条款"起到了相当重要的作用：其一，"软性条款"可以规范国家公权力的行使，规范党务行为与行政行为，推进从严管党治党与法治政府建设；[4]其二，"软法"可以弥补"硬法"不足，在推动公法结构的均衡化的同时，强化"硬法"的问题导向、提高"硬法"的实效与质量；[5]其三，推进政府法制、地方法制、"社会软法体系"三者功能互补、协调发展，是全面推进依法治国、建设法治国家的题中应有之义。[6] 因此，在"中国式法治现代化"进程中，"软法"在现代法治社会中发挥着无可替代的作用，换言之，即在社会中实际产生社会行动规范效力的"软法"，能够"赋能"于具有国家强制力的"硬法"，使其实施更加到位、适用更加公正、法律实效更高，[7]以"软硬并用"的方式从法治之维实现国家"善治"。

---

[1] 廉睿、卫跃宁：《由"硬法之维"到"软硬混治"——中国法治进程中的软法资源及其运作路径》，载《学习论坛》2016年第4期。

[2] 廉睿、高鹏怀：《整合与共治：软法与硬法在国家治理体系中的互动模式研究》，载《宁夏社会科学》2016年第6期。

[3] 廉睿：《"软"条款何以输送"硬"效力？——〈环境保护法〉中的"软性条款"研究》，载《河北法学》2023年第11期。

[4] 姜明安：《软法在推进国家治理现代化中的作用》，载《求是学刊》2014年第5期。

[5] 罗豪才、宋功德：《认真对待软法——公域软法的一般理论及其中国实践》，载《中国法学》2006年第2期。

[6] 张文显：《建设中国特色社会主义法治体系》，载《法学研究》2014年第6期。

[7] 罗豪才、宋功德：《认真对待软法——公域软法的一般理论及其中国实践》，载《中国法学》2006年第2期。

需要明确的是，不论是中国式的现代化，抑或是中国式法治现代化，都是中国共产党领导下的现代化，可以说，中国共产党的领导是中国式现代化与中国式法治现代化的根本政治保证。习近平总书记不仅指出"中国式现代化，是中国共产党领导的社会主义现代化"[①]，同时也强调"只有坚持党的领导，人民当家作主才能充分实现，国家和社会生活制度化、法治化才能有序推进"[②]。这段话深刻地阐释了党、中国式现代化与中国式法治现代化之间的逻辑关系，成为全体中国式现代化建设者以及法治工作者的行动指南。未来中国式法治现代化建设的实践，需要引导一切可行、可用的法治资源参与到法治建设与公共治理中，这其中也包括"硬法"与"软法"资源。"硬法"是由国家统一的立法机关制定的，具有国家强制力的稳定性高、覆盖性广的法律规则，具有法定拘束力，[③]在程序制定上具有严谨性，可以更好地发挥国家强制力效果。而相较于"硬法"的制定过程，"软法"的制定程序相对简单，其并不强调必须由国家正式机关或者是权威组织依照法定程序颁布并实施，因此并不具有国家强制力，[④]但存在于社会中的"软法"，却具有和"硬法"相当的规约社会行动的法律边际效力。这种"软法"规制彰显于诸多的法律类型中，包括《体育法》《环境法》《监察法》《档案法》等法域，其中，《监察法》对于"软性条款"的运用直接显示了国家法治生态和公共治理领域的"善"。例如《监察法》第 6 条指出"国家监察工作坚持标本兼治、综合治理，强化监督问责，严厉惩治腐败；深化改革、健全法治，有效制约和监督权力；加强法治教育和道德教育，弘扬中华优秀传统文化，构建不敢腐、不能腐、不想腐的长效机制"，以"软性条款"的方式规定了法治教育与德治教育，将弘扬中华优秀传统文化作为价值导向，对国家监察工作作出了整体上的要求。

---

① 习近平：《高举中国特色社会主义伟大旗帜 为全面建设社会主义现代化国家而团结奋斗——在中国共产党第二十次全国代表大会上的报告》（2022 年 10 月 16 日），人民出版社 2022 年版，第 22 页。
② 习近平：《论坚持全面依法治国》，中央文献出版社 2020 年版，第 42、106 页。
③ 雅各布·E.格尔森、埃利克·A.波斯纳：《软法：来自国会实践的经验》，商务印书馆 2011 年版，第 87 页。
④ 刘长秋：《党内法规属性的再认识》，载《中南大学学报（社会科学版）》2023 年第 1 期。

二、"软性条款"在中国式法治现代化中的独特功能

"软法"是一个概括性的词语,其不仅包括"软性条款",还被用于指称许多法现象,这些法现象有一个共同的特征,就是作为一种事实存在的可以有效约束人们行动的行为规则,而这些行为规则的实施总体上不直接依赖于国家强制力的保障。[1] 可见,"软法"资源是丰富的,诸如行政方案、政策法规、仪式、习俗、村规民约、道德规约等都可以是"软法"的表征,都可以规制和引导组织、机构以及社会主体的行动。同时,"软法"还可以弥合"硬法治理"实践中的"失范"[2]风险,能够作用于"硬法"所不及的领域,如费孝通先生所言:"在乡土社会,法律是用不到的,乡民们所依靠的乃是礼俗和道德……"[3]。社会是多元的社会,社会现象、社会事务以及社会文化都是多元复杂的,而作为"强制力"的国家"硬法"并不能涉足每一领域、每一事务。因此,在社会主体的多元实践中,"软性条款"可作为"硬性条款"的补充,发挥社会规范的效力,将"软性条款"进行创造性转换与创新性发展,既延拓了中国式法治现代化的本土化资源供给,同时也为中国的法治现代化建设提供实践理路。可见,"软性条款"与中国式法治现代化建设之间,尤其是与涉及权力监督与规制的《中华人民共和国监察法》之间,存在着资源整合的可行性、内生动力转化的可能性与助力具有社会主义特色的中国式法治现代化建设的必要性,如有学者所说的"在国家治理中,'软法'基于其特有的协商价值与民主价值,可以扮演重要角色"[4]。就学理而言,"软性条款"之所以能被变迁与调适,进而嵌入中国特色社会主义法律体系与中国式法治现代化体系的建设中,是因为"软性条款"在现代化场域中和其他法律形式一样已经实现了功能聚合,持有政策导向、制度形式与社会规范的属性和功

---

[1] 罗豪才:《公域之治中的软法》,北京大学出版社2006年版,第6页。
[2] 江嘉浩、廉睿:《乡村建设行动中软法资源与硬法规范的互动机制研究》,载《民间法》2022年第2期。
[3] 费孝通:《乡土中国》,北京出版社2005年版,第43~44页。
[4] 廉睿、高鹏怀:《整合与共治:软法与硬法在国家治理体系中的互动模式研究》,载《宁夏社会科学》2016年第6期。

能,可以在中国式法治现代化建设中被演化和借用。

(一)"政策—功能":"软性条款"的政策实现功能

首先,在立法的缘起上,"软性条款"明显是为作为"硬性条款""失范"补充之法,其目的在于更加规范社会实践,构建和完善具有中国特色的法治体系。鉴于"软性条款"在法治实践中的重要角色,未来势必需要在立法上丰富"软性条款"的内容,强化其"规范效力","以国之命"强化"软法"资源立法的位阶级别。在此基础上,在中国式倡行的"法治、德治、自治"三治合一的"善治"系统中,"软性条款"的高位阶立法有必要成为立法政策的未来演化,进而强化其在中国式法治现代化建设中的"政策—功能"司法属性。如若溯源"软法"概念,可以发现该概念凸显于20世纪的国际法研究领域,其一经出现,便在法学界引起偌大的反响,甚至颠覆以往法律研究的范式。"软法"在西方国家的话语语境中被表述为"soft law",与传统的"硬法"(hard law)有所不同,它虽然不具备严格意义上的国家强制力,却可以作为一种非文本性规约发挥指导人们进行社会行动权威性作用。20世纪末,我国开始对"软法"进行研究,探究其在社会主义市场经济环境下的功能,以及其在公共治理场域中的效益。在此背景下,"软法"的法律运用分为"国家软法"和"社会软法":所谓"国家软法",是指由国家机关制定或创立的,但并不具备国家强制力的一系列规定或者规范,[1]其具体包括没有明确责任条款的法律文本和法律规定、国家机关制定的涉及公共利益的公共性政策、国家机关颁布的各种行业标准或专业标准等。[2] 这些"软性条款",在形成上虽然有国家强制力的参与和推介,但它们并没有如其他"硬性条款"一般的国家强制力保障,因此属于"软法"体系。而"社会软法"则是在社会系统中,社会主体根据自然环境和社会环境的时态,因其自身发展需要,结合主客观而自生于社会、实现社会秩序管理的产物,包括基层自治组织制定的规章、准则,社会自治组织用以规范其成员的制度规章以及具有地方性特点的民间习惯法、乡

---

[1] 罗豪才、周强:《软法研究的多维思考》,载《中国法学》2013年第5期。
[2] 廉睿、卫跃宁:《由"硬法之维"到"软硬混治"——中国法治进程中的软法资源及其运作路径》,载《学习论坛》2016年第4期。

村社会中的村规民约、道德习俗、宗教仪式等。这些"软法"运行的首要目的是要构建良善的社会秩序,营造和谐的社会生态;其规范社会行动的方式是以道德、说理等柔性手段调解、和解社会矛盾或者社会问题。以此方式进行的规范,不但不会破坏既损的社会关系,还以强韧性修复受损的社会关系。

"硬法"与"软法"的关系中,"软法作为一种隐藏于硬法之后的新型法律形态,在国家治理模式转型的进程中它的执行效力不但未曾消失,反而只会愈加强化,其运行空间也呈现出扩张之趋势"。[①] 从社会规范效力发挥层面来看,"硬法"以国家权力作为后盾支撑,在国家机关权威的加持下指导社会行为主体的行动方向。一般而言,"软法"没有国家权力的推及下沉,而本身内生传承于社会生态中,规约和引导社会主体的社会行为,具有历时性、地方性、权威性、约束性的特点,因此"软法"和"硬法"之间虽然在形式上有文本与非文本、作用呈现上有内生规制与外力加持的区别,但二者最终殊途同归,回归于社会行为的调解。国家权力机关运用"硬法"对社会范畴进行治理,通过"硬性条款"对社会全体的社会行为进行引导、限制、奖励、惩处,意在建成和谐向善的社会环境;社会组织、社会群体以及组织或者群体中的个人则运用"软法",以"软性条款"来对自身的行为举止进行规范、管理,发挥的是一种导向性、自发性的功能。因此,"软性条款"能够在《监察法》中发挥更加重大的作用,能够在"硬性条款"规制具体行为、以强制力划定权力边界外,以价值导向的方式补充"硬性条款"无法处理的事务、规制"硬性条款"无法触及到的社会层次。

当前,乡村振兴的画卷徐徐展开,中国式的现代化发展更加要求实现国家善治。其中,乡村不仅是中国式现代化的工作重心,更是"软法"发挥作用的重要领域。乡土社会中有丰富的地方性知识与"软法"资源,其中,道德规范、民间信仰、村规民约等形塑的和谐稳定的治理生态,能够为乡村发展提供文化、智力以及平和的社会环境。而实现乡村振兴要求的"产业兴旺、生态宜居、治理有效、乡风文明"等基本要求,离不开"软法"资源的作用。不容置疑,"软性条款"在社会稳定、发展、演化的过程中具有突出的实践效力,但

---

① 廉睿、高鹏怀:《整合与共治:软法与硬法在国家治理体系中的互动模式研究》,载《宁夏社会科学》2016年第6期。

其更多是作为话语机制，甚少涉足现实的法治政策制定。随着"软性条款"在规范社会行为和在司法裁判中的应用比重增大，加之我国立法理念的变迁、更新和涵化，而今"软性条款"已有序释放出"政策—功能"效力，并对我国的司法实践产生深远的影响。例如《中华人民共和国监察法》第 5 条要求"……严格遵照宪法和法律，以事实为根据，以法律为准绳；在适用法律上一律平等，保障当事人的合法权益；权责对等，严格监督；惩戒与教育相结合，宽严相济"，将法律原则与政策明确写入制度文本之中，试图以"软性条款"的方式对国家政策进行确认，以导向性的制度文本预测、指导社会主体的行为以实现政策社会功能。

(二)"制度—功能"："软性条款"的制度塑形功能

形式上，"软法"可被分为"国家软法"和"社会软法"两种类别，于法律制度主义视角而言，国家软法有国家权力机关参与的属性，但是它们并不构成法的正式渊源，也不像"硬法"那样是由国家制定或认可形成的法律条文或习惯规则，由国家强制力保证其实施，为人们的行为提供模式、标准、样式和方向。但是，作为中国特色社会主义式现代化法治的"伴随物"，"软性条款"有必要被运用到司法裁判的文书中，目的是作为"硬性条款""失范"的补充。要实现"软性条款""司法书写"这一既定事实，需要让其焕发出一定"制度—功能"的"法益"效力。换言之，即"软性条款"能够充分发挥其对司法文书的制度塑形功能。但是，"软性条款"对司法文书的制度形塑功能，采取的是一种非强制的柔性逻辑，与国家强制的"硬性条款"形式刚好相反，这种由社会赋加权柄，提升"软性条款"地位的方式，足以强化"软性条款"在民意中的认同，也形塑了中国式现代化法治协同中的国家参与社会参与，权威执行与个体监督的法治运行逻辑，凸显了中国式法治生态刚柔并济的法治涵养。一般来说，"软性条款"对司法文书的制度形塑功能，采取的是一种"以国之名"逻辑，并聚焦于"民刑分离""被动嵌入"和"复线运转"三个方面。

首先，"民刑分离"是指"软性条款"所发挥效用的主要场域既表现在"平等主体之间的平权性法律关系"中，也能在"非平等主体之间的隶属性法律关系"中凸显；既有每个法律对象彼此间平等借鉴评估，也有上级机构出于规范或管理的需要，统筹协调，将一些"行政手段"，诸如行政规则或制度标准强制加在被管理者工作或生活实践中。其次,"被动嵌入"是指当"软性条款"作为一种说理工具融入到司法裁判的实践中时,它所采取的是一种有别于"硬性条款"强制的单一化逻辑。法律规范嵌入司法文书呈现双重方式,但是"软性条款"出现或者作用于司法裁判,几乎是司法机关因其裁判需要,因而在使用法文时将其被动嵌入司法裁决的结果,而几乎少有当事人会主动引入"软性条款",甚至可以说当事人还没有引入"软性条款"的意识,更别说有行动将其构成司法文书中的"说理"部分。最后,"复线运转"是指司法裁判中存在的两个逻辑构成,包括"说理性引入""指引性引入"两个层面,具体来说,它们构成了在司法裁判文书中言及"软性条款"的两种重要方式。所谓"说理性引入",即是在司法文书的说理部分主动嵌入与"软性条款"相关的契合内容,"软性条款"一般是某个行业的共识或者是某个组织共同遵守的规则,"软性条款"引入裁判文书,不仅会为法官说理提供参考标准,而且能提高判决文书的公信力,减少"案结事不了"的情况发生,[①]使司法裁决文书的证成依据更加具有说服力,更加饱满;而"指引性引入",是指司法裁判人员在面临多种司法难题难以抉择时,司法工作者力图从"软性条款"获得裁判依据,进而建构司法方案的方式。总而言之,从"制度—功能"上来看,在司法实践中不论是将"软性条款"作为一种"说理性引入"工具,抑或是把"软性条款"视为一种"指引性引入"方案,无论是出于哪一种需要或者哪一种方式,其最终达到与社会共识契合、满足主流道德观念、顺应时代思想而获得广泛认同的目的,更高维度上还使得"硬性条款"得到完善,进而赢得话语上的正当性。

(三)"规范—功能":"软性条款"的法制规范功能

按照法律社会学的观点,社会规范功能并不只是国家权力强力保障的"硬性条款"的特权,相反,诸多的"软性条款"也具有一定的规范属性与规范能力。作为一种"说理"工具,"软性条款"有"国家法"的参与,也有"民间法"的属性。本质上来看,"软性条款"立于法文的"阈限"之中,却发挥与"硬性

[①] 彭中礼、王亮:《司法裁判中社会主义核心价值观的运用研究》,载《时代法学》2019年第4期。

条款"同等效力的社会约束功能。尤其在司法审判当中,司法审判文书可以将"软性条款"进行转引,在确认"软性条款""制度—功能"的同时,又赋予"软性条款"以"规范—功能"属性和意蕴,这种情况一般出现富有争议的司法判决案件时,引用"软性条款"作为证成材料。换言之,移用"软性条款"作为案件争议点的证成材料,从司法效果层面来看,其不但可以满足形式法治的诉求,也可以使司法实践符合实质法的要求。

在司法实践中,争议点的出现可谓司空见惯,但是如若存在争议点,则有必要根据法律论证的逻辑和方式来证成和解决争议,从而达到观点证立符合逻辑,结果上满足公平正义的目标。这种通过援引获得证成的司法方式,在实际司法过程中为"软性条款"融入司法实践预留了可行性与必要性的维度空间。对于从事司法工作的人员而言,其核心任务是"法律论证工作,通过对诉讼两造中争议焦点进行事实上的分析与法律上的评议,再根据法律作出公正裁判"[①]。在此情况下,"硬性条款"首先作为判决标准运用于案件分析,但为案件裁判作审查分析时,"硬性条款"只能作为裁判的结果衡量标准,而不能作为案件的分析过程。由此可见,在案件的论证分析过程中,"软性条款"可以作为具有"工具理性"和"价值理性"双重意义的论证性外部资源,虽然这些证成资料不能作为评判标准裁判案件,但是使"软性条款"参与到案件的分析过程,可以对判决的结果产生影响。另一方面,将"软性条款"作为裁判的分析资料,可以在实际社会生活中起到规范社会主体社会行为的价值取向和实质行动,由此说明"软性条款"作为案件证成资料对于规范社会主体行动的社会效果。

司法裁判的事实不在于裁判与处罚本身,实则是以司法裁判的效果警醒社会主体,规范社会主体的社会行动。因而,基于判例在司法实践活动中的"价值理性"意义,充分发挥"软性条款"在法律应用中的证成作用,就是体现对判例的社会功效和司法功效的重视,从这个意义上讲,"对判例是否进行充分论证是评判人民法院司法裁判水平高低的重要标准,优秀的判例能够切实提升人民法院的公信力,也能帮助基层或者相对落后的法院提升自

[①] 彭中礼、王亮:《司法裁判中社会主义核心价值观的运用研究》,载《时代法学》2019年第4期。

己的司法水平"[①]。自 2020 年以来,最高人民法院先后发布了第 25 批共 4 件指导性案例,其中内含有诸多"软性条款"作为证成材料参与案件分析的指导性案例,这些指导性的案例可供各级人民法院在类似的司法案例中借鉴和参考。由此可见,"软性条款"在司法实践中,在社会价值营造中作为"工具理性"的"规范—功能"被强化和凸显,受到司法工作人员和自然人等不同主体的心理与实践认同。

三、"软性条款"在中国式法治现代化中所面临的困境

(一)"软法"单一治理存在弊端

如今,社会转型剧烈,社会问题与社会治理形式都产生多元化的趋势,单一的"硬法治理"可能存在着应用上的"失范"风险,即"规范与治理之间的非对称性,即固有的规范形式无法取得良好的社会治理效果"。[②] 基于此种语境,"软法"应运而生,作为"硬法"固有的立法滞后性、规范领域有效性的补充而问世,发挥可以为边缘社会关系和新兴社会领域提供规范供给和规范引导的功能,从而弥补单一"硬法治理"之缺憾,保障社会秩序的井然及人际交往有序的功能属性。但是,"软法"并不具有"硬法"的同等效力,仅仅是作为一种地方性知识的体现,其作用力和约束力也具有地域性、柔性的特点。纯粹的"硬法治理"是存在"失范"风险的,而纯粹的"软法治理"也并非具有实效的"灵丹妙药",因此,吸收"软法治理"和"硬法治理"中有益的良性元素,契成"软硬共治"的治理模式,应该成为新时代下提升司法监察与社会治理能力的基本方案。

诚如格尔茨所言:"法律在某种程度上是某个地方已发生的事件与某个地方可能发生的事件所造成的影响的结合,地方不仅是指空间、时间的不同,更重要的是代表地方特色的不同。法律就是地方性知识,地方在此处不只是指空间、时间、阶级和各种问题,而且也指特色……即把对所发生的事

---

① 顾培东:《效力抑或效用:我国判例运用的功利取向》,载《法商研究》2022 年第 5 期。
② 朱力:《失范的三维分析模型》,载《江苏社会科学》2006 年第 4 期。

件的本地认识与对可能发生的事件的本地想象联系在一起。"[1]单一的"硬性条款"或者"软性条款",都不能实现国家"善治"和"治理有效",这从侧面彰显了软硬共治的必要。因而,"软硬共治"定然不能只是法律学人的"法理想象",而更应被运行于社会治理实践。中国式法治现代化建设中,国家强制的"硬法"在法治践行中占据主导地位,这是由于"硬法"的属性所决定的。"硬法"代表了最广大人民群众的根本性利益,因而以国家暴力机关的强制力作为威慑,在司法实践中,引为最直接且具有权威性的证成依据。但在多元复杂的社会现象和社会问题中,"硬法"也有无法企及的领域,也可能不全面地给予多元的司法案件以指导。正如法理学家所指出的,"就国家法律、法规、规章中的很多法律条文来看,它们的逻辑结构是不够完整的,是只表示宣示性的、号召性的、鼓励性的、促进性的、指导性的规范,是不依赖国家强制力实施的"。[2] 在此语境下,"软性条款"因其本身具有的优质元素和资源禀赋,可以弥合"硬性条款""遗留"的法律真空,它通过体制压力、社会舆论、内心强制而实现它"软性条款"的约束力。需要明确的是,"软性条款"通常不是作为裁判的结果,只能作为裁判分析的佐证,附着于"硬性条款"。因而,新时代下,社会治理的改革创新和制度建设更加强化监察的功能效益,因此,这些"软性条款"究竟应静止不变、维持现状,还是应实现结构升级、实现"硬性条款"与"软性条款"的有机转换,达成"软性条款"的效力硬化,这些问题都值得学界进行深入探讨。

(二)"软性条款"的公共认可缺位

由于以"硬法"为代表的规范主义模式依赖明确的规则体系,在涉及诸多利益主张的领域中便难以适用,因为明确而清晰的法律概念中很难找到与社会现实完全适用的依据。在这种情况下,被法律调控的利益诉求只能在规范外以不可控的形式被表达。[3] 以《监察法》为例,监察活动中产生的

---

[1] 谢晖:《族群、地方性知识、区域自治与国家统一:从法律的"普适性知识"和"地方性知识"说起》,载《思想战线》2016 年第 6 期。
[2] 尚珂、古俊杰:《关于罗豪才教授的软法理论及应用》,载《中国发展》2018 年第3 期。
[3] 董正爱:《环境风险的规制进路与范式重构——基于硬法与软法的二元构造》,载《现代法学》2023 年第 2 期。

行政规制与司法裁量的适用直接对不同主体的法益进行规制,缺乏弹性手段与协商途径。当然,由于《监察法》规制的领域特殊,其涉及国家工作人员的清正廉洁问题,确实无法简单地适用协商等缺乏严肃性与强制性的手段,在这种情况下,具有弹性的软性调控理应承接起此功能,为社会公众提供规范之外的解决途径。但是,《监察法》除 3 条"硬性条款"外,其余全是"软性条款"与"半软性条款",分别规定了监察法的立法目的、监察体制的改良方向、监察责任、监察制度的体系建构,其中与社会、群众联系的途径缺失,只能通过宣示性条款作出宏观的指导。因此,社会公众对国家监察相关活动的利益主张缺乏制度期待。

总而言之,如果仅仅依靠法律概念与法律规则为主的实在法体系提供依据,依靠行政规制与司法裁判解决问题,在面对未来国家监察活动中出现的不确定问题时往往会"水土不服"。因此,在《监察法》中建立一种开放性、参与性、回应性的治理模式也许是最优选择。这种模式意味着"软性条款"必须在吸收协商沟通灵魂的同时,能够在现有的权力框架内被社会自发地遵守,而现有的监察法显然是无法做到这一点的——无论前文所述对潘德克顿法学派的崇尚问题,还是《监察法》中道德与法律界限不清问题,都表明其在未来的完善过程中必须注重对社会的回应,提高社会对《监察法》的公共认可。

(三)"软性条款"的效率缺失

目前,《监察法》中的"软性条款"存在效率缺失的问题。一方面,如前文所述,我国缺乏法定的立法成本收益分析的专门机构,社会化力量在数据获取和数据分析方面能力也有所欠缺,要求立法机关设立的法律对所有监察活动都提出具体规则,其时效成本确实相对较高,因此《监察法》中存在过多的"软性条款"。这一现象导致了"软法"单一治理的弊端无限放大:"软法"不能作为审判依据,也不能为行为人提供指引,"软性条款"的过分运用,会导致法律实效产生的周期无限延长,最终导致法律效率降低——这是因为自由裁量权无限制的扩张会导致丧失公平、机会主义抬头等一系列问题,也会使得部分实体问题在协商中被无期限搁置。要处理这一问题,必须解决"软性条款"订立与执行的成本问题,这不仅需要尽可能压低《监察法》"软性条款"实现的成本,还需要引导公众主动遵守、执行"软性条款"。针对这一问题,若能够引入合适的利益导向机制,充分调动公众与社会主体的积极性,就能够同时做到保障《监察法》效力,提高《监察法》"软性条款"的实现效率。

另一方面,《监察法》的公众参与不足,也会造成"软性条款"(尤其是宣示性条款)的执行力度弱,从而导致效率低下与价值失范问题。在《监察法》场域中,监察过程由监察委员会主导,信息的获知依赖监察机关的主动公开程序,公众对监察活动的参与是被动进行的,会导致社会公众参与缺乏内生动力,法治的权威也将被轻视。针对这一问题,《监察法》的未来面向必须考虑如何解决公众对"软性条款"订立与执行过程中参与较少的问题。如果能够引入覆盖全领域的沟通机制,并辅以由国家强制力所保障的公民、社会监督渠道,便能够在保障社会监督的同时,将人民的切实利益融入抽象的法律之中,使其充分体现公众的意志与利益。

第二节 "软硬共治":促成"软性条款"与"硬性条款"的良性互动

"软法"参与社会治理又被称为"软法之治",即"通过公共主体和私人主体之间的协商与对话,能够切实强化社会自治,从而使制度更为贴近民意"。[①] 这集中从外部证成了"软法"参与社会治理层面的可行性,同时彰显"软法"在规范、集成、运用方面的合法性与社会认同。然而,在司法实践中,之所以引用"软性条款"作为证成材料,并不是要弱化"硬性条款"的权威力度,反而是为了集中凸显法的理性,即"工具理性"和"价值或意义理性"。工具理性和价值理性最早由马克斯·韦伯提出,他认为"如同其他行动一样,社会行动也是具有取向的。它有可能是工具理性的、价值理性的、情绪的或

---

① 廉睿、卫跃宁:《由"硬法之维"到"软硬混治"——中国法治进程中的软法资源及其运作路径》,载《学习论坛》2016年第4期。

者是传统的"[1]。所谓的"工具理性"是行动者依托某一"条件"或者"手段"以实现自身的理性追求和特定目标;价值理性则表现为特定行为方式中的无条件的内在价值的自觉信仰。延伸至法域中,"硬法"既是规范社会人社会行为的主导"工具理性",同时,它还可以作为具有威权加持的"象征符号",构建社会人的思维意识和行动逻辑。因而,有必要将"硬性条款"与"软性条款"进行有机耦合,既发挥"硬性条款"的权威工具理性功能,同时强化"软性条款"对社会主体"价值理性"的形塑功能以及司法裁判中的理论证成作用。

一、"软硬共治"的理论前提

(一)"软硬共治"的生成逻辑

毋庸置疑,法律的生成从宏观维度上需要满足国家与社会两方面的功能。就国家功能层面来说,法律是国家治理的手段,是国家和人民授予立法机关权力,立法机关出于国家和人民利益的考量,将国家和人民的意志注入到法律文本中,通过权威手段推行到人民的社会生活中,使之形成指导社会行为的规范文本,具有极强的权威性和普适性。而"软性条款"作为立法者出台的法律组成部分,无疑也具备"硬性条款"的属性。值得一提的是,"硬法"的来源具有单一性,其必然源于国家立法机关,相较于"硬法","软法"的来源更为简单、多元,在立法主体上相对更加宽泛,社会团体、自治组织以及需要进行规范的社会群体等都可以成为"软法"的"制定者"。甚至于在应用过程中,"软法"还可基于某种民意需要及时作出"调适"和"变迁",由此可见"软法"独有的灵活性与时效性。比较而言,"硬法"自身的固态属性决定了其在司法治理上的功能有限性,在瞬息万变的社会环境和社会生态中,"硬法"规制并不能第一时间对场景凸显的问题作出回应,实现自我调整和自我修正,这归根到底是"硬法"的属性所导致的。因此,在"硬法效益"无法持续

---

[1] 马克斯·韦伯:《经济与社会(第一卷)》,阎克文译,上海人民出版社2019年版,第57页。

供应的情景下,"软法"作为法治资源,发挥其灵活性和应变性的法治功能,能够在很大程度上弥补治理生态和治理环境中的规范缺位。在执行逻辑上,硬性以国家权力机关的威权作为执行后盾,以命令性、强制性为执行手段,这在多元的社会行动和社会环境中并不能面面俱到地满足社会治理的实质需求,而"软法"作为源于社会内生的规范机制,充分表达了民意的"价值理性",更容易获得地域环境中社会群体的接受与认同,进而及时反馈"软法"规定的治理生态。可见,"软法"系统与"硬法"系统互相弥合、互相补充,二者结合共同释放良性功能于"善治"和"有效治理"的治理逻辑中。例如,有效治理实践中,"硬法"并不能时时刻刻监督社会主体的行为,它只能作为宏观上的监督规范,调控、引领和塑造和平的治理生态,但就微观效力而言,更多依赖"软法"的功能,以普遍、大众所认同的价值、信仰、礼法作为规范,在日常生活中规范社会群体的社会行动。

(二)"软硬共治"的运行基础

"软硬共治"并不是凭空出现,它的产生和运行需要一定的社会基础。这一现象首先表现为"软法"资源的存在形式:"软法"虽然不需要依赖国家强制力就能获得实施,但需要由国家或者社会组织制定规范体系,这集中体现出"软法"的外延属性,它横跨"国家法"和"民间法"两个规范门类,包括"国家法"中无法以强制力作为推行的"软性条款"和民间法中的社会自治规范。但无论是"国家法"中的"软性条款",还是社会规制的"软法",二者都具有规范性、必要性以及可及性的共性,且共同"集成"软硬共治的法治资源。其中,"软性条款"和"硬性条款"一样,更具有国家强制规范属性,而"民间软法"则起源于"乡土社会",于乡土社会中"产生—应用—变迁—沿用—整合—再沿用",具有极强的地域性和社会属性。"软法"的法律资源丰富,其产生领域可涉及档案学、教育学、社会学、民族学、管理学诸多学科话语体系。在共域治理中,包括互联网行业、体育业都早已将"软法"渗透其中,"体育软法""网络软法"之类的概念已经被构建和使用。可见,"软法"具有多元"法源"。在公共治理领域,行政政策法规、政企规章制度、市民公约、基层自治单位的自治条例,乡村社会中被奉为圭臬的乡规民约、村规民约等都可引为"地方软法";在文化学、法哲学领域,传统文化中的礼俗、信义、纲常操守在一定程度上可称为"软法"的规制资源;除此之外,民族学、社会学领域中,自发于民族地区、乡土社会中的地方性知识,诸如民间信仰观念、仪式过程规制、家庭观、洁净观、宗教信仰等也都可以成为"软性条款"的"法源",与国家属性的"软法"资源共同集成软硬共治"法源"禀赋。

此外,"软硬共治"需要一定的社会基础,体现在它于公共治理中因满足了社会的发展需要和治理需求而获得的民意认同。通常,社会中的"软法",形成于传统社会,至今依然起到规范族群行为的作用,在新时代能够被演进和沿用,表现它具有深厚的民意倾向,延拓为国家治理与社会治理的治理资源。诸如在生态环境治理层面,乡村社会"有效治理"层面,地域性的"神山圣水观""洁净观"以及形成于村际的村规民约等,都切实代表着民众对于生态与治理成效的高质量诉求,因而,基于这种民意认同的语境下,"软法"资源可以被援引为治理资源,达成共域公共治理的目标。

(三)"软硬共治"的价值意蕴

"软法"参与社会治理的成效,凸显了"软硬共治"的可行性和必要性。法治是"工具理性"与"价值理性"双重意义的合集,这些"理性"在法律条款的社会面向中可以得到彰显和阐释。当然,不容置喙的是,单一的"软法"或"硬法"都具有普适性,都能发散其功能,影响社会群体的社会行动,不同之处在于规范的强制力存在差异。分而言之,"硬法"发挥约束力依赖国家强制力的推动;"软法"发挥效益的途径则更为多元,彰显于"工具理性"和"价值理性"两个维度中。

在工具理性层面,"软法"通过多维度共同发力来约束社会行为:其一,通过施加心理压力于社会主体进而产生不可为的拘束力。社会中的主体(特别是公民)通常会受到荣辱观的影响,社会中公众对于违背某一信念的个体施以价值驱逐、讥讽等,会强化"软法"的社会约束能力。其二,"软法"的拘束力因"硬法"的强制力"辐射"而得以推介。一部法律规范,包括"软性条款"与"硬性条款",这种共存格局本身就为"软法"转化为"硬法"提供了可能,在整个过程和结果中都能对社会群体产生心理上的法治威慑。其三,通过"中国特有的'个性化'实施模式"生效。这种模式具体来说包含了常委会的执法检查、对国务院的专题询问和专题报告等形式,可以督导国务院对软法的关注。① 通过以上方式,可以凸显作为工具理性的"软法"结合"硬法"在规范和约束社会和个体的功能属性。

在价值理性层面,作为体现社会价值的"软法",从微观角度来说,可以引导社会将法治文化内化为个体的道德,成为社会主体在行动中不敢违背、不愿违背的价值理念,指导人们以"向善",按照符合道德标准、法治规范的方式从事社会活动;从宏观角度来说,"软法"与"硬法"并重,成为规范和调控国家和社会治理问题的价值指南,引导国家"善治"与乡村"有效治理"同步进行。

二、"软硬共治"的具体路径

中国式现代化的要求以及乡村振兴战略的全面推行,对发挥法治的"工具理性"和"价值理性"功能,实现国家"善治"与乡村的"治理有效"提出了更高的要求。在社会治理场域中,传统的"硬法"暴露出自身不容忽视的局限和片面,成为国家治理现代化语境的阻滞。因此,为了弥合这一缝隙,学界掀起关于治理模式的创新及治理规范的供给的"法治范式"探讨,在这一过程中,"软法"参与国家、社会治理的优越性被揭露。"在公共治理视角下,全球治理模式以及治理理念均发生了变化,相较于传统的治理模式,新型治理模式强调治理主体的多元化以及授权权力的扩大化。"② 与之相契合的是,在如今国家治理模式的现代化转型中,"法"作为治理工具,法的形式直接影响国家的治理模式和治理目标。而将"软法"嵌入法治系统,既符合国家治理体系转型的要求,也能满足善治和治理有效的愿景需要。

(一)增强"软性条款""公共善"的表达与完善

有学者指出,"软法"在现代社会中的高效实施,呈现了其本身的内源特质,其一是作为"失范"补充和过程证成不与"硬法"抵触,其二是符合社会大

---

① 廉睿、卫跃宁:《〈中华人民共和国高等教育法〉中的"软性条款"研究》,载《中国高教研究》2021年第5期。
② 何志鹏、申天娇:《国际软法在全球治理中的效力探究》,载《学术月刊》2021年第1期。

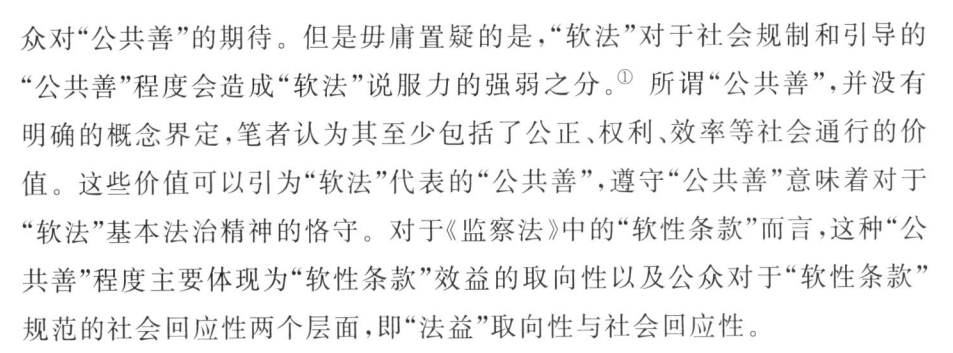

众对"公共善"的期待。但是毋庸置疑的是,"软法"对于社会规制和引导的"公共善"程度会造成"软法"说服力的强弱之分。① 所谓"公共善",并没有明确的概念界定,笔者认为其至少包括了公正、权利、效率等社会通行的价值。这些价值可以引为"软法"代表的"公共善",遵守"公共善"意味着对于"软法"基本法治精神的恪守。对于《监察法》中的"软性条款"而言,这种"公共善"程度主要体现为"软性条款"效益的取向性以及公众对于"软性条款"规范的社会回应性两个层面,即"法益"取向性与社会回应性。

1."法益"取向性

"法益"取向性,是指通过法律条文不同的应用取向和预期达成目标设置而实现的法益类型保护。依照取向目标的不同,《监察法》中的"软性条款"可以被划分为国家法益型条款、社会法益型条款、个人法益型条款。② 一方面,国家法益型条款作为一种具有"治理论"的行政导向话语逻辑,以国家性质的法益保护为规范目的,所代表的是国家权力的"法益"表达,它秉持了"国家在场"的基本视野,赋予法益条款以国家主体之意志,由司法机构进行宏观宣导和微观调控,有利于实现国家利益,例如《监察法》第 2 条指出"坚持中国共产党对国家监察工作的领导,以马克思列宁主义、毛泽东思想、邓小平理论、'三个代表'重要思想、科学发展观、习近平新时代中国特色社会主义思想为指导,构建集中统一、权威高效的中国特色国家监察体制",其以"软性条款"的形式对党和国家的意志进行肯定与宣扬,代表了国家权力的"法益"。另一方面,"社会法益型"条款和"个人法益型"条款均是"平衡论"行政逻辑下的"伴随物",在法律条文的法益表达上与"国家法益型"条款有所不同,例如《监察法》第 44 条"对被调查人采取留置措施后……监察机关应当保障被留置人员的饮食、休息和安全,提供医疗服务。讯问被留置人员应当合理安排讯问时间和时长,讯问笔录由被讯问人阅看后签名",其出发点为公民个体,只针对公民个人的权利进行规制,可见"个人法益型"条款和"社会法益型"条款均以公民的基本权利为本位。在监察能力的现代化转

---

① 沈岿:《论软法的有效性与说服力》,载《华东政法大学学报》2022 年第 4 期。
② 廉睿、卫跃宁:《论〈中华人民共和国档案法〉"法益"结构的完善》,载《档案学通讯》2023 年第 2 期。

型的实践逻辑中,"软性条款"的"法益"意义被进一步激发,尤其是新时代所倡行的"善治"与"有效治理"话语逻辑中,建立在"软法"基础之上的"软法治理"模式符合社会问题多样化治理和良性治理实践的法治范式,可见"软法治理"集中凸显了时代的价值,也彰显了中国式法治现代化建设的现实需要。

不管是在解释论上还是在立法论上,法益这一概念都起着指导作用,[①]因此在未来语境下,应以"中国式监察治理现代化"为基点,实现"国家法益型"条款、"个人法益型"条款和"社会法益型"条款之间的良性嵌入与逻辑互动。可以通过对不同的条款所涉及的不同类型法益进行分类规制,并充分发挥其指导作用,从而达到与"硬性条款"相衔接的效果:在"软法"层面,一方面,针对国家法益型条款,可以通过增强其所倡导的国家法精神,增强对国家法益即维护国家政治秩序的保护,[②]增强对中国特色社会主义核心价值观的弘扬与践行,将坚持依法治国、依法执政、依法行政共同推进以"软性条款"的方式确立,将法治国家、法治政府、法治社会一体建设以"软性条款"的手段执行。另一方面,针对个人法益型条款与社会法益型条款,必须通过与国家法益的衔接联动来实现,通过与国家法益的承接与共同推进,在建立法制规范的同时明确个人与社会的应有义务,在体制建设的同时确保个人与社会的基本权利,在贯彻国家政策的同时保障个人与社会的正当利益。在"硬法"层面,由于相同法益的明确与统一,"硬性条款"能够与"软性条款"针对同一法益相互结合,通过立体而多层次的手段保护同一法益。例如,对于严重的法益侵害,"硬性条款"通过国家强制力进行维护,在直接保护法益的同时起到威慑作用;对于轻微的法益侵害,"软性条款"通过倡导、宣传等较为温和的手段深入社会,在保障公民与社会的基本权益的同时增进对该法益的保护。总而言之,通过对"法益"取向性的统一与衔接,可以实现"软性条款"与"硬性条款"对"公共善"的立体保护,从而实现"软硬共治"。

2.社会回应性

---

① 张明楷:《法益保护与比例原则》,载《中国社会科学》2017年第7期。
② 姚选民:《论民间法的场域公共秩序——基于广义法哲学视角之民间法的基石法益型构》,载《民间法》2021年第1期。

法律的社会回应性最早由伯克利学派提出，他们梳理了法律与社会、个人三个客观主体之间的不同关系，将法律区分为国家控制型法、个人自治型法和公共回应型法三种类型。其中，"在公共回应型得出法律模式中，法律表现得不那么僵硬，为实现公共目的，通常可以适当放宽义务人的法律义务履行，从而使得某些民间法有生存的空间，也为法制本身增加弹性"。① 由于法律的意义在于实现公共领域的"善治"与秩序，因而法益的回应性与"公共善"之间耦合出正反馈的逻辑关系。从社会回应性的角度出发，所谓"软法治理"是指"突破传统的社会治理模式，通过创新法治体系来弥合公共主体和私人主体之间的'对立'关系，使两者能够协商、对话与合作，'软法治理'的过程，同时也是合意与共识的实现过程"。② 因此，作为能够深入社会内部，以软性手段对社会主体产生影响的"软法"，一方面强化了"国家—公民"二维行动主体之间的良性互动关系，另一方面通过"软性条款"参与社会治理与规制主体。但是，上述"软法之治"必须要一定的时空环境才能实现，同时"软法"在治理实践中也有被"硬法"等其他强制性规范"架空"的风险。此时，以"社会法益"为切口，反映法益外在的社会化需求，为"软性条款"提供合理时空，避免被强制性规范架空的合理途径。

首先，在坚持"软硬共治"的完善方向之下，继续调适"软法"与"硬法"之间的合理比例，调整"软法"与其他社会规范之间的边界关系，以不同的能动性分别发挥法律条文、社会规范、道德规范的立体作用，在回应社会的过程中强调开放优先，让法益不仅能够接受社会规范的保护，还能受到法律法规的引领。要注意的是，"软性条款"应当极力保障司法运行的自治性，不断调整至与"硬性条款"相和谐的状态，使"软性条款"和"硬性条款"完美地呈现于司法决策当中，相辅相成，又能相互补充，使得司法的社会回应能力和回应力度、司法的自治性和社会回应性处于融洽的状态。③

---

① 廉睿、高鹏怀：《整合与共治：软法与硬法在国家治理体系中的互动模式研究》，载《宁夏社会科学》2016年第6期。
② 廉睿、卫跃宁：《〈中华人民共和国高等教育法〉中的"软性条款"研究》，载《中国高等教育》2021年第5期。
③ 侯明明：《反思性司法：系统论视野下司法回应社会的新模式》，载《环球法律评论》2022年第5期。

其次,在保持"硬法"规范化且完整的情况下,应当提倡在不突破"硬法"的前提下进一步提升司法的可协商性,通过法律内部的互动方式,促成社会主体间的共识,优化社会主体间的关系,化解社会主体间的纠纷。可协商性要求法律达到协调的状态,需要在以软性规定弥补国家强制力无法触及的领域,同时在应用中也要梳理好二者的逻辑关系,把握好应用力度,确保法律本身不冲突、内部具有协调性,这意味着"软性条款"最终能够达成的协商结果必须与"硬性条款"的最终规制结果一致,而不破坏社会集体基本价值观念的一致性。

最后,"软性条款"在有效回应社会、化解矛盾的同时,应当在立法技术与司法技术上塑造社会认同与司法价值。一方面,应当消除不公正、不平等的情况,在提供协商方式的同时避免分级、分区、分人,在保持司法独立的前提下将"软性条款"引入司法审判,以公平、公正、务实的状态回应社会的期待。另一方面,"软性条款"理应为社会规范、行业惯例、地区习俗等"软法"提供司法化的渠道,实现"软法"本身的调控作用,同时以法律规范的形式支持社会规范性预期,帮助其他"软法"形式发挥作用,使社会法益型条款真正实现对社会生活的全方位覆盖。总之,应当运用"社会回应性"理念来打造富有韧性的"软性条款",在最大程度上凝聚"公共善"元素,提升《监察法》中"软性条款"的执行效果。

(二)建构有序的条款转化机制

在《监察法》中,"软性条款"与"硬性条款"并没有明确的划分标准,不同程度地存在着相对性,换言之,即"软法与硬法相对而生,而法之共性则彰显软法与道德素质之间的区别"[①]。因此,在立法技术的运维中,应从《监察法》践行的社会生态中梳理出"软性条款"和"硬性条款"联结的通路,着力建构"软性条款"与"硬性条款"的有机转化路径。社会治理生态通常是多元效益的合集,所谓的基层治理经验、地方性知识等都是有益于司法实践的潜在资源,这些"软法形式"和"软性条款"可以纳入到《监察法》的"软法"体系中。而《监察法》中的"软性条款"待到时机成熟时,可通过立法修改或司法解释

---

① 徐靖:《软法的道德维度》,载《法律科学》2011年第1期。

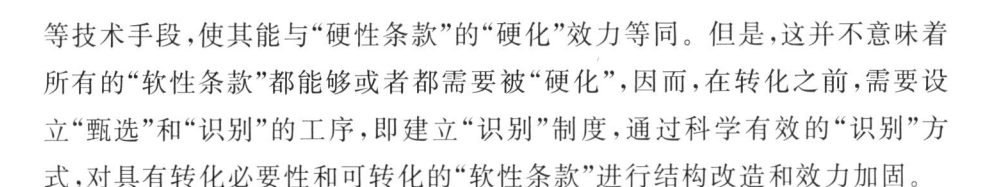

等技术手段,使其能与"硬性条款"的"硬化"效力等同。但是,这并不意味着所有的"软性条款"都能够或者都需要被"硬化",因而,在转化之前,需要设立"甄选"和"识别"的工序,即建立"识别"制度,通过科学有效的"识别"方式,对具有转化必要性和可转化的"软性条款"进行结构改造和效力加固。

1.完善"软性条款"的识别与甄选机制

"软性条款"的识别,可以建立在以规范分析为方法、以自身属性为标准的识别甄选机制之上。一方面,鉴于《监察法》的条款式立法技术,可以通过"连接词"分析的技术手段,兼顾语义分析与逻辑结构分析,对其中所蕴含的大部分"软性条款"进行识别;另一方面,在《监察法》中,存在着"软性条款""硬性条款"及介于二者之间的"半软性条款",其中的"软性条款"按照自身的属性又可以进一步拆解为"宣示性条款、赋权性条款、倡导性条款和陈述性条款"四种类型,可以再次进行细致划分。通过上述手段,建立起完整的"软性条款"识别机制,有助于发掘"软性条款"本身的特征,从而推进"软性条款"与"硬性条款"的转化机制建设。

"软性条款"的技术识别手段,主要由"连接词"分析、语义分析、结构分析三个方面构成。首先,"连接词"分析是指对篇章或者语句中作为连接前后两个句子的关键词进行识别与归类。连接词的语义不同,其在句子中所充当的成分一般也具有差异,例如"因此""故"等表示结果的词汇没有特别的含义,而"不得""禁止""必须"等能够充当谓语成分的词汇具有特殊意蕴,能够运用其对《监察法》中的"软性条款"进行准确识别,达到对条款或某项规定快速理解与分类的目的。其次,"语义"分析是指对某段话或者某段条款字面所表达的内涵进行解读,识别《监察法》中"软性条款"下属类别需要联合使用"连接词"分析和"语义"分析,以"连接词"分析为主要方式,次之以"语义"分析进行辅助,为"连接词"分析所得出的结论提供验证,以此来确保"连接词"分析方法所得结论经得起推敲。最后,逻辑结构分析是指对某条款整体结构与法律逻辑进行分析以进行识别与归类,某一条款是否具备法律逻辑三要素中的"法律后果"要素、"罚则"机制是否完整,影响到该条款是否为"软性条款"、归类为四种类型条款的何种。"软性条款"执行力无法获得国家层面的支持,通过结构分析往往可以进行初步且快速的简单识别。

2.完善"软性条款"与"硬性条款"的转化机制

在建立了"软性条款"的识别与甄选机制后,可以根据具体的条款类型分别予以不同的转化方式。一般来说,可以从对"原生性缺陷"条款进行标明、对"人为性缺陷"条款进行补足、互补的条款相互转化三个方面进行。

"原生性缺陷"是指条款的订立过程中,出于引导、宣传、宣告、授权等目的而有意设立结构上存在缺失的条款。一般而言,具有"原生性缺陷"的"软性条款",不仅无需对其进行转化,且在司法实践中有必要标明其所存在的缺陷,引起下级司法机关应用"软性条款"时保持必要警觉与限度。如果司法者改造不成或者使用不当,还会损害"软性条款"的立法生成价值,影响《监察法》的法律信誉。例如针对《监察法》第46条"监察机关经调查,对违法取得的财物,依法予以没收、追缴或者责令退赔;对涉嫌犯罪取得的财物,应当随案移送人民检察院"的规定,司法解释指出如能够证实相关人员主观上认识到收益的违法性,则不属于善意取得,便可以建议监察机关根据该条规定将不法获利作为违法所得,依法予以没收、追缴。① 可以说,"原生性缺陷"本不是缺陷,而是立法者的特意设计。当然,随着法律不断发展优化,对于已被"硬法"体系确认的、行为模式与法律后果逐渐明确化、固定化的"软法",应当将其转化为"硬法"体系的内容,建立起规范的法律外观。

"人为性缺陷",是指立法者在法律订立过程中出于疏忽大意所造成的纰漏,或是由于其他相关法律衔接缺位、法律体系的领域缺失等问题导致法律条款所存在的纰漏。具有"人为性缺陷"的条款在必要条件达成后,应当及时进行修正与补足。一般而言,可以通过补全法律条款结构,或是制定衔接规范、下位规范的方式来予以弥补。例如《监察法》第35条规定"监察机关对于报案或者举报,应当接受并按照有关规定处理。对于不属于本机关管辖的,应当移送主管机关处理",该条款在法律逻辑结构上缺乏法律后果要素,最适宜以补全结构的方式进行完善。对于单一条款的"人为性缺陷",通过其他相关立法的方式加以补充的也不在少数,例如《中华人民共和国公职人员政务处分法》中对《监察法》进行了补充:"《中华人民共和国监察法》第15条第2项规定的人员,未担任公务员、参照《中华人民共和国公务员

---

① 见《最高人民检察院关于印发最高人民检察院第四十七批指导性案例的通知》(检例第187—190号)。

法》管理的人员、事业单位工作人员或者国有企业人员职务的,对其违法行为依照前款规定处理。"

"条款合并"是指将相关的"软性条款""提取"融入到"硬性条款"之中,由此实现"软性条款"向"硬性条款"的转化,其目的在于实现"软性条款"的"效力硬化"。实际上,"软法"与"硬法"都只是作为一种暂时性法律形态而存在,并没有作为一种终极法律形态而存在,"软法"有向"硬法"上位流动的可能性,同样,"硬法"也有可能存在转化为"软法"的必要。对于那些经由"识别"可以改造的"软性条款",可以采用"立法吸附"的原理,进行"条款合并",即将具有相似功能或者等同效力的法律条款纳入到同一法律集合中,通过国家权力赋予权威效力,使之更好地作用于司法实践。需要说明的是,"软性条款"与"硬性条款"的转化并非单向度的运转,而应是相互嵌入、有机转化的过程,某些"软法"有可能由于其所具有的良好执行力及其对社会现实的洞穿力,进而被大范围推广与运用,从而衍生出相当的强制力,因而初步具备了"硬法"的姿态。反之,有些"硬法"有可能被时代发展的洪流所淘汰,虽然其仍具备"硬法"的法律属性,但却成为实质意义上的"软法"。[①] 二者之间可以依据"形势"变更,可以对这些软性条款的逻辑结构进行完善,使其实现规范与责任的相互对应,进而增强"软性条款"的"硬度",也可以把执行力弱化的部分"硬性条款"转化为"软性条款",从而彰显法的效力外溢和法的权威信誉。因之,为了维持《监察法》的法益保护力度和结构活力,"软性条款"和"硬性条款"二者之间必须保持一定的动态流通性,营造条款之间相互替换、"软硬共举"的法律氛围,而不是形成一成不变、静态生硬的"固执法"。总之,通过立法转化和司法解释等运作方式,有必要且能够实现"软性条款"和"硬性条款"的良性互动。

(三)建立"双轨运行"机制

源于社会的需要,法律的意图在于构建符合国家"善"的社会生态,这就注定法律必须被有效地推介到社会环境中,否则将沦为空谈。但是,由于

[①] 廉睿、卫跃宁:《由"硬法之维"到"软硬混治"——中国法治进程中的软法资源及其运作路径》,载《学习论坛》2016年第4期。

"科层制内的技术治理更多地取决于政治逻辑而非单纯的技术逻辑",《监察法》中"软性条款"的执行,更多地依赖于具有专属性质的效力逻辑,这种依赖逻辑在形态上明显区别于"硬性条款"的运行逻辑。例如,在《监察法》法治治理中,"软性条款"的执行方式主要是通过在社会法治的空间场域中营造约束力而使其"软法"效力得以践行,而从执行的效力层级上来说,这种营造的社会约束力明显弱于"硬性条款"的约束力——"硬性条款"在国家权力机关强制力的加持下,对社会群体的社会行为凸显出强大的威慑力,这种极大的强制力差异源于国家强制力赋予的法益效力不同。"软法本身并不具有强制拘束力,其实施主要依靠守法主体的道德自律与内心约束,所以,'软法'的社会功效与社会成员的法律素质密不可分"①,这表明在"软性条款"与"硬性条款"的执行中,对不同主体有素质层面的要求。"硬性条款"强调对司法工作者司法知识、廉洁以及智力层面的素质约束,"软性条款"则更聚焦于社会主体间对"他治"与"自治"的综合认同。但是,现有"送法下乡"与司法实践的结果显示,"硬法"与"软法"的社会约束在法治生态中存在着明显的张力亟须化解,在中国式法治现代化建设进程中,如何创新监察法治的形式,由此成为影响《监察法》中"软性条款"实施的重要环节。因此,基于"软性条款"的社会法益功能,有必要提升其作为"法"的实施绩效。

首先,亟待解决的问题之一是《监察法》"软性条款"在司法实践中,其在社会舆论、社会意识当中拘束效力不足,换言之,即"软性条款"的拘束效力应当综合多方面加以强化。提升"软性条款"司法实践中的约束力,必然需要社会群体的社会行动以"法"作为指导,强调"他治"的社会功能效益。以环境治理为例,"政府的失灵,要求环保事业走向社会化;市场的失灵,又衬托出环境管制的必要性"②。因此,由"软法"与"硬法"所衍生的混合治理模式,成为进行环境治理时的主体依赖路径。这一点为监察领域中"软法治理"的实现提供了经验:"软法"的效力实现不仅仅依靠"社会软法"的"增益",更需要获得"国家"符号的确认。如今,《监察法》需要挖掘"软性条款"

---

① 方世荣:《论公法领域中"软法"实施的资源保障》,载《法商研究》2013年第3期。
② 李挚萍:《环境法的新发展——管制与民主之互动》,人民法院出版社2006年版,第234页。

的法益功能,突破一定的阈限空间,以《中华人民共和国监察法》为平台,通过在其中植入"软性条款",并与"硬性条款"相互补充、相互完善,能够有效化解风险难题,尽可能把风险指数降到最低;通过"倡导性条款"的使用,能够充分释放出积极的国家信号,引导更多人采取相关措施,实现对监察法敬畏与遵守之"自觉"。

当前,《监察法》"软性条款"在公共治理领域与司法实践中存在着一定的"离土化"现象,这阻碍了"软性条款""法益"效能的发挥,因而应当使其回归"在地化"本质,从而更好地作用于司法实践。事实上,基于监察法治对国家治理与社会规范的功能预设,其本就源于"在地化"的法律实践,而不是作为法的"想象",悬浮在脱离实际的语境空间。在此语境下,需要对"送法下乡"和法治宣传等活动提出一定的要求,即要求法学工作者在普法宣导中,应尽力避免"运动式"的推进方式,重视特殊人群的普法需求,构建均质化、常态化的法律宣讲模式。除此之外,"软性条款"通常是集体意志的产物,在生成逻辑上差别于"硬性条款",因此在监察"软性条款"的社会运用过程中,需要将舆论作为"普法工具",通过舆论的作用传播"软性条款"的"法治文本",同时也传递"软性条款"的规制意蕴,进而为"软性条款"社会强制力的溢出奠定话语基调。必须提及的是,"倡导性条款"具有一定的"溢出"效力,[1]通过倡导性条款对社会进行动员,将国家政策转化为社会实效,有助于保障社会主体有效地遵守相关法律。因此,在"软硬共治"的同时,还应充分发挥"倡导性条款"连接公众、政府、社会之间的"枢纽"作用,从而突出与彰显"软性条款"的"社会回应"能力。就当前而言,亟须构建出以政府部门为主导,提出监察"软法"法治立法建设的议案、多元主体参与监察法法治建设的社会氛围,引导政府、企业及公民三大社会主体联动发声,进而强化《监察法》中"软性条款"的实施效果。

---

[1] 廉睿:《"软"条款何以输送"硬"效力?——〈环境保护法〉中的"软性条款"研究》,载《河北法学》2023年第11期。

第三节 "韧性软法":提升"软性条款"的公共认可

功能主义观认为,一切存在于现实社会的物什、象征符号、组织结构和精神形态,都是功能和价值的集合,或是经济效用的、政治导向的、社会规范的、抑或是文化表征的等。从这个维度来看,对《监察法》中"软性条款"的认知在很大程度上决定着其在反腐败法治体系中的定位,后者则既需要表达国家实现治理现代化的政治效应,又需要满足社会协调发展的法治需要。换言之,"软性条款"在宏观层面形塑了国家治理理念,也在微观个体中表达出"软性条款"对于社会公平正义的价值引领,体现了"软法"之为"法"的双重效益。既然"软法现象"在《监察法》中客观存在,且能够获得理论上的证成和逻辑上的推演,那么应当在特定的司法实践和适宜的时间维度中提升"软性条款"的"权重",赋予其完全的、直接的国家强制力,使之更具"软法韧性"。但不可回避的是,"软性条款"在司法实践与社会规范中并没有尽善尽美地发挥其法益功能。因而,为了促成"软法"功能的实现,就必须督促"软性条款"高效实施,使其由"文本中的软法"走向"行动中的软法",明确"软法"边界,形塑"韧性软法"。

一、"韧性软法"的理论前提

有学者认为应该从制定主体、拘束力的有无、实施的动力等角度定义"软法",即"软法"是由国家机关,社会组织或行业组织制定的,不具有国家强制性,依靠人们对规则的认可、规则本身的吸引力以及共同体的自律来保证实施,具有事实上的拘束力的行为规则。[①] 本质上看,它具有可塑性、灵活性、针对性与可转化性的特点,当社会进一步发展所产生的新事物在现行

---

① 黄学贤、黄睿嘉:《软法研究:现状、问题、趋势》,载《公法研究》2012年第1期。

法律中找不到可供调整的法律规范时,为解决现实社会中需求与法律空缺中的矛盾,"软法"应运而生,[①]凸显其韧性素质。"国家治理包括经济、社会、政治、文化、外交等许多方面,但是万变不离其宗的是其核心构成要素。"[②]其中,司法监察作为国家治理体系中的重要组成部分,也亟须实现由传统治理模式向现代治理模式的转型,由此需要强化"软性条款"的位阶与属性。

(一)"韧性软法"的基本内涵

韧性(resilience)最早出现在物理和数学学科领域中,在一般意义上指"系统的抗干扰能力"。后来被衍用于社会科学领域,经济学、生态学、社会学、法人类学、法学等诸多学科研究范式既将其作为概念转述,又将其作为社会评价指标。法学语境下,通常将"韧性"表述为法律条款对形塑社会秩序生态的能力。总而言之,"韧性软法"即具有形塑社会秩序生态能力的"软性条款"。

在此话语语境下,"以《监察法》的出台为主要标志,国家监察体制改革'第一阶段'任务基本完成。目前,我国正处于国家监察体制改革的'第二阶段',即全面深化阶段。"[③]这些多元的目标导向为"软性条款"嵌入国家治理与法治现代化建设提供了恰如其分的韧性空间。我们必须承认,《监察法》中数量众多的"软性条款",有其存在的价值空间,这是一种"包容性"的规范亲和力,"这种亲和力体现在法治建设中的兼容、合作共享与良性互动中"[④],为"韧性软法"的构建提供了资源禀赋与法域话语语境。"软法"不以国家强制力作为保障,但是它对于社会主体而言具有典型的外在约束效力。"软法是具有强制力的,这种强制力不同于国家强制力,主要表现为一种现

[①] 郭永园:《跨区域生态治理的软法之治》,国家治理的现代化与软法国际研讨会论文集 2014 年版,第 90 页。

[②] 马亮:《四位一体的国家治理——制度优势何以转化为治理效能?》,载《广西师范大学学报(哲学社会科学版)》2021 年第 1 期。

[③] 刘艳红:《〈监察法〉与其他规范衔接的基本问题研究》,载《法学论坛》2019 年第 1 期。

[④] 张清、武艳:《包容性法治框架下的社会组织治理》,载《中国社会科学》2018 年第 6 期。

实拘束力,拘束力的发挥,主要通过体制压力、社会舆论、内心强制而实现。"① 换言之,"就效力而言,软法虽'软',却仍为一种'规则现象',亦具有'韧性'"。② "韧性软法"可以被表述为具有针对性和灵活性的"软性条款",可以根据时空和司法案件的需要适时地作出调整,以期满足自我"法益"的实现。因此,"韧性软法"既是中国式法治现代化建设的需要,也是监察法作用于公共治理的需要,有必要形塑具有韧性的监察"软性条款"。

"软法"是具有"弹性"的法,这一性质在司法实践中最能够得到凸显。例如对违反"软法"规制进行惩戒时,因为没有具体的处罚尺度反而为司法裁判营造了宽泛的韧性空间。换言之,"软性条款"本不存在惩戒尺度的最大值和最小值,其极值之间可以无限扩大或者缩小,自由裁量权将会无限扩大。这种极值的存在,说明司法审判应用"软性条款"的过程存在极强的主观性,即证成与判决之间存在广阔的主观意志空间。正如有学者所说,"当下针对'软法'的系统研究尚未明确其韧性与弱效力之间的调整范围和程度,因此既有研究不能被称为'软法'的概念厘清,仅仅是对'软法'的一种系统概括"。③ 这种界定层面的模糊,在司法实践中容易引发司法人员的误解与工作偏差,价值偏左、价值中立、价值偏右因而经常出现,由此造成"软性条款"在应用中发生效力的反弹现象,进而突破"软性条款"作用的范围和"制约"的程度。对于此种"效益反弹"现象,有必要再明确"软性条款"的"韧性值"和韧性边界,这就需要"硬性条款"的助力以及法外规范的配合。

(二)"韧性软法"的动力机制

溯源"韧性软法"的动力渊源,需要回归到国家监察体制改革的问题本源及目标取向上。厘清监察体制改革意欲何为,以及其所要实现和达成的目标,就能明悉构建"韧性软法"的必要性和现实意义。2019 年 10 月 31

---

① 廉睿、卫跃宁:《〈中华人民共和国高等教育法〉中的"软性条款"研究》,载《中国高教研究》2021 年第 5 期。
② 邢鸿飞、韩轶:《中国语境下的软法治理的内涵解读》,载《行政法学研究》2012 年第 3 期。
③ 邢鸿飞、韩轶:《中国语境下的软法治理的内涵解读》,载《行政法学研究》2012 年第 3 期。

日,中国共产党十九届四中全会审议通过了《中共中央关于坚持和完善中国特色社会主义制度、推进国家治理体系和治理能力现代化若干重大问题的决定》,充分彰显了中共中央全面推进国家治理现代化的理念与决心。改革的初心和目标在于通过整合反腐败的资源力量,构建严密的法治监督体系,从而全面实现依法治国的目标。其最终的目标指向都是中国式现代化与中国式法治现代化建设。因此,一方面,为了应对国家治理时代的新问题、新挑战,避免法律条款在某个时候、某个问题的调整中"失灵"或动力不足,必须重视那些本身就以宣示、明确某一立场、原则或者制度为己任的"软性条款",做到及时的"规范"和整合,使之适应社会发展的需要。正因如此,《监察法》中的"软性条款"也应符合提升国家治理体系和治理能力现代化水平的要求;另一方面,反腐败治理作为国家治理工作的重要环节,应当体现"在推进国家治理体系和治理能力现代化中的基础性、支撑性作用"[1]。在此背景下,建设"韧性软法"的动力性因素可以被解说成国家为实现治理能力现代化进而调整治理结构的动力,也是通过重新配置国家权力进而赋能国家治理、满足社会大发展的诉求。很明显,"韧性软法"是多元的需要,从历史与现实,国家与社会维度也能获得正解,其既是制度建设的需要,也是国家社会转型发展的需求。此外,从制度构建层面来看,构建"韧性软法"有助于完善国家治理结构,为国家治理现代化提供基本的制度保障。正是基于国家治理现代化的需求——当前社会正处于"大发展"的时代浪潮中,人民热情向往和追求着美好的生活,"韧性软法"的必要性在此着重凸显。为了规避社会结构中存在不完整的影响因子,营造良性、稳定的秩序生态,进而助力于人民对美好生活的追求,构建"韧性软法"已可谓急不可待。

  法本身也是从不完善到完善,处于局部到全面的变迁与调适过程中。"硬法"因其固态、静止的特性,在公共治理领域可能出现"失灵"的情况,因为"硬法"并不能将所有的生活形式、社会实践记录在案,也不能具体地指出该行动的实施步骤,以及违反该行动之后所应当承担的司法后果。也就是说,以"硬法"为代表的国家强制法不是"光",不能"无孔不入",换言之,"硬

---

[1] 刘剑文、胡翔:《"领域法"范式适用:方法提炼与思维模式》,载《法学论坛》2018年第3期。

法"表现出来的滞后性在理想与现实之间形成了一种张力,背离中国式现代化发展的理想目标。因此,在"硬法"不能涉及的领域,"软法"可以凸显它作为社会规范资源的约束功能。随着经济社会的发展,社会关系业已趋向于复杂多样化,众多新兴社会领域需要被调度和整合,这就对国家层面的"规范供给"提出了新的要求。相较而言,"软法"的优势在于它具有社会属性,缘起于社会之中,以其"柔性手段"作为执行的方式。同时,它产生作用无须经过严苛费时的立法程序,得以在第一时间内覆盖新兴的社会领域及其社会关系,在执行效力与对接社会关系、社会问题层面表现出它的韧性品质。从国家治理现代化倡行"法治、德治、自治"相结合的"三治"模式践行中,可以发现众多新兴的社会领域仍需要由"软法"来进行初始调整,并在此基础上寻求"软法"与"硬法"、"权威"与"魅力"、"法语"与"德语"之间的互动与沟通。可见,作为对"硬法"应用辅助和失范弥补的工具,"软法"相对"硬法"在社会成本与使用时效上更具备时间上与执行效力上的优势。这种优势尤其体现在司法证成与判决阶段,对辩解和裁判的主体身份表现得更加柔性和多元,与之相比,"硬法"所要求的司法裁判和判决证成的主体身份更倾向于单一、具体。总而言之,对于多元主体合作、实现国家的"善治"与促进社会共同利益最大化目标层面,"软法"都发挥着毫不逊色于"硬法"约束和参与公共治理的作用。由此可见,"软法"具有充足的韧性来源,不仅源于国家治理体系和治理能力现代化的需要,也是塑造韧性社会,强化多元协同共治,弥补"硬法"缺陷,促进全面法治的现实需要。因此,《监察法》中形塑"韧性软法"既是时代叩问之需,也是迎合和满足社会发展、解决公共治理领域的问题之要。这些共同构成了"韧性软法"构建的动力机制。

(三)"韧性软法"的"阈限"和边界

从工具理性的视角,"软法"作为一种工具或者技术,可以嵌入到国家治理的场域中,且从立法成本与实施成本来看,"软法"是一种最经济的治理手段。因此,"软法之治"一经提出就被世界各国广泛推崇。所谓"软法之治","即变革既往单一依托硬法来治理社会的单向度模式,通过引入'软法'机制,来实现社会治理模式的转型和优化"。① 但实际上,"软法"并非万能的,它仅仅在一定程度上涉猎到"硬法"规范所"遗留"的空间地带,并不能全然地主导法治的方向和进程;相反,在"软法"嵌入国家治理的治理生态中,更需要重视"软性条款"的韧性"阈限"以及它在司法实践中的可适应性程度。"阈限"源于人类学、民族学领域,表示"仪式"过程所处的一个阶段,即从一种形态转向另一种形态的时空边界。本书提及的"阈限"是指"软性条款"起作用的时空范围以及其发生"嬗变"的韧力地带,简言之,就是"软性条款"的作用力度。"软法"自发的社会规制效用若超过了"阈限"边界,其法益功能便跃出了预想的范围,可能产生正向或者负向的影响:一方面,法无明文禁止即可为,"软法"具有的随意性,可以使得社会主体获得更大的权利,享受更大的自由;另一方面,社会主体所享有的权利与自由若得不到有效及时的制约,极有可能危及公共治理。由于"软法"的制定主体一般不具有权威性,"软法"的实施通常依靠社会自治组织或者行业协会的自律来实现,具有极大的不确定性,例如"软性条款"通常是倡导性的,不具法定拘束力,当发生违反"软性条款"的情形时,如何界定违反法律规范的责任是"软法"实施面临的现实难题。② 此时司法裁判的区间容易由主观性主导,且在一定程度上难免受制于个体主观意识的作用。这种韧性空间一方面可以实现"软法"嵌入治理的最大"善",强调主体之间的妥协与共识,让相关主体在矛盾分歧中退让,达成矛盾问题解决的最优方案,进而避免社会主体之间利益绝对化的结果。同时也要警惕"软性条款"运用的范围"可能被随意扩大,甚至延伸到无关公共生活的纯粹私领域,造成'软性条款'的道德化"③。另一方面,"软法"之治的兴起可能会对"硬法"的权威性造成挑战,使"硬法"逐渐淡出公共治理的舞台。国家治理需要法治,社会的有机运行以"良法"作为保障,因此,无论是"硬法",抑或是具有社会属性的"软法",都应该被限制在一定的

---

① 廉睿、卫跃宁:《发端于中国本土的"软法"机制——中国共产党"党内法规"的性质透析及其逻辑解构》,载《青海社会科学》2017年第1期。

② 邢鸿飞、韩轶:《中国语境下的软法治理的内涵解读》,载《行政法学研究》2012年第3期。

③ 邢鸿飞、韩轶:《中国语境下的软法治理的内涵解读》,载《行政法学研究》2012年第3期。

"枷锁"之内,即要限定它们运行的法域空间,构建法律的社会效果的评价标准,在具体的社会行动中树立可视化的法益指导。

毋庸置疑,让"软性条款"在社会生态中发挥其功能,可以激发社会群体对于"软性条款"的认同感。但是凡事预则立,不预则废,"软法之治"引入国内社会的重要目的是参与公共治理,在"软法"实施的过程中,不能仅关注到"软法"功能的发挥,还应注意"软法"精神的呈现,应努力传递"软法"所涵盖的先进的法律文化,使全社会的守法意识蔚然成风。因而,"软法"被视为一种管理工具,但绝不只是单一地作为国家"善治"的治理工具。也就是说,要从多学科、多维度的视野看待"软法"的效益和价值,层层深入,解剖和分析"软法"的价值生态,同时要在司法实践中践行、体验"软性条款"的精神价值。除此之外,"软法"因其地域性、自发性的特质,在"制约"社会行动的运维中,因其不具备公权力的权威监督而形成"自我"的至上的意识,在具体的监察实践中容易挤压"硬法",可以"窥见"监察法法域中"软性条款"的运行生态以及阈限空间。总之,社会正义不可缺失,"软性条款"在此"日放异彩"。但在"软性条款"的运用中,也不可避免地需要被赋予"他律",使之与本身内在的"自律"相协调,即形塑"韧性软法"。

二、构建"韧性软法"的基本进路

如上文所论述,《监察法》中"软性条款"的认知功能属性代表了其在法治体系中的定位,要求使"软性条款"从"文本"走向"行动",以期实现其蕴含的"工具理性"效用。构建和形塑韧性条款,无疑是为了更好发挥其法益功能。而对于《监察法》中的"软性条款"而言,其本身蕴含有执行力和强制力,但其执行和约束的效力又有次第之分,呈现强弱分层的态势。有学者指出,影响"软法"效力强弱的因素有三,其一是"软法制定者的权威性",其二是"更好'公共善'的认可程度",其三是"软法制定过程的协商性、沟通性"。[①]就《监察法》中的"软性条款"来看,当"软性条款"在执行中的边际效益与其被赋予目标倾向呈正相关时,影响"软法"执行效果的因素集中表现为公众

---

① 沈岿:《论软法的有效性与说服力》,载《华东政法大学学报》2022年第4期。

对于"软法"的认可度,即"整体权威性"和"制定过程的协商性和沟通性"不存在差别时,影响作为个体的"软性条款"执行效果的因素便只剩其一,那就是"公共善"的认可程度。对于《监察法》中的"软性条款"而言,它的法益功能发散于社会更多是通过权力监督型实施模式、党规辅助型实施模式等"他律"的机制来使其获得实施。单从这一角度来看,它与《监察法》中的其他"硬性条款"并无什么本质上的区别,但是,如果参考社会软法"自律+他律"的实施机制,便会发现,若要打造具有"强力"和高效的"软性条款",就必须从"软性条款"的"内生源"层面进行强化,提升监察对象对于影响他们社会行动的"自在"约束力。换言之,即提高"软性条款"的"公共善"认可度,引领人们自觉主动遵守这些"软性条款",实现"软性条款"从"自为"到"自在",从"自在"向"自觉"的逻辑转换,同时亦实现公民对于"软性条款""守法"和"执法"的一体化建构。总而言之,要构建"韧性软法",其一要从"外生动力"层面确保"软性条款"的社会约束力,其二要从"内生动力"层面构建"软性条款"生效的自发性机制,其三可以从"内外联通"层面加强"软性条款"设定的科学性与人民性。

(一)优化"软性条款"的"权力主导型"保障机制

"软性条款"通常被归类为宣示性条款、赋权性条款、倡导性条款和陈述性条款四种类型。四者之间在"连接词"的使用上有明显的差异,"有权""可以"等连接词广泛使用于赋权性条款中;倡导性的则多用"鼓励""支持";在陈述性条款中,所出现的"连接词"多为建立、统筹、规划等;宣示性条款出现的"连接词"多为实行、依法、维护等。不同的"连接词"表达了国家对不同事务的态度,这些"软性条款"虽然被赋予了各自的象征意义和价值意愿,但也有着共同的结构特征——都不具有成文的惩处机制,在执行上具有自发性,不依赖于国家强制力。一般而言,自发形成的"软法"是为了满足大众的期待所建构的规范,具有广泛的社会认同,迎合了大众对于法律法规的期待,推行起来更为容易。但是,由于在局部地区、适应于局部机构的"软性条款"时效性是短暂、易变的,其不可避免地更容易受到"硬性条款"或者其他形式的"软法"的"挤压",导致其无法发挥完整的效力,从而与"软性条款"的原初意愿产生极大落差,甚至产生与原目的相冲突的情况。简言之,虽然"软法"

的"有效性"源于社会对它的认同,但是保障"软法"长效地发挥社会约束功能则需要国家强制力的赋能。

"权力主导型"保障机制,是指通过国家强制力的赋能,保障"软性条款"长效发挥社会约束功能。社会是多元的社会,法益的实现通常也会受到多种条件的制约。在"软性条款"的实施过程中以及满足"公共善"的实践中,"权力—权利"这一对概念范畴贯穿始终,部分"软性条款"可以通过权力主导方式获得生效契机,以强制手段剪除实施进程中遇到的阻滞,这并不违背中国式法治现代化的信念,反而衍生出"软性条款"营造的"软法之治"信号:"一方面,它们代表着国家的政治权威,在国民生活各个方面具有较强的控制力;另一方面在组织结构上是被正式设立的、呈现出紧致的层级等级体制,因而无论在权威性还是内部联系方面都表现出较强特性。"[1]不可回避的是,《监察法》中"软性条款"实现"公共善"需要权力的主导。例如,《监察法》第14条指出"国家实行监察官制度,依法确定监察官的等级设置、任免、考评和晋升等制度",该条款作为一条宣示性条款,采用的连接词为"实行"和"依法",表明了我国实行监察官制度的基本形式与执行过程是通过等级设置、考评晋升等来保障该制度的运行。但是在实践中,该条款的"效力"强弱,主要取决于检察官等级设置、任免制度、考评体系等是否科学化、合理化,其能否完全实现效力受到相关公权力意志的直接影响。因此,要建立以国家强制力保障护航的"权力主导型"机制,确保"软性条款"的具体实现。所谓"权力主导"是指依靠国家机关之间的"监督—被监督""领导—被领导"关系使"软性条款"在社会层面获得执行。《监察法》本身的效用也是监督、规范国家机构、组织和个人的违法行为,因此,"软性条款"也具有"上位者地位"的特点。例如,某一下级机构未切实履行《监察法》中的各项法文规定时,监察机关可以直接对该机构或者个人提出要求,也可以对该机构的上级机构施压,使上级机构通过行政命令的方式要求下级机构履行,这时,"法律任务"即转化为一项"政治任务"而获得执行。这种自上而下的传播方式伴随着国家公权力意志的作用,在相对较短的时间维度上就能普遍传播,发挥其法益保障作用。因此,通过权力主导,可以激活"软性条款"中的"公共善"

---

[1] 宋心然:《软法实施模式及其效果研究》,载《河北学刊》2011年第2期。

成分，从而形塑"韧性软法"，这才能符合和满足人们对立法的一般期待。

（二）提升"软性条款"的"社会自发型"实施机制

"软法"有"国家软法"与"社会软法"之分，其对于社会约束的实施机制亦有"制度惯例"与"舆论压力"之别。其一，"制度惯例"出现的原因是为解决某项现实问题时，应运而生的、能够自主有序运行的处理办法；其二，"舆论压力"是指个人、组织及组织人员等社会主体违反"软法"后遭受的攻击、批判和谴责。从"制度惯例"与"舆论压力"两个层面入手，可以逐步构建起立足于社会基础、受社会大众认可的"社会自发型"的"软性条款"实施机制。

《监察法》中的"制度惯例"，是指为了解决司法裁判的需要而产生的某种习惯，这些习惯经常直接受用于司法实践当中，经过多年演变为惯例后，即便缺乏国家强制力的保障，该制度也能有序运转下去，发挥它由内而外的、由主观向客观的普遍效力。例如，监察调查中由执纪审查部门履行一套审查调查程序、分别开展违纪调查和违法犯罪调查的惯例，即"一程序两报告"的工作机制，虽然在《监察法》中没有作出相关规定，但依然正常运行。[1]这些制度惯例能够调控"硬性条款"所无法触及的领域，是我国"软法"构成中的重要部分，但是其存在基础是被社会普遍认可，需要被社会绝大多数所遵守。因此，要构建"社会自发"的制度惯例，必须从维护与促进其社会基础入手。"软性条款"要发挥作用，其必须受到社会群体认同且遵守。社会群体的心理认同是以"制度惯例"为代表的"软性条款"的动力源泉，任何制度规范或者法律规范得以推行，都需要一定的社会基础，或是源于社会内部的需要，或是国家主体施加以时间、资源而特地营造的社会基础。于社会心理而言，能够营造和谐稳定的社会秩序，可以保障人民追求美好生活，于《监察法》中的"软性条款"而言，它的目的是营造公平正义的社会环境，即"小惩是为大戒"，满足人民对于安定和谐的社会生态的需要。因此，必须增强《监察法》相关制度惯例的社会基础，以公平、廉洁作为价值要求，以维护"硬法"制度体系为形式要求，尽可能发挥出其不受限于常规法律形式的特点。

---

[1] 魏小伟：《职务犯罪监察调查中的讯问风险及防控》，载《南通大学学报（社会科学版）》2023年第1期。

软法何以有效:《监察法》中的软性条款研究

《监察法》所营造的舆论压力,是指因为违反被社会群体认同且遵守的监察规则而受到的软性排斥。马克斯·韦伯在其社会法学理论中指出了"软性条款"生效的方式基于社会大众的反对,"如果秩序的效力是从外部保证了这一概率的话——在特定的社会群体中偏离秩序将会引起相当普遍和实际的重大反应,即遭到非难"[①]。在《监察法》中,诸多条款属于"社会软法",它们的独特优势在于缘起于并形塑在"乡土社会"中。也就是说,"软性条款"在社会中本身就是作为有拘束力的规则而存在,在人民的日常生活中制约某种社会行动,并在后续的法域实践中,因为其具有典型性和普遍性而最终形成监察的"惯例"。在中国式法治现代化浪潮下,"送法下乡",普法行动惠及大众,法治的氛围在社会中普遍形成,公民的法治意识和法治参与被强化和激活。所以,在司法实践与治理活动中,公众舆论业已成为监督《监察法》实施、促进"软性条款"和"硬性条款"高效运行的支配性力量。如若个人、组织及组织人员等社会主体违反了《监察法》"软性条款"的意志,就会遭受到社会舆论的攻击、批判和谴责,可以说舆论压力在无形中增加了社会主体的违法成本。"这种软法的方式更能够使中国在较为灵活和有弹性的法律环境内积极作为、规范社会行为,而不是通过国家之间的监督的方式对其施以硬性约束。"[②]而舆论压力之所以能够督促《监察法》中"软性条款"落地生根,是因为它将公共群体的外部性压力转化为个人精神和心理的内在压力,从而使人最终在主观意识上接受和认可这些"软性条款"的存在,呈现的是一种主动输入,被动接受执行的逻辑。从法理渊源上来看,《监察法》的"舆论压力"具备充足的社会基础,"软法的最初形态通常是产生于某一共同体内部的公认规则,当这种公认规则扩大到整个社会的公共治理中时,如何化特殊为普遍,准确界定'软法'的内涵和外延是紧迫的现实挑战"[③]。可见,公民遵守"软性条款"的内源性动力,实为提升"软性条款""魅力"与完善"软性条款""公共善"向度提供了有效"反馈"。《监察法》中,诸多的"软性条款"是以国家机关为规制主体的,这种类型的"软性条款"通常在"从众压力"

---

① 马克斯·韦伯:《经济与社会(第一卷)》,阎克文译,上海人民出版社2019年版。
② 何志鹏:《作为软法的〈世界人权宣言〉的规范理性》,载《现代法学》2018年第5期。
③ 罗豪才、宋功德:《软法亦法:公共治理呼唤软法之治》,法律出版社2009年版,第3页。

的推介下获得实施。也就是说,当绝大多数的国家机关、组织以及个人都遵守《监察法》的软硬法相关条款,而仅仅只有个别组织或者个体违反《监察法》的相关约束时,其势必会遭受到"从众"的压力,这种变相的"同侪内卷"实际上提升了"软性条款"的社会实施效力。

(三)构建"软性条款"的"协商沟通型"交流机制

法律的精髓在于权衡各种不同的利益,以实现社会整体福利最大化。[1]不同于国家强制色彩的"硬法","软法"具有柔性与沟通的元素,以灵活性、协商性、开放性优势成为重要的秩序动力装置。[2] 要提升"软法"的韧性,必须加强其订立、执行过程中的沟通协商机制,使权利和广泛的利益在"软法"中获得论辩场域,最终在法律层面对其作出统一规制。质言之,在"软性条款"的订立与执行过程中,必须充分考虑到规则所牵涉的利益内容,并以合适的方式进行协商沟通。

一方面,要确立协商沟通的基本内容。将"法益"作为协商沟通内容,有助于确定"软性条款"的价值基础,从而确保其社会回应性。《监察法》的"软性条款"在设立过程中,必须解决何为规制对象这一问题,而正如前文所述,监察法中涉及"国家法益""社会法益""个人法益",国家法益的核心内容是《监察法》所倡导的国家精神,而"社会法益"与"个人法益"的核心内容在于《监察法》所规制的个体权利与义务。在订立过程中,必须充分考虑到"软性条款"所涉及的具体法益:对于国家法益而言,在根据国家政策、战略等"软法"形式比照类"硬法"中的相似模式,确定未被"硬法"以明确的诸多国家利益的同时,必须充分考虑条款所涉及的价值是否立足于国家政策走向、是否与国家其他政策相冲突、是否与国家法制体系相适应、是否对公民权益造成过多侵害;对于公民与社会法益而言,其必须充分考虑到公民与社会的合法权利是否被侵害、是否以隐性的方式对公民与社会造成了额外负担。同时,还要注意公民与社会的合法空间是否需要"软性条款"进行衔接保护,建立

---

[1] 严厚福:《环境法典中新污染物环境风险管控的立法思路》,载《南京工业大学学报(社会科学版)》2022年第5期。

[2] 张清、武艳:《包容性法治框架下的社会组织治理》,载《中国社会科学》2018年第6期。

与国家法益的衔接联动机制时要明确个人与社会应有的权利与义务,构建"硬法—软法"范式下法定的权利与公共利益体系。[1]

另一方面,要建立协商沟通的合适方式。相较于"硬性条款"在"权利—义务"框架下的效力实现,"软性条款"一方面靠社会整体的认可自觉实现延伸,另一方面靠其他社会主体的督促与施压。为了达成基本的"公共善",完成"软法"本身的社会回应能力,《监察法》中"软性条款"的订立与实现必须在相关的社会主体之间进行充分的协商与沟通。在确定了以"法益"为核心的基本内容后,可以构建基于《监察法》的特殊性而产生的三种层次的沟通机制,即"权力—权力""权力—权利""权利—权利"三类不同主体间的协商沟通机制。《监察法》第 3 条规定"各级监察委员会…依照本法对所有行使公权力的公职人员(以下称公职人员)进行监察,调查职务违法和职务犯罪,开展廉政建设和反腐败工作,维护宪法和法律的尊严",其同时涉及到国家利益、社会利益与个人利益,涉及到国家公权力与个人私权利的冲突与衔接,因此必须考虑到监察机关(权力)与其他公权力机关(权力)的冲突与协调、监察机关(权力)与相关社会主体(权利)的冲突与协调、涉及监察活动的社会主体(权利)之间的协调,即上文所述的三类不同协商机制。其一,要构建"权力—权力"协商机制。在设立"软性条款"时,必须在充分发挥国家监察委员会对地方监察委员会领导作用的同时,积极构建事后纠错机制、事后反馈机制与建议机制,还要积极开展不同机关之间的联席会议,给予贴近具体事件、更具有专业能力的一线机关建议权与决定权,充分构建公权力之间的疏通与交流机制。其二,要构建"权力—权利"协商机制。在行使监察权的同时,应当构建公民与社会的参与、监督机制,尤其是在内容较为宽泛、手段富有弹性的"软性条款"设立之上,更要着重加强立法过程中的公众参与、专家听证等民主程序。其三,要构建"权利—权利"协商机制。在"软性条款"的订立与执行过程中若涉及部分专业领域的专门法益,应当及时征求相关人员与行业的意见,同时设立反馈与追问机制,确保"软性条款"的设立与执行立足于社会现实与基本民情,而不是针对无意义的问题进行空谈。

---

[1] 董正爱:《环境风险的规制进路与范式重构——基于硬法与软法的二元构造》,载《现代法学》2023 年第 2 期。

第四节 "利益导向"：生成"软性条款"的激励机制

"法律本身包含着一定的向社会开放的机制，法不是自然出现的，而是人为生成的，是非单纯的国家机构单方面进行的国家立法活动的产物"[①]，其在静态环境中也能彰显"不可违背"的威严。但是，这种不可违背性只有在司法执行中才能证明。一般来说，在法的执行层面有"自我实施机制"与"他者实施机制"："自我实施机制"是指能够在没有外在强制力推动下，被执行对象能够自觉执行的机制；"他者实施机制"是指必须具有外在强制力推动下对象才能被执行的机制。《监察法》中的"硬性条款"通常表现为"他者实施机制"，强调司法机关作为执行主体，违法机关、组织、个人作为执行对象。而与之不同的是，《监察法》中的"软性条款"同时具有"自我实施机制"和"他者实施机制"，两种机制共同起到规范社会行为的作用。只是"软法"的"他者实施机制"在路径上与"硬法"有所区别——在"软法"的他者实施机制中，强调以社会舆论评价、道德"违规"等社会赋加的具有强制性的外部压力。总而言之，"软法"的他者实施机制因为"国家在场"，被赋权的"软性条款"能够得到社会行动方面的执行，凸显出了国家暴力机关的外在压力，但法律只有具有包括"工具理性"与"价值理性"在内的双重价值时，"软法"的"自我实施机制"才是提高其在中国法治现代化中重要作用的根本动力源泉。

一、"利益导向"的理论前提

（一）"利益导向"的基本内涵

"软性条款"是公共领域与社会领域治理的重要手段和方案，其施行主

---

① 葛洪义：《论法的生成》，载《法律科学（西北政法学院学报）》2003年第5期。

要依靠被治理主体对它的自觉遵从和内心认可。因公共治理秉持认同、共享与协商的价值追求,公共治理对于柔性条款的需求最终促成"软法之治"的产生。① 可见,"软法"之所以能够嵌入到公共治理领域,满足公共治理的需要,得益于它蕴含的价值为公众所"认同",因而获得自觉遵守的基础。有鉴于此,《监察法》中的"软性条款"要想得以通过激励机制进行调控,必须要维护公平、廉洁、秩序这三个最根本的价值。

一方面,公平是《监察法》所必须遵循的核心价值,公平正义"聚合"了国家社会治理的目标导向与社会群体的价值需要。学者俞可平认为,做人和治国具备两条同一的底线,即道德底线和法律底线。做人方面,道德是规范和约束内心的秩序,法治则是规范和约束外部的秩序;治国层面,道德底线就是国家要有道义,有价值目标,即首先就是有公平正义,社会执政者都必须维护社会的公平正义。至于法律底线,就是依法治国。② 这体现了公平正义的"价值理性"与法治之间紧密的逻辑关系。中国式现代化与中国式法治现代化都蕴含于国家治理体系现代化的运维中,它的表征就是要有"规范社会权力运行和维护公共秩序的一系列制度和程序,包括规范行政行为、市场行为和社会行为的一系列制度和程序"③。这对国家法律,无论是国家强制力保障的"硬法"体系,抑或是具有国家属性或者社会属性的"软法"体系都赋予了更高的期待。"善治"的前提是良法,强调法律在社会效能的价值取向上应当是正向反馈。这当中,《监察法》的利益指向首当其冲。它直接对话国家机关、公共组织以及个人的"社会行动",集中彰显"公共善",亦凸显社会的公平正义趋向。这当中,"硬法"有国家公权力的加持,对于社会中存在的"不法行为"可以依据法文"明正典刑",借助强制力的力量实现"公共善",从而维护社会公平正义的利益导向。"社会不是以法律为基础的,那是法学家们的幻想,相反地,法律应该以社会为基础。"④法本身是源于治理的

---

① 刘长秋:《作为软法的行业标准研究——以卫生行业标准为视角》,载《北京理工大学学报(社会科学版)》2013年第3期。
② 俞可平:《国家底线:公平正义与依法治国》,中央编译局出版社2014年版,序言。
③ 俞可平:《走向善治》,中国文史出版社2016年版,第58页。
④ 马克思:《对民主主义者莱茵区域委员会的审判》,人民出版社1961年版,第291~292页。

第六章 《监察法》"软性条款"的未来面向

需要而诞生,如果是强制力赋能的"硬法",那么它对于社会的约束是具有普遍性的、单一的。而"软性条款"因其本身具有来源多元、"韧性"不定的特质,在"公共善"的表达中,其法益目标可能会以"隐形"的形态存在,"外溢"效力不明显,出现"大戒小惩"的悖论现象。因此,"软性条款"与"硬性条款"之间,需要明确"监察"边界,同时也要明确共同的利益导向。在司法实践中,既要发挥"硬性条款"的硬效能,又要强化"软性条款"的制约作用,通过"刚柔并济"的"软硬共治"模式实现社会中普遍期待秉承的具有公平正义价值的"公共善"。

另一方面,廉洁与秩序也是《监察法》所必须遵循的核心价值,二者虽然概念不同,但却是相互联结的:廉洁与秩序既是"国家在场"的表达,也是"社会在场"的需要。国家治理包括政府治理、企业治理和社会治理三个系统层级,这三个系统结构所坚持的始终是"国家在场"的导向。国家在场强调的是民间社会和国家符号之间的互动关系,"这种互动关系指的是脱离国家治理的民间社会主动接受公共治理中的柔性条款规制,而国家治理通过认同民间治理中的'软性条款'来接受曾经完全否定的民间风俗"[①]。《监察法》就是这样一种国家符号,在国家治理中宏观威慑,在具体的行业领域和治理场域中微观监督。"社会在场"则强调公众对治理的参与,尤其是在社会治理层面正视公众的参与性地位。在传统的演进与变迁中,社会发展起一些属于自己的规则,这些规则在形式上不与法律抵触,却能发挥与法律类似的作用,甚至有些时候比法律更为高效,致使社会习惯于运用这些社会规则进行自我管理。以小见大,这种自我管理反映出社会个体对社会秩序、"公共善"的利益诉求,彰显"社会在场"与"软性条款"的价值表达。可见,无论是代表"国家在场"的法律,抑或是实现自我管理的社会规则,都共同指向于"秩序"与"廉洁",都能发生《监察法》所被期待发生的作用,从"他律"和"自律"两个机制层面"关照"国家的治理生态,这契合了学者所说的"在当下强调改善'治理'状况的时期,国家与社会在互惠、双赢理念下形成了'相互在

[①] 高丙中:《民间的仪式与国家的在场》,载《北京大学学报(哲学社会科学版)》2001年第1期。

场'局面"①,反映了国家、社会层面的利益导向。

(二)"利益导向"的动力机制

"软性条款"具有"由上而下"和"自下而上"两种建构逻辑。就"国家软法"而言,它集中反映了社会治理生态的需要,在"自在"的形态中反映出国家治理与组织机构或者个人等多重主体之间对它的现实需要。因此,国家主体因为"自我"以及"他者"的需要,从社会生态中提高它的"位阶",通过立法使之成为文本、赋予国家意志,并由公权力从上而下地推及到社会各领域。"社会软法"则与之相反,它发轫于"乡土社会",在地方、局部发生社会规制的作用,但它的内在禀赋具有"公序良俗"应有的品质,能够起到维系社会秩序,助力国家治理的作用。并且,社会规则还可以在宏观领域中获得衍用,司法机关能够将其援引或者借用,使之在国家意志层面获得认同,并将其再下放到社会,成为拘束社会的长效机制。可见,"软性条款"被赋予国家、组织及公民的集体意志,契合多元主体的"利益导向"。一般而言,《监察法》中"软性条款"的激励机制有外部压力主导的他者实施机制以及资源引导实施的自我实施机制这两种方式。

外部压力主导的他者实施机制,是指"软性条款"的实现依赖于外在强制力推动的机制,也是《监察法》中最常见的实施机制,例如《监察法》第59条规定"监察人员辞职、退休三年内,不得从事与监察和司法工作相关联且可能发生利益冲突的职业",在法律逻辑结构上不具备法律后果要素,却表达出一定的义务属性,必须以依靠外在强制力来保障该条款效果的实现。与之不同的是,资源引导型的自我实施是指"软性条款"在社会中产生约束力效果时,并不以国家强制力作为其发挥作用的效力基础,而是依靠"政策辅助""警示教育"等来产生整体性的执行效果,在这过程中尤为强调"引导性资源"的功能和效益。"引导性资源"是谓"国家以物质、精神、工作方法等各种非暴力资源整合形成的对社会的凝聚能力,它是保障法实施的内在基

---

① 杨海晨、吴林隐:《走向相互在场:"国家—社会"关系变迁之仪式性体育管窥——广西南丹黑泥屯"演武活动"的口述历史》,《武汉体育学院学报》2017年第3期。

础,也是法实施的最高境界"①,包括物质和精神两种类型,两类资源共同发挥着作用。例如《监察法》中的第 27 条明确指出"检察机关在调查过程中,对于案件中的专门性问题可以直接或指派、聘请具有专门知识的人进行鉴定。鉴定人进行鉴定后,应当出具鉴定意见,并且签名"。这些条款实际上暗含国家对于监察实践的重视,因而会为具体的监察案件提供足够的人力、智力、物力、财力,从而通过利益诱导的方式来促成"软性条款"的实施,而人力、物力、财力等都是一种典型的物质类引导性资源。《监察法》中就不乏存在价值引领的精神资源,这为"软性条款"的实施奠定了基本的价值语调。如《监察法》第 5 条的规定"国家监察工作坚持标本兼治、综合治理,强化监督问责,严厉惩治腐败;深化改革、健全法治,有效制约和监督权力;加强法治教育和道德教育,弘扬中华优秀传统文化,构建不敢腐、不能腐、不想腐的长效机制"。这类精神引导类资源不仅可以引导公职人员主动遵守"软性条款",还可以形成对违法者的社会压力。但是,需要指出的是,《监察法》中"软性条款"的运行并不如想象中那般顺利。由于"软性条款"不具有法定拘束力,多是鼓励、宣誓等倡导性条款,因此其实施效果极有可能大打折扣。事实上,这种"软法"施行的困境在全国范围内也比较常见。为使监察工作顺利开展,保障监察条款顺利实施,应积极克服"软法"施行障碍。因此,有必要在"软法"执行的方式上进行更新,在观念上改变。

(三)"利益导向"的结构耦合

从法人类学层面来说,"软性条款"同政策一样,都对社会具有规范意义上的约束力,都是调控社会秩序的重要手段。从渊源上来看,部分"软法"内容实际上来源于政策之中,因此,在执行层面,"软法"和政策并不冲突,还存在着一定的契合度。对二者进行深度解剖后可知,在内源性要素上面,"软性条款"与政策之间实际上具有一定的"同质性",政策本身仅仅是一种需求导向的指导方案,并不必然涉及到惩处机制,同样地,"软性条款"也正是缺乏后果性要素;从外在效力上看,"软性条款"与政策的执行也并不完全依靠国家强制力,都具有独自的运转逻辑。加上一些具有监督性质的政策和《监

---

① 方世荣:《论公法领域中"软法"实施的资源保障》,载《法商研究》2013 年第 3 期。

察法》中的"软性条款"都是源于国内"本土",是为解决社会问题、实现社会良性治理而生长起来的制度和规范,可见它们具有一定的"同源性"。

因此,可以说"软性条款"与政策在执行的过程中构筑起一种具有耦合性的协同关系,这种协同关系体现为监察法"软性条款"在实践中的运用,常常会与政策性部署产生重叠的部分。在此基础上,"软性条款"能够创造政策推行的可行性条件,从而助力政策落实,反之,相关政策也对于"软性条款"的实施起到了一定的辅助作用。简言之,"软法"有其自己独立的实施机制,可以作为一种辅助技术,推动政策被有效执行。法律条文从倡议到生成再到落实,通常是滞后于社会问题的出现的,立法均是对以往经验的总结归纳,是一种经验主义在未来境况下的假设和判断。也就是说,社会问题存在于法文之前,在立法尚未落实之前,政策、制度就起到了为立法宣传的作用,在监察领域的表现即是政策指引为"软性条款"提供舆论环境和社会基础。即便立法之后,政策与"软性条款"亦能够实现交替的"正反馈",二者的合力可以"增加法外的空间,激励社会的自治,对公民或成员的自我认知能力、自我治理能力的信任,调动了多数人的积极性,考虑了多数人的利益需求"[①]。由此可见,无论是《监察法》中的"软性条款",抑或是政府机关制定的政策规章、行政法规等,都共同指向一个向度,即"公共善"。因而在引导社会行动,耦合嵌入到国家"善治"与"治理有效"的逻辑系统中,二者之间是具有可行性、可能性与必要性禀赋特质的。2021年国家监察委员会公布了第一部监察法规,即《监察法实施条例》。这意味着监察法规将作为一种新型的规范性法律文件而为国家最高监察机关制定并融入监察领域的法律体系当中,也意味着《监察法》中"软性条款"的"落地效果"能够得以优化。但是,其他相关的配套规定尚处于探索与更新阶段,还在继续跟进之中,有待进一步补充。

二、建立"软性条款"激励机制的具体路径

对于"软法"的"自我实施机制",有学者将其概括为"资源引导型机制",

[①] 强昌文:《软法及其相关问题研究》,中国政法大学出版社2019年版,第48页。

即"软法的实施要充分运用引导性资源来获取社会成员的积极支持和自愿遵从"。[1] 结合《监察法》中"软性条款"在过往中的司法实践来看,其发挥效力主要是通过权力监督、党规辅助等他者实施机制来获得运行,因此,为了契合中国式法治现代化下反腐败工作的有序开展,提升《监察法》的整体执行力,就必须从"软性条款"的内生原动力处出发,挖掘"软性条款"本就具备的"自我实施机制"。考虑到"较之立法活动,司法活动和执法活动更富有'真实性',立法中的'法益'未必能转化为司法活动和执法活动中的'法益',应尽量规避'法益偏差'和'法益受损'现象的产生"。[2] 因此,《监察法》中"软性条款"的未来面向应从利益的主导维度进行考量,以政策和廉政警示教育等为主要抓手,建立包括利益导向与纪律警示两个维度的激励机制,激活"软性条款"的自我实施潜能。

(一)建立以利益为导向的奖励机制

建立合理的利益导向机制能够推动"软性条款"被自发执行。所谓"利益导向",是指以公民、社会、公权力机关自身的切身利益对其进行引导,从而激发这些社会主体参与、遵守、维护"软性条款"。在确保公平、廉洁、秩序三个最根本价值的前提之下,构建合适的利益导向方式,有助于激活"软性条款"的自我实施机制,从而增强"软性条款"实现的效率、降低其实行成本。总体而言,建立以利益为导向的奖励机制需要从以下两个方面入手。

首先,提高"软性条款"制定程序的公众参与度。一般而言,社会中的"软法"是由所涉及领域成员直接参与协商、制定的,在这种情况下,"软法"直接基于该领域中的数据信息产生,立足于该领域成员的利益,因而能够在最大程度上被民众所理解,在体现主体意识的同时最大限度减少执行成本,激发被约束者的自我实施动力。[3] 在《监察法》中,存在"权力—权力""权力—权利""权利—权利"三类不同主体间的协商沟通机制,可以通过上述三种层面的机制深入"软性条款"的制定过程之中,促使各个层级的参与主体

---

[1] 方世荣:《论公法领域中软法实施的资源保障》,载《法商研究》2013年第3期。
[2] 卫跃宁:《由"国家在场"到"社会在场":合规不起诉实践中的法益结构研究》,载《法学杂志》2021年第1期。
[3] 姜明安:《软法的兴起与软法之治》,载《中国法学》2006年第2期。

在参与相应规则订立、实施时充分发挥主动性、积极性,这不仅有助于降低法律订立、执行的成本,还可以尽可能避免《监察法》实施过程中公民与国家、政府间的矛盾和冲突。具体而言,必须保障《监察法》规制对象对"软法"立法的参与,以"硬法"的形式确保其通过代表参与座谈会、论证会、听证会听取意见并提出建议的权利。与执行程序上的参与不同,若能将公众参与深入到监察法设立程序中,可以从法律根底上注入人民群众的意愿,使监察法中的"软性条款"充分体现人民群众的利益所在。同时,增强公众参与度也有利于减少立法、执法成本,增强公民自觉遵守、自觉监督的意愿,从而解决前文中所述的施行效率问题。

其次,在"软性条款"制定和执行中融入成本收益分析。在《监察法》场域中的成本收益分析,是指通过比较对某一法益保护的成本和效益来评估该规范价值是否实现的一种方法。在法经济学视角中,违法行为的实施者实施违法行为所耗费的成本一般不会高于其期望所得到的收入,否则将有悖于其经济理性,且经济违法行为的成本还应能够抵偿违法行为的受害者所遭受的经济损失。概言之,违法行为在社会中实现的成本应能有效地遏止其发生,并补偿社会秩序所遭受的侵害。[①] 若能在《监察法》中融入成本收益分析,可以在一定范围内通过成本与收益的比例关系揭示违法行为发生的概率,从而有针对性地"利益引导"被参与主体自发遵守法律。总体而言,应当从收益与成本两个方面进行规制:一方面,应当通过提高守法收益来增强《监察法》中"软性条款"的正向激励效果,例如通过设立社会监督与公民监督的奖励机制、规范国家监察机关工作人员的绩效考核等方式。这种奖励机制的设定不一定要体现在《监察法》的法律文本中,也可以在其他包括法律和社会规范在内的相关配套规定,例如相关党内法规、行政规章等,以及在行业惯例、工会规则中实现。另一方面,应当通过提高违法渎职成本来增强《监察法》中"软性条款"的反向激励效果,例如通过设立举报、投诉、不公开等行为的惩罚机制、规定监察工作人员渎职从严处罚等方式。例如,《监察法》第 54 条规定监察机关应当依法公开监察工作信息,接受民主监督、社会监督、舆论监督,如果能够为其设立配套的处罚机制,就可以有效

[①] 刘大洪:《经济违法行为的法经济学分析》,载《中南财经大学学报》1998 年第 3 期。

地保障监察工作的依法公开。处罚机制同样无需限定在法律领域之内,其既可以通过相关规章进行规制,也可以通过其他的"社会软法"进行。

(二)建立以纪律为红线的警示机制

建立合理的警示机制能够保障"软性条款"的实效。警示机制与国家强制力支持的刑罚不同,强调的是从心理上建构起清正廉洁的责任意识,而不是"硬法"加身。在《监察法》"软性条款"的执行逻辑中,应当以时间为轴,强调预防为主、教育为本、惩罚为辅的运行结构。预防即要求进行普法宣传,既要宣传"硬性条款"内容,也要传播"软性条款"的价值理念。在传播的时空维度上,要求从中央到基层,从公共领域到企业领域、社会领域,做到纵向传递、横向传播,全方位覆盖。教育则是加强法治与监察条款、纪律检查等内容的学习。无论党内或者是党外、国家机构或者是公共组织、公共机关还是自治组织都应该加强《监察法》等法治条款的学习交流,如定期举行"法治—纪律检查主题教育专题"活动,并将该主题制度化、体系化,做到在制度上固定纪律检查学习,同时在方法上进行创新,在形式上实行多元化法治教育。总体而言,应当坚持和创新廉政警示教育,使其制度机制体系化、内容结构完整化、实施策略科学化、形式载体多样化、方法方式差别化、警示效应长效化。

以形式载体多样、方式多元、策略科学的方式强化《监察法》中"软性条款"的"公共善"以及它的法益价值,既可以实现监察软法"下沉",传递"软性条款"的"价值理性",也能警示"腐败",强化廉政与自我管理。当然,这过程中需要发挥监督机制的效能,强化对"软性条款"以及相关法治教育和实践的监督作用。其监督方式包括"群众监督""同级监督"以及"上级监督"。我国国家机关的上下级之间是"服从与被服从""命令与被命令"的关系,因此在"软法"自我实施和"软法"意识强化中,也可以从内部关系出发。在组织结构中,下级机构对上级机构负责,如果下级机构不履行或者违反《监察法》中的"软性条款",上级机构应该通过行使监督权或者以行政命令的形式加以纠正。需要指出的是,舆论压力和制度惯性通常是"软性条款"在社会中得到顺利实施的关键因素。"随着我国公民意识、权利意识的不断觉醒以及市民社会的不断发育,公众舆论已经演变成监督法律实施、促进法治进程的重要力量,舆论压力作用的关键就是公民自我意识的觉醒。"[1]现代社会属于熟人社会,其中"差序格局"作用于监察"软性条款"的实施,在社会上无疑会引起"软法"适用对象的舆论压力,极大提升违法的成本;另外在同级主体之间,也会起到相互监督的效果。例如当其他相关国家机关都在遵守《监察法》的相关条款,若某些机关无视"软性条款",消极对待"软性条款"的实施工作,将会面临来自同等职位、同等部门的同侪压力,从而为"软性条款"社会意识的建构提供了强大动力。而在群众监督中,组织机构将开展"法治"学习的计划、方案、时间、内容等相关内容面向群众公开,接受群众的监督和批评。以此方式,既可以借助舆论压力来监督机构践行"软性条款",也可以在熟人社会中产生"蝶变效应"。此外,在制度惯性层面,当一些"软性条款"在应用中通过运转而演变为惯例后,即使没有外源性力量的加持或者监督,该条款也会顺利平稳地运行下去。这就类似于当人把自律变成为一种习惯,他是不需要任何外部压力进行敦促的。当社会遵守"软法"成为一种常态,这种外部的社会认同便会内化为"软法",成为适用对象的内心遵从,同时,"法治—软法"宣传也应该伴随着"硬性条款"法治的铺陈,以"硬性条款"的强制力固化"软性条款"的效益,从而在社会中树立"软硬协同"的威信。法的本意不在于暴力惩罚,仅仅是作为治理的手段,参与公共治理的进程。但是,有惩处才有警惕,才能实现"软性条款"参与治理、监督的长效机制。

---

[1] 熊文钊、郑毅:《试析民族区域自治法中的软法规范》,载《中央民族大学学报(哲学社会科学版)》2011年第4期。